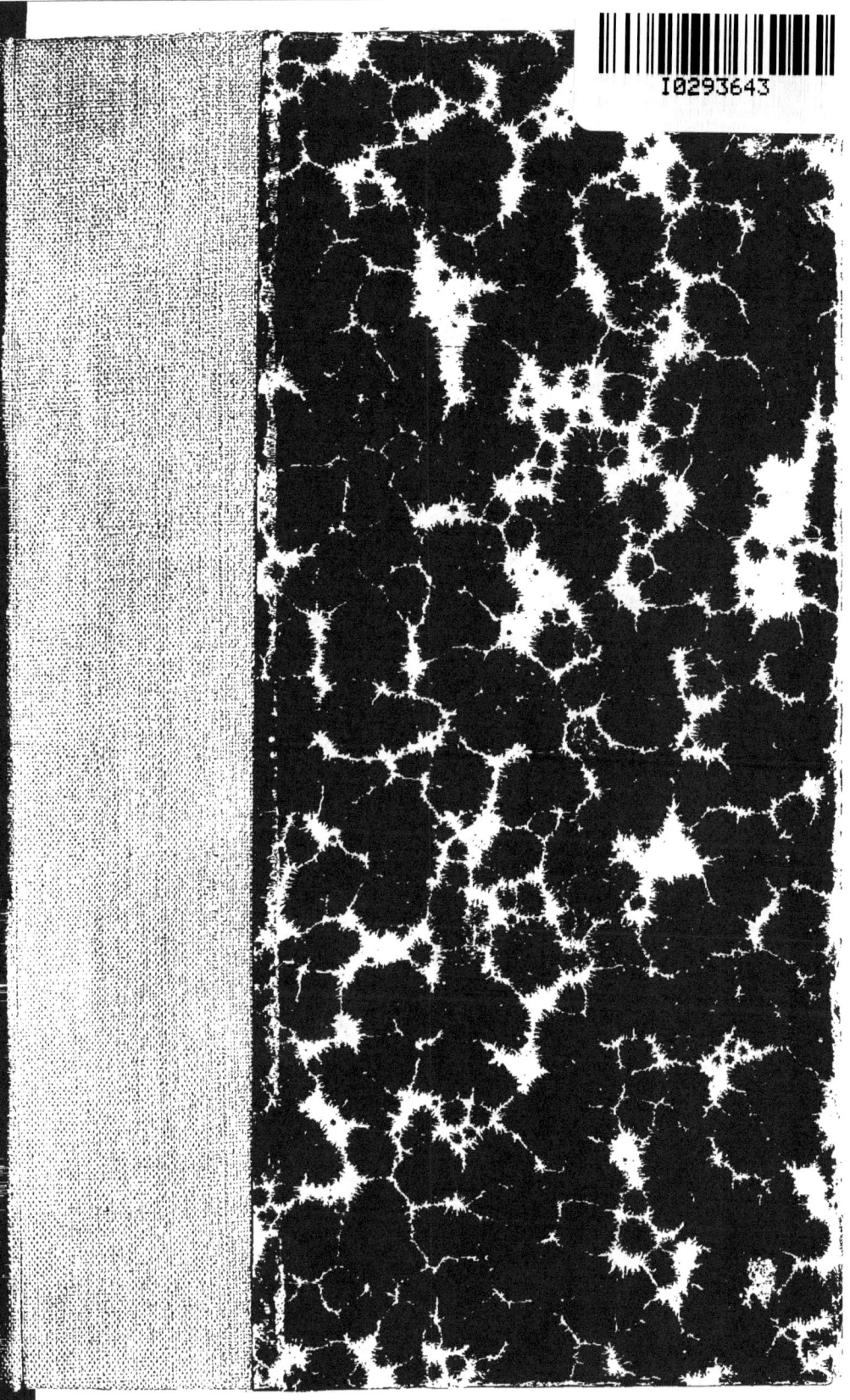

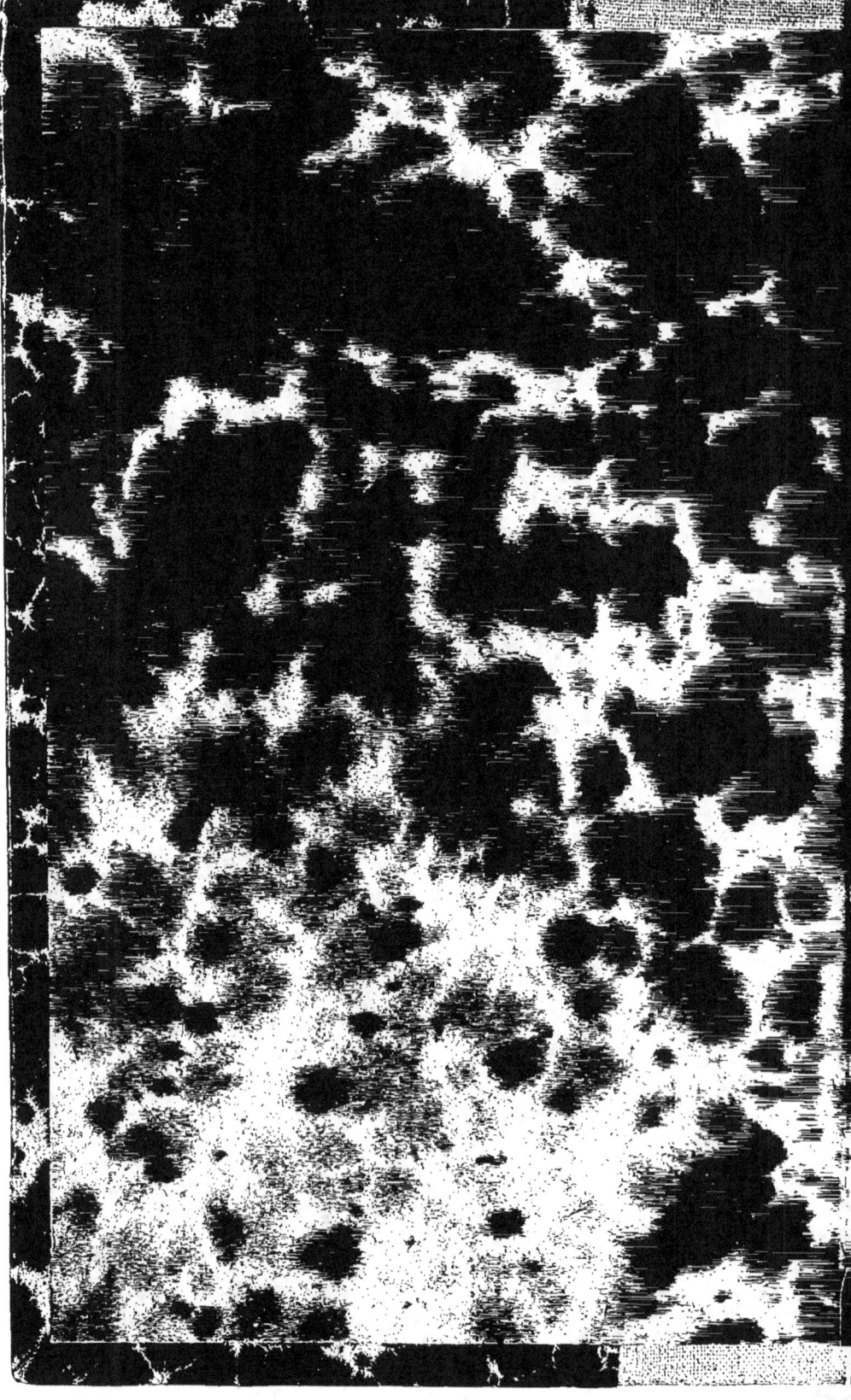

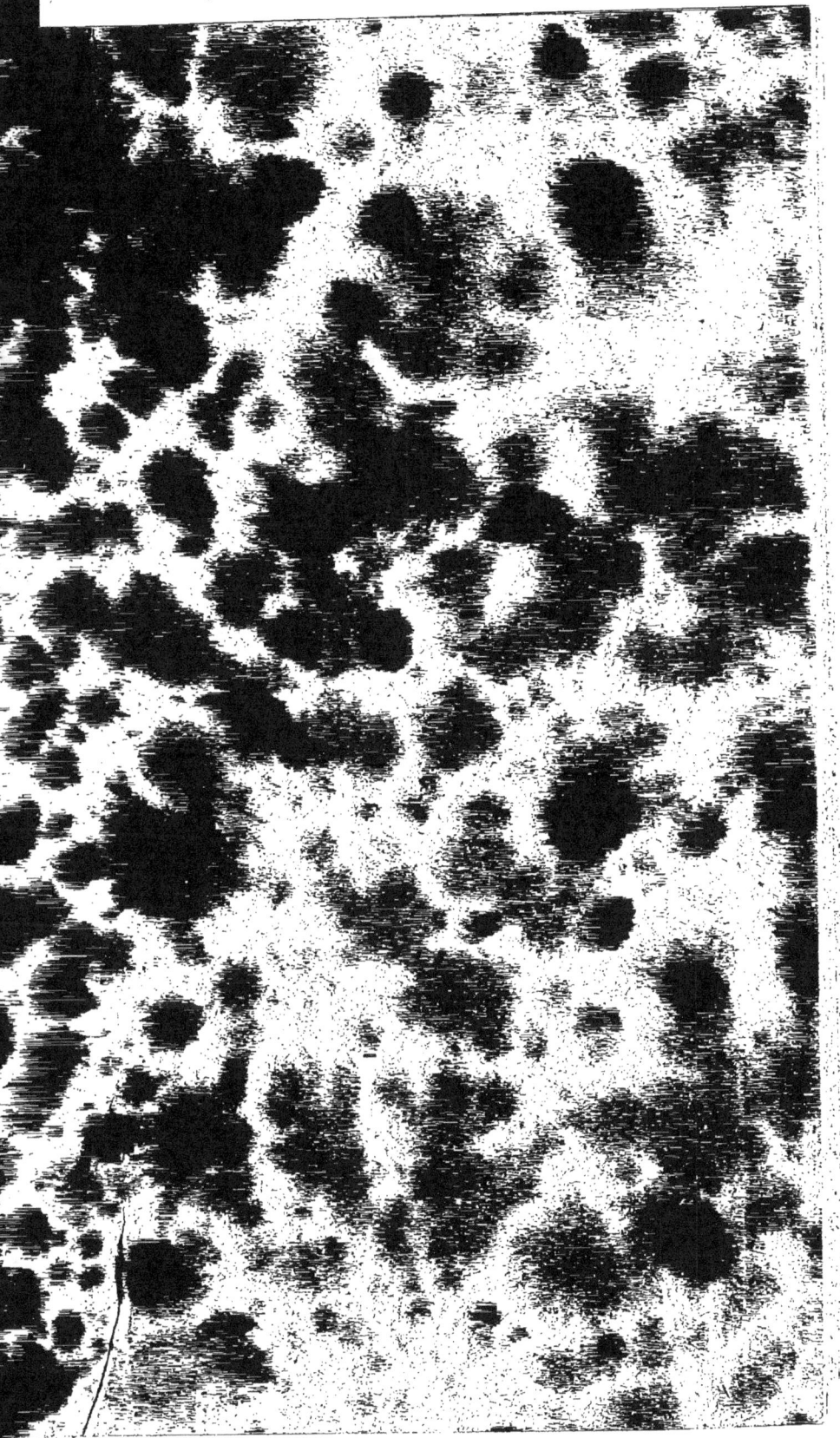

*à Ernest Renan
son dévoué confrère, collègue
& ami
Charles Blanc*

LES
BEAUX-ARTS

A

L'EXPOSITION UNIVERSELLE

DE 1878

5921-78. — CORBEIL. Typ. et stér. CRETÉ.

LES
BEAUX-ARTS

A

L'EXPOSITION UNIVERSELLE

DE 1878

PAR

M. CHARLES BLANC

DE L'ACADÉMIE FRANÇAISE ET DE L'ACADÉMIE DES BEAUX-ARTS
PROFESSEUR D'ESTHÉTIQUE AU COLLÈGE DE FRANCE

PARIS
LIBRAIRIE RENOUARD
H. LOONES, SUCCESSEUR
6, RUE DE TOURNON, 6

1878
Tous droits réservés.

LES
BEAUX-ARTS
A L'EXPOSITION UNIVERSELLE DE 1878
FRANCE

ARCHITECTURE

I

Une grande chose vient de s'accomplir : l'Exposition universelle a ouvert ses portes à l'univers.

Quel beau jour que celui dans lequel ont été inaugurées les fêtes du travail et de la paix, où tous les peuples sont entrés dans une fraternelle concurrence, non plus pour se disputer, comme jadis aux Jeux olympiques, le prix du pugilat, du pancrace, de la course à pied ou du javelot, mais pour se livrer aux joutes de l'intelligence victorieuse de la matière, aux combats du sentiment, du goût et de l'esprit. Ils avaient leur utilité, sans doute, et leur grandeur, les jeux institués par Hercule, parce qu'ils favorisaient le développement de la beauté humaine, de l'élégance dans la force, de la grâce dans la fierté. Mais combien plus nobles sont encore ces sortes de jeux amphictyoniques du monde entier, où chaque nation vient raconter les victoires qu'elle a remportées sur les éléments, la manière dont elle a refait l'œuvre de Dieu, les instruments qu'elle a inventés pour corriger notre planète, pour canaliser les fleuves, percer les isthmes, déplacer les mers, créer des continents, rendre la transmission de la pensée plus rapide que l'éclair, faire porter la voix humaine à des distances prodigieuses, inconnues, impossibles, improviser des monuments, des jardins, des rochers, des cavernes, gouverner l'eau, l'air et le feu, et, sans avoir besoin du trident, faire jaillir des sources, précipiter des cataractes auxquelles l'homme commande, à son gré, de mugir avec des bruits de tempête, ou de se calmer et de s'étendre en nappes tranquilles !

Quel spectacle pourrait valoir celui-là ? Depuis que le genre humain a été jeté dans l'histoire, il ne s'est rien vu de comparable, et que penseraient de nous les ancêtres que nous vénérons et qui sont si dignes d'être vénérés, s'ils ressuscitaient au milieu de ces merveilles ; s'ils voyaient le soleil de la civilisation en progrès se lever à l'occident de l'Europe, s'ils apprenaient que la première idée des fêtes du cosmopolitisme fut conçue par une nation d'insulaires ; que, dans le pays par excellence de l'inégalité, de l'individualisme et du privilège, naquit, il y a trente ans, la pensée que nous voyons se réaliser aujourd'hui avec un éclat sans pareil, d'appeler toutes les nations du globe à déposer le bilan de leur génie dans un palais magnifique, élevé par enchantement au génie inconnu du monde futur.

Autrefois, les avant-coureurs du progrès étaient condamnés à mourir méconnus, dédaignés, quelquefois même insultés, et leur unique consolation était de plonger dans l'avenir les regards pénétrants de leur pensée. Aujourd'hui, l'humanité avance en progression géométrique, si bien que les précurseurs, les utopistes, peuvent, de leur vivant, vérifier les changements qu'ils avaient annoncés, assister au commencement du triomphe de leurs conceptions, voir se produire sous leurs yeux les grandes nouveautés dont ils eurent le pressentiment héroïque, et répéter ces paroles que prononçait, dans une circonstance solennelle, un historien illustre, dont je m'honore de porter le nom, et qui a été longtemps proscrit pour ses utopies : « Les choses qui étaient hier impossibles seront demain nécessaires. »

Construite à cheval sur la Seine, l'Exposition universelle remplit naturellement deux vastes palais, réunis par le pont d'Iéna, doublé en largeur, deux palais, dont l'un s'étend sur la plaine immense du Champ de Mars, l'autre se dresse sur la montagne, régularisée, du Trocadéro. Faute de pouvoir donner une vue d'ensemble qui ne serait intelligible qu'à l'aide d'un plan, nous ne parlerons, pour commencer, que des constructions de la rive droite.

Il y a onze ans, l'Exposition occupait le même emplacement qu'aujourd'hui, mais seulement sur la rive gauche du fleuve. Confinée dans la plaine, elle n'offrait aux visiteurs entrants et sortants qu'une perspective triste, dont les bornes étaient plus tristes encore. De la plaine basse du Champ de Mars, les regards n'avaient, pour se reposer, que la vue du cimetière de Passy, dont les cyprès se dessinaient sur le ciel, et une pente douce, traversée par de froids alignements et plaquée de gazons. Cette fois, il s'agissait d'utiliser la montagne du Trocadéro, en y bâtissant un édifice qui serait un point de vue pour la plaine et pour la moitié de Paris, non pas un édifice provisoire, élevé sur des fermes en fer, mais un monument durable en pierres de taille.

Un concours fut ouvert, dont le programme, conçu en termes laconiques, imposait la construction d'une salle de concert, et de galeries devant servir à des expositions. La plupart des concurrents, prenant au pied de la lettre la condition des galeries, en avaient couvert la montagne. Ceux qui l'ont emporté, MM. Davioud et Bourdais, n'ont fait que deux galeries, à droite et à gauche du motif dominant de la construction, la salle de concert. L'angle très ouvert, formé par les deux avenues, l'une projetée, l'autre exécutée, qui viennent se joindre sur l'ancienne place du Roi-de-Rome, a conduit les architectes préférés à l'idée de bâtir leur édifice sur une ligne courbe, dont la forme est excellente parce qu'elle donne au palais central deux bras qui semblent enserrer l'Exposition, pour peu que l'imagination les prolonge. La forme concave convient aux monuments où des multitudes doivent se réunir. Par cette forme, ils semblent s'ouvrir d'eux-mêmes au désir, à l'empressement de la foule.

Mais comme il était nécessaire que la communication ne fût pas interrompue entre les deux galeries courbes et latérales, il a fallu que la salle de concert, au lieu d'occuper le point de jonction des deux galeries, se projetât en saillie sur la montagne, en d'autres termes, qu'elle se dessinât en plan sur une ligne convexe, en opposition avec la ligne concave des deux galeries. De là le développement que quelques personnes trouvent excessif de cette salle dont la courbe extérieure dépasse le demi-cercle, mais qui perd un peu de cet excès apparent quand on est placé, pour la voir, d'un côté à Passy, de l'autre sur les bords de la Seine, ou sur les bateaux-mouches qui, à tout instant, remontent et descendent le courant du fleuve. A plus forte raison, la rotondité du monument central est-elle corrigée, quand on le considère du Champ de Mars, parce que la panse de l'édifice, étant vue à peu près de face, est aplatie par les raccourcis de la perspective.

Au surplus, ce qui rachète sensiblement l'obésité du palais au centre du plan, c'est la hauteur des deux tours dont il est flanqué. Quand un homme est gros, il le paraît moins s'il est de haute taille. Les tours du Trocadéro mesurent quatre-vingts mètres d'élévation; elles sont vues de tout Paris et, comme elles sont desservies par des ascenseurs, on y peut jouir d'un magnifique spectacle, car elles sont à leur sommet le point le plus élevé de la capitale, étant bâties sur une colline qui est de plus de trente mètres au-dessus du niveau moyen de la Seine. Du boulevard des Italiens, on aperçoit ces deux tours qui se dressent précisément là où aboutirait le prolongement du boulevard.

Les galeries d'exposition sont fermées par des murs pleins et ne reçoivent le jour que d'en haut, par des vitrages qui occupent seulement le tiers de la largeur, afin de ne pas donner passage à une lumière frisante. Mais ces murs pleins eussent présenté du côté des jardins une surface lourde, aveugle et déplaisante : on les a donc heureusement accompagnés d'une colonnade qui double la circulation, égaye le point de vue, et ajoure l'édifice en offrant au visiteur une suite de loges d'où il peut embrasser toute l'Exposition et toute la rive gauche de la Seine, avec ses tours, ses dômes, ses frontons, ses flèches, ses clochers, ses campaniles. Aux deux extrémités des bras, s'élèvent deux pavillons couverts en coupoles dorées, et reliés au monument central par des pavillons moindres, formant des intersécances dans la courbe des galeries. Ces pavillons, quoique secondaires, laissent à désirer un peu plus d'ampleur et d'élévation, parce qu'étant écrasés par le voisinage de l'énorme demi-rotonde que forme la salle de concert et des deux tours qui la surmontent, ils paraissent relativement petits.

Le style de toute cette architecture est un style mixte, composite, qui ne saurait être bien défini, par cela même qu'il s'est enrichi de beaucoup d'emprunts. On peut dire cependant que c'est une imitation libre de notre belle architecture romane des onzième et douzième siècles, avec ses colonnes robustes et courtes, munies de griffes à la base, ses pieds-droits dans lesquels sont engagés des piliers latéraux, ses fenêtres géminées, ses linteaux soulagés par des encorbellements, ses assises alternées, ses contreforts apparents, ses pinacles en forme d'édicules, ses arcatures simulées ou vraies, ses mosaïques, ses pleins cintres, ses coupoles. Il n'y a guère que les colonnes des deux portiques en ligne courbe, qui soient d'un style hybride, sans caractère saisissable, à cause des profils timides de l'échine, et malgré la protubérance des tores à la base, qui les rattache à l'architecture romane. Plus élancées, plus sveltes, ces colonnes eussent paru maigres sur ces hauteurs où les masses d'air environnantes les eussent dévorées. Toutefois, l'entre-colonnement, qui a été serré après coup, aurait pu l'être un peu plus encore, afin que le style des portiques se raccordât mieux avec l'aspect puissant et fort de l'édifice entier.

Au centre du monument, la salle de concert étant percée, dans tout son pourtour, de baies en plein cintre dont les jambages allongés comprennent et mesurent deux étages, laisse un peu trop prédominer le vide sur le plein. En revanche, les ouvertures sont plus rares et plus grandes dans le tambour de la coupole surbaissée qui couvre la rotonde, de sorte que la partie la plus élevée de la construction principale reprend un caractère plus grave, plus tranquille, plus ample. Ajoutons que la lanterne qui surmonte le dôme est elle-même surmontée d'une figure de Victoire, aux ailes déployées, aux draperies soulevées par le vent, ouvrage d'un de nos premiers statuaires, Antonin Mercié — que nous eûmes l'honneur de faire décorer lorsqu'il était encore pensionnaire à l'École de Rome. — Cette statue en cuivre repoussé n'a pas moins de cinq mètres de hauteur, y compris les ailes, mais à l'élévation où on la voit, elle paraît ce qu'elle est, légère et superbe, bien qu'elle forme un ensemble trop déchiré.

Que si, maintenant, nous entrons dans la salle de concert, nous y trouvons plus d'un sujet d'étonnement pour les yeux et d'admiration pour l'esprit. Le problème à résoudre était celui-ci : élever une salle plus grande que toutes les salles connues, et la construire dans des conditions d'acoustique assez bien calculées pour ne pas être rendues inutiles par la grandeur démesurée d'un vaisseau qui a cinquante mètres de diamètre. Pour se faire une idée de ces proportions, il suffit de savoir que le diamètre d'une salle de spectacle ordinaire, celle du Théâtre-Lyrique, par exemple, n'a pas plus de quinze mètres. En plan, la figure de la salle est un arc outrepassé, autrement dit, en fer à cheval. L'orchestre est placé dans une courbe qui se marie avec l'arc outrepassé en le fermant, et il est couvert par une voûte en manière de cul-de-four.

La fameuse salle, dite *Albert Hall*, à Londres, est dessinée en ellipse, et l'orchestre est groupé à l'un des foyers, de façon qu'en vertu de la loi que suit la répercussion des sons, les personnes rangées autour du second foyer de l'ellipse, entendent à merveille, tandis que, sur tous les autres points de la salle, on ne perçoit que des vibrations confuses, des ondes houleuses, une sorte de brouhaha.

Les architectes du Trocadéro, MM. Davioud et Bourdais, ont voulu éviter cet écueil à tout prix, et voici comment ils ont étudié leur projet, sous le rapport de l'acoustique. Nos lecteurs seront certainement curieux de le savoir, comme nous avons été curieux de l'apprendre. Il va sans dire qu'on ne peut pas essayer l'acoustique d'une salle dont la construction coûte à elle seule deux ou trois millions, à moins de se résoudre à la rebâtir toutes les fois que l'essai aura manqué. Il a donc fallu, faute d'une expérience positive, en faire une mentale, pour ainsi parler, en se rendant compte rigoureusement des dispositions projetées. Et d'abord, ceux qui voulaient se livrer à ces délicates épreuves sont partis et devaient partir de ce principe : que le son se comporte absolument comme la lumière, en ce sens que les ondes sonores sont renvoyées par les parois avoisinantes, de la même manière que les rayons lumineux sont réfléchis par ces mêmes parois. Pour le dire en passant, la nature, quoique infiniment variée dans ses créations, est simple dans ses lois, et, loin de les multiplier, elle en a réduit le nombre autant que possible.

Cela étant, on a dressé à peu de frais un modèle en miniature, reproduisant exactement les dispositions de la grande salle, et dans lequel la voûte qui couvre l'orchestre, au lieu d'être en matériaux répercutants, a été construite en matériaux réverbérants, c'est-à-dire revêtus d'un cuivre étamé. Plaçant alors une lumière au centre mathématique de l'orchestre, là où devra se tenir le soliste, on a pu constater que les gradins où serait assis le public recevaient seuls la lumière que la voûte réfléchissait. Il va de soi que la petite salle modèle était tenue obscure et qu'il n'y avait d'éclairé que les bancs des spectateurs. Convaincus par cette expérience, les architectes du Palais ont matelassé toutes les parois de la salle pour que le son y fût amorti. Au contraire, les parois de la voûte, sous laquelle est placé l'orchestre, ont été rendues répercutantes par le choix des matériaux, de façon à renvoyer le son sur les spectateurs, ou, pour dire mieux, sur les auditeurs, dans des conditions analogues à celles d'un miroir qui réfléchirait les rayons lumineux.

Cependant, une pareille disposition présentait un inconvénient grave : le danger des échos. Chaque auditeur doit entendre simultanément le son direct et le son réfléchi, qui s'appelle résonnance. Si l'intervalle entre la perception du son direct et celle de la résonnance est plus grand qu'un dixième de seconde, les deux sons, au lieu de se confondre dans l'oreille, y sont perçus distinctement, et ce qui était une résonnance devient un écho. Or, étant donné que le son franchit une distance de 340 mètres en une seconde, il a fallu ne recueillir et ne renvoyer que les sons séparés entre eux par une intervalle de 34 mètres au plus.

Mais la recherche des très habiles et très consciencieux architectes du Trocadéro ne s'est pas bornée à cela. Ayant reconnu, par les expériences faites avec la lumière dans le petit modèle de leur salle, que les places les plus éloignées de l'orchestre n'étaient pas plus éclairées que les places les plus voisines, ils ont trouvé avec raison que c'était là une égalité malencontreuse, car il est naturel que les auditeurs les plus éloignés reçoivent, en compensation de leur éloignement, une plus grande somme de son réfléchi. En se fondant sur cette observation, ils ont modifié la courbe de la voûte qui devra répercuter le son, de manière qu'elle renvoyât plus abondamment les ondes sonores sur les derniers bancs de l'amphithéâtre que sur les premiers. En résumé, si le problème est résolu, comme nous avons tout lieu de le croire, il l'aura été par ces deux procédés : assourdissement de la salle, dans les parties voisines des auditeurs, au moyen de tentures capitonnées en bourre de soie, et répercussion abondante par les parois qui entourent l'orchestre et par la conque acoustique qui le domine (1).

Je demande pardon aux musiciens de profession d'avoir ainsi quelque peu empiété sur leur domaine en touchant à des questions qui sont beaucoup plus de leur compétence que de la mienne, et je me hâte de rentrer dans mon rôle et dans ma sphère en exposant au public les procédés admirables employés par les architectes du Trocadéro pour chauffer et ventiler la salle de concert. L'architecture, en effet, n'est pas seulement un art : c'est une science. L'on ne saurait en bien juger sans savoir si le constructeur, doublé d'un artiste, a concilié l'utile avec le beau, et les a si étroitement unis que l'un ne soit que la mise en évidence de l'autre, c'est-à-dire que le beau soit la saillie de l'utile.

La salle du Trocadéro pouvant contenir six mille personnes, il fallait que chacune d'elles eût à consommer quatre mètres cubes, par

(1) Depuis que ces lignes sont écrites, on a eu la preuve que les lois de l'acoustique n'étaient pas faciles à résoudre sur le papier, et que ces lois ont encore un caractère empirique. Cependant, avec quelques modifications, on est parvenu à un résultat à peu près satisfaisant.

heure, d'air respirable. Pour satisfaire à cette exigence de l'hygiène, on introduit l'air dans la salle, non par les fenêtres qui sont entièrement closes et ne laissent passer que la lumière, mais par une ouverture circulaire pratiquée dans le comble de l'amphithéâtre et mesurant quinze mètres de diamètre, ouverture énorme, bien plus grande que le fameux œil du Panthéon de Rome, dont le diamètre n'est que de neuf mètres. L'air qui descend dans la salle par cette ouverture que couvre à l'extérieur une lanterne, sera puisé dans les carrières creusées sous le palais et qui communiquent avec le jardin par un vaste puits d'aérage. Au moyen de cet ingénieux procédé, le public qui remplira l'amphithéâtre jouira d'un air rafraîchi en été, réchauffé en hiver. On sait que la température est constante dans les souterrains ; elle y est même d'autant plus constante que les souterrains sont plus profonds. Il en résulte que la température de l'air, puisé dans ces catacombes et versé d'en haut sur la salle, est aussi à peu près constante. Je dis à peu près, parce qu'il faut tenir compte de la différence que peut y apporter l'air froid ou chaud qui entrera dans le puits d'aérage. On a donc ménagé, pour la saison froide, des calorifères que l'air traversera et qui l'élèveront à la température désirable et salubre. Mais comme l'air, pour entrer dans la salle, a besoin d'y être injecté, propulsé, il l'est au moyen de deux hélices, mues par une machine à vapeur de vingt chevaux.

Ce n'est pas tout : l'air respiré par les spectateurs s'écoule par une ouverture ménagée dans le dossier de chaque fauteuil et dont la section est calculée pour que le dégagement de l'air respiré soit égal au renouvellement de l'air respirable. Cette aspiration, à l'extérieur, de l'air intérieur respiré, et conséquemment vicié, se fait au moyen de deux hélices fonctionnant en sens inverse, et qui porteront cet air vicié au sommet de la lanterne, à la hauteur de la Victoire en bronze d'Antonin Mercié.

Indépendamment de son utilité, le palais du Trocadéro est conçu comme une immense décoration devant servir à l'embellissement de Paris. En dehors du palais lui-même, le principal motif de cette décoration monumentale est une magnifique cascade qui tombe d'une hauteur de dix mètres.

Le château d'eau, soutenu par une voûte en trompe, sous laquelle peut passer le public et qui est l'ouverture d'une grotte, verse 25,000 mètres cubes d'eau par jour, et cette masse d'eau va, par des cascatelles, se répandre dans un bassin dont la longueur est de 70 mètres, c'est-à-dire égale à la hauteur des tours de Notre-Dame. Ce château d'eau est construit en matériaux de premier choix, tirés des carrières du Jura. Chaque pierre a été taillée au sein même de la carrière, et, apportée à Paris, elle est venue prendre sa place dans la construction, sans qu'aucune retouche ait été nécessaire, sans que le moindre temps ait été perdu par le besoin d'un raccord.

La grotte, sous le château d'eau, est décorée de mosaïques, et ceux qui s'y promènent ont de là le curieux spectacle du Champ de Mars, couvert de ses édifices et de ses innombrables édicules, vu au travers d'une nappe d'eau transparente tombant du bassin supérieur de la cascade.

Le bassin est orné de six figures assises, en bronze doré : l'*Europe*, par Schœnewerk; l'*Asie*, par Falguière; l'*Afrique*, par Delaplanche;

l'*Amérique du Nord*, par Hiolle; l'*Amérique du Sud*, par Aimé Millet; l'*Océanie*, par Mathurin Moreau. Ces six statues devaient, dans le projet primitif, accompagner une figure colossale de Neptune ou d'Amphitrite, qui eût été placée au sommet du château d'eau. Mais on a supprimé cette figure et il en résulte, chose étrange, que les statues des éminents sculpteurs que nous venons de nommer paraissent petites. On pouvait s'attendre à les trouver grandes en l'absence de la statue colossale qui les eût, par son voisinage, rapetissées : c'est le contraire qui arrive. Ces figures accessoires font désirer le groupe grandiose qu'elles devaient accompagner.

Ce sont là, du reste, des sculptures *décoratives* qui demandent une exécution convenue et de parti pris. Il y faut un modelé plus sommaire, des surfaces qui ne soient pas divisées par des enfoncements, diminuées par le détail. Que de statues paraissent petites faute d'être exécutées en grand! Ce reproche ne peut pas être adressé aux quatre figures d'animaux qui décorent les angles du bassin inférieur : le *Bœuf*, par Cain; le *Cheval*, par Rouillard; l'*Éléphant*, par Frémiet; le *Rhinocéros*, par Jacquemart. Ces quatre sculpteurs sont depuis longtemps passés maîtres dans l'art, créé par Barye, de construire des animaux vivants dans leur physionomie générique. L'antique Égypte avait su donner en quelques lignes étonnantes l'algèbre des races, la quintessence du lion, du tigre, du chacal; elle était sublime. Nos modernes se contentent de l'expression de la vie, et, après l'avoir saisie dans l'individu, ils l'élèvent à la dignité d'un caractère; ils ne sont que beaux, et il faut convenir que c'est beaucoup. Tous ces animaux, vigoureusement et simplement modelés, seront agrandis par là au moins autant que par l'unité et par l'éclat de la dorure. Il était difficile, eu égard à leurs proportions respectives, de les faire se correspondre en guise de pendants. Aussi M. Frémiet, en dépit de son rare talent, a-t-il eu beaucoup de peine à mettre sa figure à l'échelle des autres. Quant au *Rhinocéros* de Jacquemart, c'est une nouveauté superbe. Jamais encore la statuaire n'avait abordé cette bête énorme, massive, trapue, dont le nez est une corne, dont la peau est une cuirasse, dont la queue rudimentaire et courte est le contraire d'une élégance; et pourtant il se trouve que, sous l'œil d'un véritable artiste, le rhinocéros a fait son entrée dans le domaine de l'art, et qu'animé par le mouvement, vu par les saillies qui se projettent sur le ciel, observé dans le contraste que présentent les gros plis de sa collerette avec les surfaces simples de sa carapace, il est devenu un être parfaitement sculptural.

Mais, en parlant des sculpteurs, la justice nous commande de dire que l'idée première de la décoration monumentale que réalise, avec tant de magnificence et de si notables changements, le palais du Trocadéro, appartient à un statuaire, M. Bartholdi, et se trouve dans les dessins et modèles qu'il avait soumis au maire de Marseille, avant que M. Espérandien y construisît le célèbre château d'eau de Longchamps, avec ses portiques en ligne courbe et ses pavillons. Soit dit sans vouloir diminuer le mérite et les talents des deux architectes du palais, et la valeur du tour de force qu'ils ont accompli en si peu de temps, avec une dépense si modérée et avec des soins infinis.

II

CONSTRUCTIONS EN FER.

Si l'architecture est, plus encore que tout autre ouvrage de l'esprit, l'expression des sociétés, il est clair qu'une civilisation nouvelle s'annonce et que les générations futures composeront un monde nouveau. Quel sera ce monde? On peut le prévoir vaguement, sans qu'il soit aisé de le définir. Mais ce n'est pas pour rien que l'architecture est entrée dans l'âge de fer, et ce n'est point le hasard qui lui a donné à résoudre ce problème : couvrir des espaces immenses où des multitudes innombrables, où des peuples entiers puissent se réunir, à l'abri des intempéries de l'air, sans que ces espaces soient encombrés de colonnes ou de piliers, sans que la place d'un seul homme lui soit disputée par un point d'appui.

Quand je jette un coup d'œil rétrospectif sur l'architecture et que je remonte jusqu'aux Égyptiens, une chose me frappe, c'est que le troupeau humain a marché, depuis soixante siècles, lentement, insensiblement vers la liberté, avec des intermittences d'immobilité, des haltes, des temps d'arrêt; qu'il a tendu constamment à s'affranchir, et qu'au fur et à mesure de son affranchissement graduel, les édifices à l'usage du peuple se sont agrandis, par l'amincissement des supports, autant et plus que par l'élargissement des proportions.

Les temples de l'antique Égypte, à en juger par celui de Denderah, qui fut bâti du temps de Cléopâtre, sur les plus anciens modèles, n'étaient pas éclairés par la lumière des cieux. Les prêtres seuls y pénétraient, et le Pharaon lui-même n'y pouvait entrer qu'après des cérémonies de purification et de consécration. Quant au peuple, il était tenu en dehors. Peut-être était-il admis, aux jours de fête, dans le vaste péribole que les Grecs appelaient *téménos*; mais il ne dépassait jamais le seuil du temple, où tout était plongé dans une obscurité solennelle, quand les flambeaux n'étaient pas allumés. Les pylones avaient une épaisseur formidable; les colonnes étaient colossales, et quelques-unes le sont tellement que cent hommes pourraient se tenir debout sur le chapiteau. Or les entre-colonnements n'étaient guère plus larges que le diamètre de ces prodigieuses colonnes; mais il restait encore assez de place, entre ces énormes supports, pour les prêtres, pour le roi, sa famille et ses officiers, pour les jeunes filles qui exécutaient les danses sacrées au son des flûtes et des cymbales, enfin pour les envoyés du pays de Chanaan ou de la Mésopotamie, que le Pharaon recevait en pompe.

En Grèce, les temples construits par les Grecs sont petits, et tous ceux d'Athènes, y compris le plus grand de tous, le Parthénon, n'étaient pas faits évidemment pour recevoir la foule, dont la moindre partie les eût encombrés. Les portiques du temple sont étroits et il y a, comme dit Vitruve, de l'âpreté dans les entre-colonnements, *asperitas*. A Rome, les proportions des monuments publics furent agrandies; on y fit, pour le peuple, des amphithéâtres, des thermes, des basiliques, des hippodromes, des temples périptères, ayant quelquefois des ailes doubles en largeur, autour desquels les oisifs pouvaient se promener, et où les passants, en cas de pluie soudaine, trouvaient un abri. Au moyen âge, c'est encore pour le peuple qu'on bâtit ces grandes cathédrales qui doivent être pour lui, comme l'a si bien dit M. Viollet-le-Duc, un forum sacré. L'architecte eut à couvrir la plus vaste surface possible avec le moins possible de matériaux, et en faisant porter l'édifice sur les points d'appui les plus légers. Mais il n'en fut plus de même à partir de la Renaissance, lorsqu'on renonça au style de l'architecture ogivale pour se rattacher aux formes grecques et romaines, ou plutôt aux formes romaines que l'on prenait pour des formes grecques, malgré les altérations qu'elles avaient subies en passant d'Athènes à Rome.

De nos jours, l'avènement de la démocratie conduit les architectes à se faire ingénieurs et à chercher dans les constructions en fer la solution du problème qui consiste à réunir sous un abri commun des multitudes sans nombre. Au commencement, le métal ne fut employé qu'à remplacer le bois dans les charpentes, comme il l'avait été, en 1811, lorsqu'il fut question de reconstruire la coupole de la Halle aux blés, de Paris, qui avait été formée d'arcs en bois, par le fameux Roubo, selon le système de Philibert Delorme, et qui fut dévorée par les flammes en 1802. Sous la Restauration, des combles et des planchers en fer furent introduits dans la construction du palais de la Bourse, et l'on refit en métal les charpentes de quelques théâtres incendiés.

Bientôt, cependant, le fer changea de rôle et, de matière supportée, il devint support. Henri Labrouste, lorsqu'il éleva, en 1845, la Bibliothèque Sainte-Geneviève, fit un emploi remarquable de la fonte de fer, et ce furent des colonnes en fonte qui portèrent un plancher cintré, dont les arcs principaux sont des poutres de fer, devenues d'une solidité inébranlable par le fait même de leur courbure. Dix ans plus tard, l'église Saint-Eugène fut construite, à Paris, par M. Boileau, qui, pour reproduire les formes décoratives du style gothique, divisa l'église en nefs par des colonnettes en fonte, du haut desquelles s'élancent, dans tous les sens, des arcs en fer, faisant à la fois fonction d'arcs et de fermes, et supportant, à leur partie inférieure, les panneaux des voûtes, et, à leur partie supérieure, le plancher de la couverture.

Mais, pour couvrir de vastes halles, pour dresser les immenses galeries que demande une Exposition universelle, il restait à faire deux progrès : d'abord à éviter les toitures de verre, telles qu'elles existent, par exemple, sur le Palais de l'Industrie, aux Champs-Élysées, ensuite à supprimer tous les points d'appui intérieurs pour ne laisser que du vide à la circulation d'une grande foule. C'est ce qu'a réalisé au Champ de Mars, sous la direction générale de M. Krantz, l'architecte du palais, M. Hardy, assisté de MM. Duval et de Dion, dans ce qu'on appelle la Galerie d'Iéna, et dans les galeries des machines.

Au centre de la Galerie d'Iéna s'élève un dôme assez semblable à celui de Sainte-Sophie de Constantinople, en ce qu'il est flanqué de voûtes en demi-coupoles, ou si l'on veut, de coupoles absidales, qui sont là, du reste, non pour contre-buter un dôme qui n'a pas besoin de contreforts, mais pour la satisfaction du coup d'œil. Elles ne font pas, en effet, l'office d'accotement, elles figurent là pour raccorder les formes. Aux deux extrémités de la galerie dont nous parlons, se dressent deux coupoles, plus élevées que le dôme central, et qui représentent une demi-sphère, coupée verticalement sur quatre faces, et, comme toute section de la sphère par un plan est un cercle, les sections de la demi-sphère forment au-dessous de la calotte quatre surfaces cintrées. Ces surfaces, restées vides, ont été remplies par des vitrages dont une partie est en verres de couleur, et qui rappellent, dans le temple de l'industrie, l'idée et la lumière d'une église.

Une disposition analogue ayant été adoptée pour le dôme central, il en résulte que les trois pavillons ne reçoivent le jour que par des fenêtrages verticaux, et qu'ainsi on a supprimé les vitrages ménagés dans les couvertures, dont l'inconvénient est aujourd'hui bien reconnu. Il est reconnu, cet inconvénient, depuis vingt ans et plus, depuis surtout que le Palais de l'Industrie, aux Champs-Élysées, a été couvert d'une voûte en verre par ceux qui voulaient avoir, à Paris comme à Londres, un Palais de Cristal, et qui, pour rivaliser avec les architectes du *Sydenham Palace*, ont construit cet informe bâtiment qui sert aujourd'hui, faute d'un local mieux approprié, à l'exposition des sculptures et des légumes, des tableaux et des volailles, des bestiaux et des gravures.

Dans une serre de jardin, la couverture en fer et en verre a sa raison d'être. Le fer y remplace avantageusement le bois, qui était promptement détérioré par les alternatives de soleil et de pluie, et le verre y concentre les rayons du soleil ; il forme cloche pour les plantes délicates. Mais dans un édifice destiné à des expositions, et qui, étant vaste, doit avoir une hauteur proportionnelle à sa largeur, la couverture vitrée est on ne peut plus malencontreuse, et nous en avons fait nous-même l'expérience, plus d'une fois, lorsque nous avons eu à organiser le Salon annuel, au palais des Champs-Élysées. A tout instant, les infiltrations d'eau de pluie et les suintements dus à la condensation de la buée faisaient couler ou égoutter l'eau sur nos têtes. Souvent, des vitres brisées par le vent tombaient en pièces sur les spectateurs, sur les ouvriers, et il va sans dire qu'il n'est pas facile de remettre des carreaux, à une pareille hauteur, sur une toiture convexe dont le châssis en fer encadre nécessairement des panneaux plus larges que ceux d'une serre de jardin.

De plus, le jour aveuglant que versent les couvertures vitrées est si peu favorable à l'exposition d'un objet d'art, qu'il faut une quantité prodigieuse de toiles et de faux plafonds en pans coupés, en abat-jour, pour tamiser, tempérer la lumière, et pour en corriger la mauvaise direction en rendant obliques les rayons qui tombent perpendiculaires. Le tapissier devient ainsi le collaborateur indispensable de l'architecte, et l'on sait combien sa collaboration est coûteuse ! Quant aux sculptures exposées dans le jardin, frappées de ce jour funeste, enveloppées de reflets, elles ne se modèlent plus ; elles reçoivent un clair là où l'artiste prévoyait une ombre, et elles n'offrent plus au regard que des formes aplaties, sans accent, parce que le relief n'en est soutenu par aucune vigueur. Enfin, dans la saison d'été, les toitures vitrées produisent une chaleur insupportable qui dispose tous les cerveaux à la congestion.

Ces graves inconvénients ont disparu au palais de fer du Champ de Mars, au moins dans la Galerie d'Iéna et dans la Galerie des machines, et c'est là une amélioration notable. Malheureusement, cette fois encore, les galeries intérieures de l'Exposition et les salles destinées à l'exhibition des tableaux reçoivent le jour par les vitrages de la couverture, de sorte que les beaux-arts, même avec le secours inévitable du tapissier, n'auront pas eu un jour plus favorable au Champ de Mars qu'ils ne l'ont aux Champs-Élysées.

Le second progrès accompli dans les constructions en fer, à l'Exposition universelle, consiste en ceci : que les points d'appui intermédiaires ont été complètement supprimés, de manière que la multitude des visiteurs pût circuler librement sans se heurter à aucune colonnette de fonte, à aucun pilier. Il fallait, pour cela, des poutres cintrées, capables de franchir une grande distance, des poutres en fer, à treillis, composées d'une suite de trapèzes, en partie curvilignes, traversés par des diagonales qui en rendent la déformation impossible. Ce système, établissant par des rivets la solidarité de toutes les pièces de l'ensemble, est ce que les ingénieurs appellent le contre-ventement. De même que, dans la charpenterie, les liens obliques ont pour effet de résister au roulement de la ferme, au va-et-vient, c'est-à-dire à toute force qui agirait en sens transversal, de même la ferronnerie architectonique emploie les croix de Saint-André, insérées et rivées dans chacun des compartiments de la poutre, afin d'empêcher le ballottement de l'ensemble sous l'effort d'un vent violent, d'une trombe, et aussi afin de résister à la déformation que pourrait produire un tassement imprévu.

Au Champ de Mars, le treillis des poutres a été recouvert de panneaux en tôle qui ont bouché le jour, de façon que la lumière n'entre dans la Galerie d'Iéna que par des vitrages verticaux, assez élevés pour que la nef soit éclairée dans toute sa largeur par des rayons à 45 degrés. Cela revient à dire que cette nef est aussi haute que large.

C'est encore un progrès sensible, réalisé dans les galeries dont nous parlons, que d'avoir débarrassé la vue de l'attirail des pièces en fer dont se composent les fermes ordinaires, dites à la Polonceau. Ces fermes, telles que nous les voyons dans les gares de chemins de fer et dans les marchés, comportent deux pièces inclinées, les arbalétriers, une pièce horizontale, l'entrait ou tirant, des liens obliques appelés *tendeurs* et des pièces articulées, obliquant en sens contraire, appelées *bielles*, qui ont une certaine élasticité. Mais la disparition des fermes à la Polonceau ne pouvait avoir lieu partout. Les constructeurs de l'Exposition au Champ de Mars ont pu supprimer l'attirail de la charpente en fer dans la Galerie des machines, par la raison que cette galerie est accotée, jusqu'aux deux tiers de sa hauteur, sur les constructions attenantes. Celles-ci, quoique moins élevées, forment trois galeries parallèles, qui n'ont pu se passer d'avoir des fermes à la Polonceau, parce que leur solidité eût été compromise, la dernière n'étant accotée sur rien.

Du reste, il y a des avantages au point de vue esthétique à montrer l'appareil du fer lorsqu'il est élégant, et il ne peut l'être qu'à la condition d'être simple. Ainsi, dans les longues rues de l'Exposition, qui mesurent cinq mètres de large, on a tiré un excellent parti, pour le plaisir des yeux, des arcs faisant l'office de fermes qui portent une couverture vitrée, inévitable, cette fois, parce que les jours latéraux eussent entraîné une perte considérable d'espace, en exigeant des cours, tandis que les parois qu'on aurait vitrées servent à l'exposition des objets qu'on y suspend.

La question du vitrage nous amène à parler du modèle de halle-basilique, exposé par M. Boileau dans la classe 66, qui est celle du génie civil, et dont les bâtiments sont situés près du pont d'Iéna, entre la Seine et la tranchée. M. Boileau a fort bien montré, dans ce modèle en relief, qu'on pouvait utiliser, comme châssis vitrés, les fermes d'un comble. Si l'on couvre un espace considérable d'une voûte formée par des poutres en treillis, voûte qui se divise en travées alternativement hautes et basses, la différence qui existe entre les travées basses et les travées hautes est occupée et mesurée par les poutres en treillis, lesquelles, étant à jour dans leur épaisseur, laissent pénétrer, à travers un vitrage vertical, une lumière oblique, comme celle des ateliers de sculpture. Ces poutres sont posées simplement sur des montants en fonte, l'un extérieur, l'autre intérieur, qui portent la couverture et contribuent à la contreventer.

Pour construire une halle, une usine, une salle d'exposition, et même certaines écoles pratiques, le système de M. Boileau nous paraît remarquable, économique et très-satisfaisant à l'intérieur; mais il présente au dehors une suite de voûtes en berceau extradossées, dont l'aspect manque de grâce, dans son prolongement, parce qu'il manque de variété. Facilement, d'ailleurs, on pourrait éviter cet inconvénient, en terminant la couverture par des lignes tangentes, qui rachèteraient la mollesse des courbes par la fermeté des droites. Le comble serait ainsi à deux versants sur les travées hautes, et il pourrait être surmonté, suivant la destination de l'édifice, tantôt d'une flèche, tantôt d'une lanterne, qui en achèveraient l'élégance.

Bien qu'un des principes de l'architecture soit de mettre en évidence le jeu des supports et des parties supportées, pour tirer un effet agréable de la franchise même avec laquelle on avoue la construction, il est impossible de nier que, dans les charpentes de nos gares et de nos halles, la multiplicité des fermes apparentes et la répétition des triangles sans nombre que le fer y dessine obstruent le passage du regard, et qu'au lieu de procurer à l'esprit la sécurité dont il a besoin, elles peuvent inquiéter l'imagination par l'étalage même des moyens qu'on emploie pour la rassurer.

L'appareil qui contribue si puissamment à la beauté de l'architecture en pierre ne saurait être accusé dans la construction en fer, comme il l'est, par exemple, dans la composition d'une grille, parce qu'il présenterait à l'œil une complication fatigante de lignes sèches et formerait un spectacle sans repos. L'architecture en pierre produit d'heureux effets par le contraste des parties pleines et lisses avec les parties évidées et ouvrées; mais le fer, étant d'une extrême minceur dans tous ses pleins ou plutôt n'ayant pas de pleins, manque, en son aspect général, de tranquillité, de gravité, et, par cela même, de la dignité convenable aux édifices qui n'ont pas une destination de pure utilité. On peut, il est vrai, boucher les vides du fer avec des panneaux de tôle; mais rien n'est moins propre à figurer le plein de la pierre que ces feuilles de métal battu, dont la minceur, à supposer qu'elle ne fût pas connue de l'esprit, serait devinée par le regard. Il y a donc quelque chose à trouver, d'une part, pour que les charpentes en fer accusent le jeu de leurs assemblages avec plus de simplicité, là où on ne peut les faire disparaître; d'autre part, pour que les points d'appui intérieurs, dont la suppression est si louable dans une galerie d'exposition, où des multitudes doivent se mouvoir à l'aise, ne soient pas entièrement supprimés là où ils peuvent jouer un rôle esthétique dans la perspective, servir de jalons pour la mesure mentale des distances, et produire l'impression de supports à la fois puissants et légers.

Légèreté et puissance, hardiesse et durée, telles sont les qualités que peut obtenir l'architecture dans la construction en fer. Je dis l'architecture, parce qu'il importe de ne plus distinguer dorénavant entre l'architecte et l'ingénieur. Celui-ci est préoccupé de l'utile à ce point qu'il ne recherche pas assez les conditions du beau comme s'il espérait que le beau se manifestera de lui-même, par-dessus le marché ; celui-là, porté par la tradition à résoudre des questions de sentiment, a jusqu'ici beaucoup trop négligé les ressources que l'art peut tirer de l'avancement des sciences, de sorte qu'à l'avenir ces deux hommes, l'ingénieur et l'architecte, loin d'être séparés par une rivalité orgueilleuse, doivent désormais se fondre l'un dans l'autre et ne faire qu'un.

C'est, en effet, une ressource merveilleuse et une merveilleuse nouveauté, que l'emploi du fer sur une grande échelle, non plus accessoirement, mais comme matière principale. Que de problèmes pourront être résolus, dans l'art de bâtir, avec ces deux éléments : la fonte, qui, en sens vertical, résiste à l'écrasement six fois plus que la pierre du banc royal, par exemple, et le fer, qui peut franchir, en sens horizontal, des distances démesurées! Comment n'être pas frappé des avantages que présente un métal capable de suppléer, s'il le faut, à des matériaux d'une grande dimension, lourds à transporter, difficiles à mettre en œuvre? Veut-on construire une voûte? Il n'y a plus à s'inquiéter des efforts de la poussée auxquels il faudrait opposer, dans l'architecture en pierre, des masses considérables, culées, arcs-boutants, contreforts. La voûte en fer, n'exerçant plus de pression oblique sur les points d'appui, se transfome en un plancher cintré dont les arcs principaux sont les poutres, et les arcs secondaires les solives, et qui acquiert par sa courbure même un surcroît de solidité. Chaque rivet, serrant, comme dans un étau, les parties qu'il assemble et qu'il rend solidaires, la construction se trouve contre-ventée, c'est-à-dire qu'elle résiste au roulement de droite à gauche ou de gauche à droite.

Depuis les temps antiques, deux grandes innovations ont été introduites dans l'architecture. La première est celle qui fut inventée au douzième siècle, et que M. Viollet-le-Duc appelle à bon droit *française*, puisqu'elle est née en France, et particulièrement dans l'Ile-de-France. Cette innovation admirable consistait à faire porter tout l'édifice sur une ossature, autrement dit sur un système de piliers isolés et minces, portant la retombée de voûtes à nervures. La charge verticale de ces voûtes pèse sur les piliers, et la charge oblique, ou la poussée, est rejetée à l'extérieur et va se résoudre sur les contreforts. En vertu de ce système, qui se prêtait, dans l'intérieur, à des effets pleins de poésie, les murs n'avaient plus qu'un rôle tout à fait secondaire. Les panneaux des voûtes à nervures n'étaient qu'un voile de maçonnerie légère, et les parois du monument n'ayant rien à porter, pas même les chevrons de la toiture, supportés par un arc, (l'arc formeret) devenaient des cloisons qu'on pouvait transformer en vitrages.

Dans l'architecture antique, le mur est un support épais dont la fonction est de résister tout ensemble à l'écrasement et à la poussée ; dans l'architecture ogivale, le mur n'est qu'une séparation dont l'office est de résister seulement à un effort horizontal.

A une innovation mémorable qui restreignait à ce point l'utilité des murs ont succédé, dans ce siècle, les innovations, non moins étonnantes, introduites par l'emploi du fer dans toutes les parties de l'édifice où il est à la fois supportant et supporté. La faculté de couvrir des espaces immenses sans les encombrer de points d'appui intermédiaires, et celle de supprimer les murs intérieurs en les rejetant sur les limites du bâtiment où ils n'ont plus à remplir que la fonction de clore : ce sont là, il faut en convenir, des nouveautés qui, combinées l'une avec l'autre, annoncent une civilisation bien différente de celle dont la traditon s'est conservée par les monuments et par l'histoire. Aux multitudes qui veulent se réunir, aux peuples qui aiment mieux s'associer et s'entendre que de se combattre pour s'exterminer, il fallait des édifices nouveaux, des temples dont la construction répondît à des sentiments qui n'existent qu'en germe dans l'humanité, à des besoins qu'elle n'avait pas connus jusqu'ici, à des idées qui se développeront à l'abri même de ces temples. Lorsque ces prodiges, qui n'en sont encore qu'à leur commencement, auront reçu le baptême de l'art, lorsque la grâce aura consenti à se marier avec l'utile, on pourra dire vraiment que l'architecture révèle et consacre un nouvel ordre de choses. *Novus ædium et rerum narcitur ordo.*

III

LA RUE DES NATIONS.

L'Exposition universelle est une ville qui a ses rues, ses places, ses squares, ses ponts, ses jardins, ses fontaines, ses palais, et dans cette ville cosmopolite il y a des quartiers où sont représentés tous les peuples de l'univers. Il y a même une rue des Nations, dans laquelle chacune d'elles a construit et décoré une façade ; et l'on ne peut rien imaginer de plus curieux que de voir les divers peuples de la terre venir accuser eux-mêmes les styles de leur architecture, non-seulement par le spécimen qu'ils nous en montrent, mais en vertu de la comparaison qui s'établit d'elle-même entre ces différents styles, par le seul fait de leur rapprochement. Et comme si ce rapprochement eût été ménagé tout exprès pour faire valoir chaque style architectonique, pour en exagérer la physionomie, on a placé l'un à côté de l'autre les peuples qui se ressemblent le moins, de sorte que cette juxtaposition accentue avec plus de force le caractère qui distingue leur art. Auprès de l'Italie se trouve le Japon. Après les États-Unis vient la Suède ; le Danemark avoisine la Grèce ; le Portugal touche aux Pays-Bas, et l'Amérique centrale au Maroc.

On ne trouvera pas singulier que ces échantillons d'architecture nous soient une occasion de dire un mot touchant la manière dont ce grand art est compris chez les diverses nations du monde ; car, sans attacher une importance excessive à des constructions qui ne doivent pas durer, on peut les regarder cependant, par cela seul qu'elles ont été faites sous l'empire de l'émulation, comme des manifestations voulues du génie particulier à chaque peuple.

L'Angleterre ne s'est pas mise en frais d'invention. Ce peuple n'a aucun sentiment original de l'architecture, et cela doit être parce que son pays est la patrie de l'individualisme, du chez-soi, du *home*. Les monuments qui doivent exprimer les idées générales ne pouvaient être conçus là où il y a si peu d'idées générales à exprimer, et où d'ailleurs il n'est pas dans le génie national de leur donner la forme de l'art. Tous les édifices qui, en Angleterre, sont publics et qui affectent le caractère monumental, ont été élevés sur des modèles venus du dehors, et plus ou moins altérés par le goût du terroir. Il y a sans doute de beaux monuments en Angleterre, mais tous sont l'ouvrage d'architectes étrangers, comme l'avouent maintenant les archéologues anglais, depuis Thomas Hope.

Au sixième siècle, la Grande-Bretagne reçoit, avec la religion catholique, l'importation de l'architecture romaine, bientôt modifiée par les Saxons. Au onzième siècle, les Normands y apportent le style dans lequel ils avaient bâti l'admirable église romane du Mont-Saint-Michel et tant d'autres merveilles du même style. Au douzième siècle, l'Angleterre accepte notre architecture de transition dont la cathédrale de Canterbury est un bel exemplaire. Au treizième, elle voit s'élever l'architecture ogivale, qui lui est aussi importée par des artistes français... de sorte que la seule innovation qui appartienne en propre aux Anglais, dans l'art de bâtir, est le style *Tudor*, style de décadence, où l'ogive s'affaisse sur elle-même, et que distinguent l'arc en accolade et l'arc en anse de panier. Ce style est appelé *perpendiculaire*, parce qu'il a ce caractère particulier que les meneaux qui divisent les fenêtres, au lieu de se ramifier en courbes flamboyantes, sont des lignes verticales, coupées à angles droits, et que les archivoltes sont surmontées d'un encadrement rectangulaire.

Il est donc avéré que l'Angleterre ne peut revendiquer, en fait d'architecture monumentale, aucune originalité, rien qui ressemble, même de loin, à une création. Saint-Paul de Londres n'est qu'une imitation de Saint-Pierre de Rome. C'est seulement dans l'architecture privée que les artistes anglais ont souvent excellé, tant il est vrai que l'art monumental ne saurait être que le produit des sentiments collectifs, des idées générales, des croyances communes à tout un peuple, ou du moins à un très-grand nombre d'hommes.

Il ne faut donc pas s'étonner si la façade de l'Exposition anglaise au Champ de Mars ne présente rien de grand, rien d'original. Les surfaces, d'un style gothique bâtard, c'est-à-dire du style Tudor, mêlé de Renaissance, sont morcelées par les lignes et par la différence des matériaux, rompues par des alternances de couleur, fractionnées par des applications, en petit, d'émaux et de faïences; les colonnettes y sont divisées par des anneaux; la sculpture y est ciselée dans le menu; la matière céramique y est refouillée; enfin les fenêtres sont à guillotine, et des rosaces sont inscrites sous l'ogive. Tels sont les caractères de cette façade, à laquelle nous préférons de beaucoup les constructions en pans de bois qui font suite. Le bois ayant de grandes portées permet des encorbellements hardis, et il faut reconnaître que l'architecte, en s'abstenant de toute imitation de la pierre par le bois, et en se procurant des ombres décidées par le creusement d'une matière qui se prête aux sculptures, a fait preuve de sens et de goût. Je dois dire, cependant, qu'en donnant, pour supports, de minces poteaux de bois à un bâtiment dont la masse paraît relativement considérable, comme l'a pratiqué M. Collinson dans la construction sur laquelle est écrit son nom, l'on a commis la faute d'inquiéter l'esprit, qui, non content de la solidité réelle, veut encore la solidité apparente.

Si les Anglais n'ont rien inventé en architecture, à plus forte raison doit-on s'attendre qu'il en sera de même des Américains, et en général de tous les États fédératifs, parce que l'architecture, encore une fois, est l'expression des grandes sociétés et ne saurait fleurir au milieu des agglomérations où domine l'esprit d'individualisme, le fractionnement. La façade des États-Unis est sans caractère et ne manifeste pas même un soupçon d'art. Quelque chose de sauvage perce encore à travers cette architecture, parfaitement convenable d'ailleurs pour un café de New-York, de Philadelphie ou de Chicago.

Vient ensuite la construction en bois représentant l'art de la Suède et de la Norvège. Les archéologues suédois distinguent, à l'origine de la civilisation scandinave, deux plans typiques, le cercle et le rectangle, ayant leurs prototypes dans les abris naturels que l'homme primitif dut chercher, à l'instar des animaux. Le premier de ces types, à plan circulaire et à structure conique, présente une analogie frappante avec le sapin du Nord, l'*abies excelsa*, qui, sous ses branches pendantes, offrait au nomade et au chasseur un refuge temporaire. Le second groupe de demeures dut sortir des grottes creusées par la nature dans les régions montagneuses et rocheuses de la Scandinavie. La transition de l'une à l'autre de ces habitations fut une tente qui, s'appuyant d'abord sur trois perches réunies au sommet, se développa en un double assemblage de perches avec un court faîtage intermédiaire, lequel, se prolongeant peu à peu, amena la forme rectangulaire, à plan oblong, devenue la forme généralement employée.

Comment l'histoire de l'architecture se confond avec l'histoire même des peuples, et des transformations que subissent leurs idées et leurs mœurs, cela est curieux à étudier quand on va du simple au composé, ou que l'on remonte du composé au simple.

Au commencement, les habitations suédoises et norvégiennes étaient basses; mais elles pouvaient être défendues depuis les lucarnes, au moyen d'épieux et de flèches, et par une porte solide, à seuil élevé, assez basse pour qu'on ne pût y entrer qu'en se baissant. Cependant, comme les surprises des brigands prenaient souvent la forme de l'incendie, ces habitations présentaient un côté faible dans le peu de hauteur de la toiture qui, étant recouverte d'écorce de bouleau, pouvait être facilement allumée. Un autre mode d'attaque consistait à monter sur le toit et à décharger ses armes par l'issue de la fumée, issue qui, même lorsqu'elle eut été convertie en cheminée régulière, offrait aux « hommes des bois » un moyen de pénétrer dans la demeure du paysan en démolissant la souche de la cheminée.

La nécessité de se protéger suggéra au constructeur la pensée d'établir autour de l'édifice une galerie couverte ; ensuite, de surélever d'un étage une des deux extrémités de l'habitation, ou les deux ensemble, pour recevoir, dans ce dernier cas, sous un feu croisé, l'ennemi qui attaquerait la partie faible de la construction, le toit. Enfin, pour fortifier la défense, on enleva les parois extérieures de la galerie inférieure, et l'on fit porter au premier étage, sur des solives en saillie, une galerie de guet, régnant sur plusieurs côtés de l'édifice... Et voilà comment s'est développée successivement, dans la Scandinavie, cette construction en bois dont nous avons un bel exemple dans la rue des Nations, au Champ de Mars. Voilà comment l'architecture, en conservant la tradition visible des combinaisons primitives, raconte aux yeux les mœurs, la civilisation d'un peuple, et les transformations que les temps y ont amenées.

Des deux édifices qui portent les noms de Suède et de Norvège, le dernier nous paraît le meilleur ; il est d'un aspect plus calme, plus septentrional. Les pleins, qui préservent l'habitation du froid, y sont plus étendus. Je remarque aussi que les courtes colonnettes qui portent les arcatures en plein cintre, dans la maison suédoise, ont un chapiteau scaphoïde, c'est-à-dire en coupole renversée, qui rappelle mal à propos le style byzantin dans un pays du Nord, tandis que, sur la façade norvégienne, les petits arcs sont portés par des pilastres. De plus, les deux encorbellements qui s'avancent à droite et à gauche sont une réminiscence heureuse de la galerie inférieure à laquelle fut substituée la galerie haute (1).

(1) Je saisis cette occasion de recommander aux architectes et aux archéologues un excellent ouvrage que publie en ce

Aux maisons en bois de la Suède succède la façade italienne, et il faut bien avouer, quoique cet aveu nous soit pénible, que les auteurs de ce frontispice ont été mal inspirés. Après avoir construit de grandes arcades portant sur des pieds-droits, ils ont imaginé de boucher en partie ce vide considérable au moyen de deux colonnes et d'un énorme linteau sur lequel se dessine un second arc, séparé du premier par un vide, et s'y reliant par des pièces carrées qui figurent des bouts de poutre ou des bouts de pannes. On se demande à quoi bon ces colonnes, et le linteau qui les surmonte, et le second arc qui surmonte le linteau, et ce que tout cela signifie, même dans une façade élevée seulement comme un simulacre d'architecture. Il y a là évidemment une réminiscence malheureuse de notre Opéra de Paris; mais au moins, dans l'édifice de Charles Garnier, l'œil est agréablement frappé de l'opposition que présentent deux ordres juxtaposés et très différents de proportion. Et le frontispice italien n'est pas mieux orné

moment, à Stockholm, M. Mandelgren, sous le titre : *Atlas de l'histoire de la civilisation en Suède*. Les premières sections de cet ouvrage, dont le texte est accompagné de planches, se rapportent à l'habitation et au mobilier.

qu'il n'est conçu, car les ornements en sont chétifs et maigres, sans parler des petites peintures en mosaïque d'un style mince, qui viennent diviser la composition et, sous prétexte de la décorer, ne font que l'appauvrir.

En revanche, les Japonais nous donnent ici un échantillon de leur architecture, qui est remarquable et qui est fort remarqué. Les artistes de Yedo en ont apporté de leur île tous les morceaux et les ont assemblés sur place. Jamais cette vérité : que l'architecture est un art essentiellement relatif, n'a été plus sensible, plus clairement exprimée. Il y a dans la porte japonaise quelque chose de primitif et de raffiné tout ensemble. Deux poteaux pour soutenir les battants, deux poteaux corniers, deux sablières et deux trumeaux en menuiserie, tels sont les éléments naturels de la construction mise en évidence, sans la moindre sophistication de la matière. Le bois de charpente est présenté dans sa nudité, épais, solide et dense; on en sent la force et le poli, on en compte les veines. Les jambages sont revêtus à leur extrémité d'une capsule de cuivre vert, couleur bronze antique, laquelle les protège contre la pourriture à l'endroit par où l'intempérie commencerait à les attaquer. Les bouts de la sablière sont garnis d'un revêtement du même cuivre, et de plus ils sont légèrement redressés à la manière chinoise, mais avec une mesure, une délicatesse qui annoncent des hommes de goût. Redresser les extrémités d'un portail comme s'il était d'une matière flexible et sans épaisseur, retrousser les angles d'une porte comme ceux d'un chapeau chinois, ce serait une faute de goût, et les Japonais n'en commettent point de ce genre, ou cela, du moins, est bien rare.

A l'extrême simplicité de ce bâti élégant s'ajoute un petit raffinement qu'on ne s'attendrait pas à trouver dans une construction aussi rudimentaire. La seconde baie, c'est-à-dire l'ouverture de l'exposition japonaise, est surmontée d'un fronton ou plutôt d'un auvent dont les lignes inclinées présentent une insensible courbure, comme celles du fronton du Parthénon. Cette courbure correspond délicatement et en sens inverse au redressement de la sablière. Les revêtements, en bronze vert, sont rappelés sous forme de peintures sur les battants de la porte, à la hauteur des gonds. Les deux murs de la façade, à droite et à gauche de la seconde baie, sont décorés de deux grandes cartes géographiques coloriées, dont l'une est celle du Japon, l'autre un plan de Tokio. L'écriture, servant à son tour d'embellissement, complète la décoration de cette curieuse entrée, de même qu'elle achève, dans les mosquées du Caire et dans l'Alhambra, l'ornementation de l'architecture arabe.

Placée entre la façade italienne et la façade chinoise, celle du Japon fait ressortir ce qu'il y a de bizarre dans la première et d'insignifiant dans la seconde. Le frontispice chinois n'offre rien de remarquable, en effet. Les angles en sont retroussés vers le ciel, et les murs en sont revêtus d'une teinte ardoise sur laquelle on a figuré des octogones et des losanges, comme s'il était convenable que le dessin d'un pavement fût appliqué à une muraille.

C'est le compartiment dévolu à l'Espagne qui vient après le bâtiment élevé par les Chinois. Les Espagnols ont pris un parti héroïque : ils ont bravement confessé qu'ils ne possédaient chez eux d'autre architecture que celle des Arabes, et ils nous ont montré divers morceaux, assez bien raccordés, de l'Alhambra. Le vainqueur s'est paré sans façon des dépouilles du vaincu. Sur de frêles colonnettes se dressent des voûtes en stalactite, c'est-à-dire composées de niches en miniature, de petits triangles sphériques et de menues alvéoles, qui montent en saillie l'un sur l'autre, et, en procurant aux yeux l'image d'une grotte, procurent à l'esprit l'idée de fraîcheur. Le plâtre, qui joue un grand rôle dans la construction moresque, s'est partiellement couvert de peintures et de dorures, tandis que les lambris sont revêtus de faïences qui opposent le poli de leur surface émaillée à l'aspect grenu et mat du plâtre, dépoli par des myriades de gaufrures.

D'autres arcs se dessinent dans cette contre-façon de l'Alhambra, les uns en fer à cheval, les autres en plein cintre, à la manière des arcatures byzantines, et, en somme, les Espagnols, en s'attribuant l'architecture des Maures, ont eu du moins le mérite de nous en donner un spécimen élégant, travaillé avec soin, et ingénieusement arrangé pour les besoins du moment. L'Espagne, du reste, n'aurait eu rien à nous offrir de vraiment espagnol en fait d'architecture, car, après s'être affranchie de la domination arabe, elle n'a rien inventé, rien changé, même, d'une façon notable; de sorte que ses monuments, à Burgos, à Madrid, à Tolède, à Séville et ailleurs, sont tous élevés sur des modèles pris en France ou en Italie.

L'Allemagne n'est pas représentée dans la rue des Nations, au Champ de Mars; mais on peut considérer comme fortement empreinte du style allemand la façade construite par l'Autriche-Hongrie. Cette façade est une suite d'arcades dont la retombée porte sur des colonnes accouplées. Les tympans et les frises sont décorés de *graffiti*, c'est-à-dire de dessins gravés avec une pointe de fer sur le nu de la muraille et formant un camaïeu, ou pour dire mieux, une grisaille. Le dessin s'exécute ainsi : après avoir enduit le mur d'un mortier noir, on recouvre ce mortier d'une teinture de chaux délayée dans de l'eau de colle. Sur cette teinture blanche on trace, au moyen d'un poncis, le trait du dessin prémédité, et l'on ombre les figures avec des hachures produites par un instrument armé de pointes, en forme de fourchette. Ces pointes, en faisant reparaître sous leur égratignure le mortier noir de dessous, forment un dessin en clair-obscur, autrement dit en blanc et noir.

Le péristyle construit par les Autrichiens et les Hongrois est orné de cette manière. Le dessin des figures et des ornements arabesques est dans le goût de Schnorr, peintre bien connu à Munich, c'est-à-dire qu'il appartient à ce style de Renaissance germanisée, qui a dit son dernier mot dans l'œuvre de Kaulbach. Griffons, mascarons, rinceaux, coquilles, vases, cornes d'abondance, festons enrubanés, cartouches, inscriptions, candélabres historiés, tels sont les éléments de cette décoration en *graffiti*, que le peintre a renouvelée des Italiens avec un goût légèrement tudesque. Dans le bas, par le même procédé, ont été figurés des bossages taillés en pointes de diamant. Au surplus, une certaine distinction a présidé à l'ordonnance de ce frontispice, et l'on y a ménagé à propos une opposition entre les parties lisses, qui sont les fûts des doubles colonnes et leurs entablements, et les parties chargées d'ornements en grisaille, qui sont les tympans d'arcades, les soubassements et les frises.

En passant du modèle d'architecture austro-hongroise au spécimen de la construction russe, il me semble que je quitte une civilisation déjà vieillie pour entrer chez un peuple quelque peu sauvage, mais puissant, robuste, plein de sève. Les Russes accusent ici avec ostentation une des richesses de leur pays, couvert d'immenses forêts. Leur charpenterie affecte les caractères de la force, et comme il arrive aux peuples jeunes de ressembler par certains côtés aux peuples usés, de même qu'il arrive aux vieillards de retomber en enfance, l'indiscret étalage de l'ornementation, le luxe des broderies se font voir ici avec complaisance, et cela n'est pas surprenant, par la raison que le sentiment de la mesure n'appartient qu'aux époques de l'histoire où la civilisation et les arts sont en pleine maturité. Au commencement des sociétés, aussi bien que dans leur décadence, l'art, ne sachant pas encore ou ne sachant plus se faire beau, se fait riche.

Le constructeur russe a déployé dans son édifice une force exubérante, il a employé des supports très-épais pour porter des fardeaux qui n'exigeaient que des supports minces. Tandis que les Suédois et les Norvégiens, ayant sans doute besoin de ménager le bois, ont refendu leurs billes, se sont contentés de demi-poutres, et ont dressé leurs parois avec des madriers, les Russes, qui disposent de matériaux plus abondants, ont mis en évidence les assemblages de bois rond, et, loin de s'en tenir à la sobriété des Norvégiens, ils ont prodigué la sculpture dans les chambranles; ils ont ouvragé tous les appuis, refouillé tous les poteaux et taillé à facettes les supports de leur étroit escalier, de manière que le passage en est obstrué par les saillies du bois. Quant aux pignons, ils ont dû avoir des pentes rapides, en raison du climat, et, bien que la tradition des coupoles byzantines se soit conservée en Russie, comme il fallait se préserver du séjour de la neige sur les combles, la coupole s'est redressée en accolade très aiguë, elle a dû se terminer en pointe. Je remarque à ce propos que le Russe a toujours une fenêtre ouverte du côté de Byzance.

Le bâtiment de la Confédération suisse est une preuve éclatante de ce que nous avons dit plus haut, à savoir que les pays morcelés par la géographie ou par la pensée ne sauraient avoir une architecture qui leur soit propre. Ici, je le dis avec peine, non-seulement il n'y a aucune originalité, mais il ne se manifeste aucun art. Au-dessus d'un grand arc surbaissé, dont les pieds-droits sont énormes, règne une balustrade fluette, formant une terrasse surmontée d'une toiture convexe qui n'a aucun rapport avec le reste de l'édifice. Il n'était cependant pas impossible d'exprimer l'idée de confédération en mettant de la variété dans les parties et en laissant à l'entrée principale sa grandeur. De toute façon, il eût été facile de rappeler le climat du pays dans la physionomie de la construction. Un simple modèle de chalet eût mieux valu que ces lourdes murailles, percées de larges fenêtres en arc bombé qui sont garnies de vitraux peints, dont la chaude et riche coloration jure avec le ton gris et froid, étendu sur les trumeaux.

J'arrive à l'architecture de la Belgique. Ce petit pays a voulu se distinguer et il y a réussi. Toutefois, son originalité ne s'accuse guère que par la diversité et la beauté des matériaux. La Belgique possède de riches carrières de marbre. Elle a dans le Hainaut des marbres gris mélangés, appelés *Sainte-Anne* ; elle a des marbres noirs aux environs de Namur ; elle a aussi des brèches brunes, des marbres rouges, et ce petit granit qu'on nomme granit de Flandre. Ces divers matériaux ont été fort habilement mis en œuvre au Champ de Mars, dans le magnifique spécimen que les Belges nous donnent de leur architecture. Cet art, remarquable par la solidité, par l'excellence de l'appareil et l'emploi raisonné des matières, a aussi tous les défauts de la Renaissance. Partout des profils tourmentés, partout des bossages. Les claveaux des arcs sont alternativement mis en relief; les surfaces sont divisées, remuées, déchiquetées dans le style toscan, et à ce mouvement produit par les rentrants et les saillants de la construction s'ajoute encore la variété des couleurs résultant de la différence des matériaux : la brique, la pierre blanche, le granit gris, le marbre noir. Ce n'est pas tout : des loges, des galeries, des balcons, des balustrades, multipliant le jeu des ombres ; des frontons brisés, offrant l'image ridicule d'un toit qui s'est ouvert pour laisser passer un buste, un vase ou un bilboquet, des corniches violentées par des enroulements de mauvais goût, des acrotères qui n'ont aucune raison d'être et qui, lorsqu'on y emploie de petits obélisques, rappellent l'image d'un jeu de quilles, enfin des cariatides engaînées : ce sont là les caractères de l'architecture que la Renaissance, en passant d'Italie en Flandre, y mit en honneur au dix-septième siècle, et dont le style paraît être préféré aujourd'hui en Belgique. Ce style n'est autre que celui dans lequel ont été bâties la maison de Rubens à Anvers, l'église des Jésuites dans la même ville, et en général les églises élevées par la Compagnie de Jésus en Allemagne, en Italie, en France, à Coblentz, à Cologne, à Dusseldorf, à Venise, à Rome, à Naples, à Paris, et dans mille autres lieux.

Il est difficile maintenant de s'arrêter aux devantures construites par les Grecs, les Danois, les Américains du Sud. La Grèce, qui jadis a donné au monde tant de modèles exquis d'architecture et de sculpture, n'a su nous donner cette fois qu'un édicule sans grâce et sans proportion, une petite loge en encorbellement, portée par d'énormes modillons romains ! et, sous le nom de polychromie, un bariolage de tons crus et indigestes. Le Danemark s'est conformé au style de la Renaissance allemande et belge, avec un peu plus de sobriété ; mais la façade des exposants danois est encore un joujou en grand. L'on y voit des colonnes à entablements profilés, qui ne portent rien des frontons coupés à volutes, tout ce que Palladio a blâmé, tout ce qui est blâmable.

Je ne parle pas des petits échantillons qu'ont dressés les Marocains, les Tunisiens, les Siamois, les Persans, puisque ces peuples n'ont pas jugé à propos de nous montrer autre chose que des loges où pourraient à peine se tenir les concierges de l'empereur du Maroc, du bey de Tunis, du roi de Siam et du chah de Perse ; mais nous devons dire un mot de la porte d'église que les Portugais ont bâtie au Champ de Mars.

Si je ne me trompe, c'est le portail de la cathédrale de Coïmbre qui a servi de modèle à cette construction barbare, où l'arc ogival s'est épaté en plein cintre, tandis que les parois du porche sont ornées de colonnes torses, de statuettes gothiques, nichées dans des édicules du style flamboyant, et même, çà et là, de quelques détails arabes. Rien n'est, ce me semble, plus malencontreux que ce mélange imprévu et adultère du tudesque avec le roman, du gothique avec le moresque, du Midi avec le Septentrion.

Mais du moins trouvons-nous une agréable compensation dans la dernière des façades nationales que nous venons de passer en revue. Dans leur édifice, bâti en brique et en pierre, les Hollandais ont mis du goût, de la distinction, de la mesure, là où les Belges n'ont pas su en mettre. En modérant l'emploi des bossages, en ménageant des parties lisses, en usant de l'alternance des matériaux sans affectation, sans étalage, en élevant une tour élégante, l'architecte des Pays-Bas nous prouve que si les beaux ouvrages de l'architecture sont enfantés par le mariage du sentiment et de la raison, celle-ci, quoique son nom soit du genre féminin, doit jouer le rôle masculin, le premier rôle dans le ménage de l'art.

De tout ce qui précède, il résulte que les architectures monumentales ne sont pas nées et ne pouvaient pas naître dans les pays où règne l'individualisme, dans les États divisés par les croyances. L'Égypte, l'Inde, la Grèce unifiée par sa lutte héroïque contre les Perses, l'Étrurie, la Rome antique, les contrées de l'Islam, la France du moyen âge sont les pays où furent créées les merveilles de la haute architecture, et ces merveilles ne peuvent se produire que là où dominent la puissance des idées générales, la communauté des grands sentiments, l'indivision des esprits.

IV

LES ANNEXES.

Quelques-unes des nations dont les industries figurent à l'Exposition universelle ont donné un échantillon de leur architecture autre part que dans la rue des façades nationales dont nous avons parlé. Il nous reste donc à jeter un coup d'œil sur les annexes disséminées, soit au Champ de Mars, soit à l'entour du Trocadéro, pour terminer une revue rapide des divers styles d'architecture en honneur chez les divers peuples qui habitent notre planète.

Nul doute que le sentiment ne joue et ne doive jouer un grand rôle dans l'architecture, et cependant plus on y regarde, plus il est sensible que ce grand art subit fatalement l'influence du climat, autant que celle des croyances et des pensées communes. Et comme les pensées et les croyances d'un peuple lui viennent à l'origine, au moins en grande partie, de l'air qu'il respire, de la latitude sous laquelle il vit, de la douceur ou de l'inclémence du ciel, c'est surtout au « degré d'élévation du pôle », comme eût dit Pascal, qu'il faut demander la raison première de la physionomie des édifices.

La construction élevée par les soins du gouvernement égyptien est une preuve frappante de cette vérité. Sous un climat torride qui ne change point ou qui change très peu, dans un pays dont la température est toujours accablante et qui est entouré d'affreux déserts, les idées deviennent fixes, les croyances immuables, les mœurs se perpétuent, le peuple est constant, comme dit Bossuet, et il est facile aux esprits supérieurs, capables de s'imposer à la foule, d'établir une religion qui sera invariable, sinon à jamais, du moins durant des siècles et des siècles; mais toute domination sacerdotale s'enveloppe d'énigmes, se cache sous des symboles et ne se laisse ni approcher ni comprendre par le profane vulgaire.

Voyez ce simulacre de temple égyptien : l'architecture en est formidable ; elle consiste en de hautes murailles qui n'ont aucun jour sur le dehors, si ce n'est des ouvertures percées à une élévation telle que jamais les regards du passant ne pourront pénétrer dans l'édifice. Le plein des murs représente en certains endroits une porte qui aurait existé jadis et qui serait depuis longtemps condamnée. Ce temple fermé de toutes parts n'a qu'une seule entrée : c'est la demeure impénétrable du dieu et de ses prêtres. Il est imposant par sa masse ; il laisse pressentir au dedans des galeries donnant de l'air et de l'ombre, et des sanctuaires obscurs. L'architecture exprime ici des pensées qui ne seront pas révélées à la multitude. Le mystère est la condition de son éloquence.

Que l'Égypte soit un jour conquise par les Arabes : le génie des races sémitiques va modifier l'architecture en y mettant l'empreinte de leurs habitudes et de leurs mœurs, qui elles-mêmes auront été formées sur un autre sol et sous l'influence d'un autre climat. La vie nomade des Arabes leur a donné le goût du changement. Ce qui était grave, monotone, immobile en Égypte, devient, sous la domination musulmane, égayé, mouvementé, varié par les alternances. Les surfaces qui étaient simples seront ouvrées, moulurées, gaufrées et à jour, afin que l'air, en les traversant, soit rafraîchi par une légère agitation. Les assises seront alternativement jaunes et brunes, et les voussures alternativement en pierres blanches et en brique rouge. Les ouvertures pratiquées dans la muraille sont celles que peut désirer un peuple polygame qui emprisonne ses femmes dans le harem. Ce sont des fenêtres bouchées par un treillis délicat et serré, qui permet de voir au dehors sans être vu au dedans. Les *moucharabiehs* du Caire sont figurés dans la maison égyptienne attenante au simulacre de temple élevé sur le Trocadéro, et utilisée comme bazar par les sujets du khédive.

Veut-on avoir une notion juste de l'architecture religieuse des musulmans dans l'ancienne Mauritanie ? On peut s'en faire une idée d'après le modèle de mosquée qu'un jeune architecte, M. Charles Wable, a élevé au pied de la colline, dans l'espace consacré à l'Algérie. Cette mosquée est une imitation libre de celle qu'on admire à Tlemcen. Elle est remarquable par ses proportions et par le contraste que forme la nudité extérieure des murailles avec la richesse de l'ornementation qui couvre les surfaces, à l'intérieur du monument.

Dès qu'on a franchi le vestibule où le musulman vous ferait quitter vos chaussures, on se trouve dans une pièce carrée, recouverte d'une coupole ronde, coupole à jour, qui est soutenue, aux quatre angles du carré, par une manière de pendentifs en stalactites.

Dans l'axe de la porte d'entrée s'ouvre une autre porte qui ouvre sur un jardin entouré d'arcades sur colonnettes, et rafraîchi par la fontaine des ablutions.

L'arc qui surmonte cette porte est un arc quintilobé, semblable à celui que les Maures ont employé avec prédilection dans la mosquée de Cordoue. Mais les arcades de la galerie intérieure sont en forme de fer à cheval, et le vide en est à demi bouché par un *claustrum* à jour, d'un dessin compliqué, curieusement sculpté en bois. Aux coins du rectangle que dessine le plan de la mosquée, s'élèvent des coupoles de différents galbes ; mais à l'un de ces angles est construit un minaret de forme carrée, percé de rares et petites ouvertures, et couronné d'une calotte en hémisphère outre-passée, en retraite sur une terrasse. La porte extérieure du temple est revêtue de faïences, les avant-corps prennent le jour extérieur par des fenêtres géminées, que surmonte un encadrement rectangulaire, imité par les Anglais dans le style *Tudor*. Les corniches sont hérissées de merlons qui se profilent en zigzags, ayant la forme de claveaux superposés.

Une chose à noter, c'est que les petites constructions algériennes du Trocadéro ont des toitures très-saillantes qui procurent de larges ombres, tandis que la mosquée ne présente que des encorbellements très peu prononcés. Cela signifie clairement que si les couvertures en parasol sont jugées utiles pour tous les édifices autour desquels le populaire se rassemble, comme les fontaines publiques, par exemple, ou les bazars, on ne les trouve pas convenables dans la construction de la mosquée, parce que la mosquée n'est pas faite pour que les fidèles y viennent chercher un abri extérieur, comme le faisaient les Romains autour des temples périptères, mais pour qu'ils entrent dans la maison de Dieu à l'effet d'y chercher une consolation intérieure. Là, on pouvait stationner au dehors; ici, l'on doit prier au dedans.

On remarquera aussi que la mosquée de Tlemcen — ou plutôt la mosquée composée par M. Wable, avec différents motifs choisis dans les édifices de la ville et dans ceux de la province d'Oran, comme un spécimen de l'architecture mauresque, particulière à l'Algérie — a le caractère militaire, non-seulement par la rareté de ses ouvertures, dont quelques-unes sont des meurtrières, mais par les merlons qui surmontent les corniches des tours et qui, sur le minaret, s'élèvent au nu du mur. Cette mosquée, partout crénelée, nous dit que la ville de Tlemcen fut très longtemps assiégée par les Maures de Fez, et que les habitants de la régence d'Alger eurent à se défendre contre l'invasion, durant près d'un siècle.

En passant, par la conquête, dans les diverses contrées de l'Asie et de l'Afrique, l'architecture de l'islamisme s'est altérée sous l'empire de deux causes principales, savoir : le respect inspiré aux conquérants par les monuments de la civilisation antérieure et dont la nature des matériaux dont les pays conquis disposaient. Lorsqu'il fut importé en Perse, le style arabe y devint ce qu'était l'ancienne architecture persane, un art de pure décoration. Ces mêmes Arabes qui avaient élevé au Caire des constructions colossales, notamment la mosquée du sultan Hassan, parce qu'ils avaient à leur portée des matériaux énormes, bâtirent en Perse des édifices composés de petits matériaux, qu'ils revêtirent de plâtre peint et de faïences, faisant disparaître les accents de la construction sous un art essentiellement décoratif, tout de surface.

Nous en avons un exemple mémorable dans le palais en miniature que le chah de Perse a fait élever à ses frais sur le Trocadéro, entre le bazar chinois et le café tunisien, et qui est le modèle réduit d'une de ses résidences en Perse. Rien ne démontre mieux combien est juste cette appréciation de M. Bourgoin (1) : que l'architecture persane de l'Islam n'est qu'un art de revêtement.

Tous les visiteurs de l'Exposition universelle, c'est-à-dire environ dix millions d'hommes, ont

---

(1) Dans son livre sur les Arts arabes. Paris, Morel, 1873.

vu ou verront ce petit palais du chah, qu'on pourrait appeler le pavillon des Miroirs, comme on l'appelle en Perse. Ceux qui ne sont pas entrés dans la pièce principale, dans le reposoir du chah, ne pourraient, je crois, s'en faire une idée complète, d'après nos descriptions. Je dis le reposoir, parce que la personne royale du souverain persan peut être considérée, ici, comme le Saint-Sacrement l'est ailleurs. La voûte en stalactites qui recouvre la chambre est revêtue de petites glaces sur ses innombrables facettes. Onze cent mille morceaux de verre étamé ont été mis en œuvre dans l'ornementation de cette voûte et sur les parois. La couleur des tapis se réfléchissant dans les surfaces prismatiques de la coupole, le mobilier couvert de châles produisant, sur ces myriades de verres, des effets irisés, les lambris divisés en petits damiers, dont les cases, mesurant deux centimètres carrés, sont taillées en pointes de diamant, pour mieux scintiller, les croisées à vitraux de couleur, doublées d'un châssis à coulisses, également coloré, enfin les rayons qui tombent du sommet de la coupole en se heurtant à des boules rouges... tout cela forme une lumière sans ombre, une coloration sans merci, un miroitement sans repos, un éblouissement sans pareil. Il faut vraiment que les chahs de Perse aient toujours attaché un bien grand prix à leur personne, à leur image, aux moindres plis de leur figure, aux moindres mouvements de leur vie, pour avoir voulu que le spectacle en fût cent mille fois répété par les murs et les voûtes de leur demeure. Qu'aurait pensé un philosophe grec, même avant les guerres médiques, de cette prodigalité effrénée de miroirs, de ce luxe puéril, pour ne pas dire barbare !

Ce n'est pas tout : les chambres qui ne sont pas lambrissées de verres devaient être, au plafond comme sur les murailles, revêtues de faïences imitant les colorations sans nombre des cachemires de l'Inde. Mais la fortune, sans doute dans l'intérêt de nos yeux, a voulu que les faïences du chah, embarquées sur un navire qui devait les apporter intactes à Marseille, fussent brisées en mille pièces par une tempête de mer, de sorte que le revêtement d'émail, qui aurait ajouté à la fatigue optique du spectateur, est remplacé par un papier peint, commandé à Paris et fabriqué tout exprès, à l'imitation de la faïence persane.

Dans le bazar construit par les ordres du bey de Tunis, dans le café ouvert par les exposants du Maroc, nous retrouvons les traits caractéristiques de l'architecture arabe, telle qu'elle s'est modifiée dans l'Afrique occidentale et en Espagne : les alternances de matériaux ou, du moins, de couleur, l'arc outre-passé, les arcades sur colonnettes et la voussure à plusieurs cintres, c'est-à-dire formant angle au sommet. Toutefois, il n'y a pas lieu de s'arrêter longtemps devant ces constructions temporaires, qui sont faites, non pas tant pour nous donner une image de l'architecture tunisienne et marocaine, que pour exhiber, à l'abri des voussures arabes, les marchandises que nous offrent chaque jour, dans les magasins de Paris et sur les étalages en plein vent, des Arméniens équivoques, et tous ces faux Levantins qui nous vendent des pastilles du sérail.

Nous parlions tout à l'heure de verres et de miroirs. Autant ils sont prodigués en Perse dans la décoration des surfaces, autant ils sont rares au Japon, même comme un objet d'utilité pure. On n'y avait guère connu jusqu'à présent que des miroirs en métal, pareils à ceux dont se servaient les anciens Étrusques et les anciens Grecs, ceux dont parle le poète des *Orientales* :

> Les vierges au sein d'ébène,
> Belles comme les beaux soirs,
> Riaient de se voir à peine
> Dans le cuivre des miroirs.

La petite maison-modèle dont tous les matériaux ont été apportés de Nippon pour être assemblés ici, ne contient pas une seule vitre. Les Japonais ferment leurs fenêtres avec du papier de riz qu'ils savent rendre imperméable au moyen de je ne sais quelle préparation sur laquelle glisse l'eau du ciel. Mais comme elle est disposée avec intelligence, avec simplicité, et en vue de l'instabilité inhérente aux choses humaines, la petite maison du Japonais, cultivateur ou marchand, artisan ou commis! Rien ne s'y trouve de permanent, si ce n'est la natte en paille de riz, épaisse de dix centimètres, qui est, tout ensemble, le matelas sur lequel on s'étend pour dormir, — la tête reposant sur un socle de bois rembourré, — la nappe sur laquelle on sert le repas, le tapis que foulent les pieds nus des enfants, le divan où l'on s'assied sur ses talons, pour causer en buvant du thé sans sucre dans des tasses vêtues de laque, ou du vin de riz chaud, du *saki*, dans des coupes en porcelaine vitreuse émaillée, semblable à du verre dépoli. A part cette natte, quelques paravents et une étagère, qui constituent le fond du mobilier japonais dans les plus modestes demeures, tout change chaque jour, tout se transforme suivant les besoins du moment. Au moyen de cloisons mobiles, c'est-à-dire de châssis à coulisses qu'on fait glisser dans les rainures du plancher, les petites chambres se font grandes, et les grandes se font petites. A la nuit, le salon devient dortoir, et, le matin, le dortoir, aéré, devient boutique. Au-dessus des châssis, d'ailleurs, un vide fermé par une grille de bambou est ménagé pour la ventilation.

Le bambou est une ressource inépuisable pour le constructeur japonais. C'est avec du bambou refendu en longueur qu'il couvre son toit. Un demi-tuyau, posé sur sa partie convexe, forme un canal par où s'écoule l'eau de pluie, et l'autre demi-tuyau, posé en sens contraire, vient s'adapter en recouvrement sur le canal d'égout. Quelquefois les pauvres gens, pour se faire des planches, écrasent le bambou fendu et l'aplatissent, sans s'inquiéter des fissures dont le bois se sillonne en passant de sa forme cylindrique à l'état plat. Voilà ce que nous apprend l'exposition de la petite maison japonaise au Trocadéro. Nous y voyons aussi des clôtures de jardin attachées avec du crin végétal, inaltérable aux intempéries de l'air, et de vastes parasols mobiles, plantés çà et là, dans les plates-bandes, pour protéger de leur ombre les plantes qui craignent le soleil et le jardinier qui les cultive.

L'empire de l'architecture s'étend, aujourd'hui comme autrefois, à la composition des grands jardins, aux plantations des promenades publiques, à l'alignement et aux courbes des allées ombreuses et des murailles de verdure, au creusement des bassins, au gazonnement des tapis que le peuple ne doit fouler que du regard. Mais il est à présent certains genres de construction qui exigent de l'architecte de nouvelles études ou au moins de nouveaux soins. C'est maintenant surtout qu'il doit devenir ingénieur pour satisfaire à des besoins que nos pères n'avaient point connus et qu'une civilisation infatigable nous a créés. Celui qui visite le jardin du Trocadéro y trouve une chose agréable, dont on a pu lui ménager la surprise sans obstruer la vue du monument et de ses colonnades, et de ses chutes d'eau, et de ses boulingrins avec leurs bordures de fleurs et leurs corbeilles. Je veux parler de l'excavation que nos architectes ont pratiquée dans la colline pour y donner le spectacle d'un aquarium.

Les grottes se bâtissent de nos jours comme les cascades du bois de Boulogne et du bois de Vincennes, tantôt avec des roches rapportées de loin, à grands frais, tantôt en moellons hourdés ou en ciment de Portland, que l'on modèle, avec une rudesse affectée, en lui donnant la physionomie extérieure des rochers naturels les plus pittoresques. Soit que l'on ait ménagé ici, en creusant la terre, des piliers de réserve, soit qu'on ait établi ces piliers après coup en les bâtissant à la grosse, la caverne de l'aquarium est une des intéressantes curiosités de cette Exposition universelle où abondent les choses curieuses. Elle sera encore plus rustique et avec plus d'attrait, lorsqu'on aura fait pousser dans les remplissages de terre quelques plantes grimpantes, de celles qui peuvent venir à l'ombre, lorsque ces rochers factices se seront couverts de mousses ou de lichens, qui, cachant à demi les aspérités rocheuses, en rendront le spectacle plus aimable, tout en lui laissant son caractère sauvage.

Éclairé par la lumière liquide des étangs dont le sépare un mur de verre, le spectateur peut se croire un instant au fond de la mer, comme un plongeur dans son scaphandre, et vivre en compagnie des truites, des ombres, des anguilles rampantes dans la vase ou endormies et à demi cachées sous les herbes marines. Il peut voir comment il a fallu, en dépit de la Société protectrice des animaux, mettre de petits poissons à la portée des gros, pour que les gros pussent dévorer les petits, assister aux drames subaquatiques, suivre de l'œil et peut-être même envier, par distraction, l'existence de ces êtres réputés heureux, qui n'ont d'autre industrie que de vivre, d'autre passion que de frayer, d'autre crainte que celle de ne pas manger les autres ou d'être mangés par eux.

Notre promenade souterraine dans l'aquarium du Trocadéro nous a suggéré l'idée qu'on aurait dû compléter l'Exposition universelle par une exhibition d'animaux rares, de bêtes exotiques.

Il restait, ce me semble, assez de place au Champ de Mars pour une volière, une ménagerie, un petit parc zoologique qui, sans être une école d'histoire naturelle, comme le Jardin des Plantes, eût renfermé quelques quadrupèdes élégants, librement emprisonnés dans le paysage, ou du moins quelques animaux en harmonie avec les plantes étrangères à nos climats, que nous ont rapportées les industriels de l'extrême Orient. Aussi bien, cela eût donné lieu à chercher, pour les constructions rustiquées, des procédés nouveaux, de nouveaux agencements dans lesquelles nos architectes auraient pu se distinguer.

Le pavillon des Eaux et Forêts, que l'administration publique a fait dresser en bois de grume pour y exhiber les produits de notre industrie forestière, est un exemple de la grâce inculte, de la saveur qu'on peut mettre dans une charpente aux assemblages rudes, mis en évidence, dans un balcon dont les balustrades sont taillées à coups de serpe, dans un escalier agreste, aux rampes noueuses, irrégulières et pittoresques par l'inégalité raboteuse des branches qui ont servi à les faire. Mais l'architecture rustique ou à demi rustique se prête à mille inventions et elle pourrait être rajeunie. Les Japonais nous ont prouvé combien il s'en faut que nous ayons épuisé les combinaisons, d'ailleurs inépuisables, de la construction en bois, et qu'il y a bien des choses à trouver encore dans l'emploi judicieux et esthétique des matériaux, pierre ou brique, bois ou fer, et dans l'expression physique et morale que ces matériaux, mis en œuvre avec sincérité, sont susceptibles de prêter à l'architecture, ne fût-ce qu'en accusant le climat qui les produit et qui en détermine l'application. Le climat, disons-nous ; car, pour bien connaître, encore une fois, les mœurs et les coutumes des nations, il n'y a pas d'étude qui vaille celle du climat qui les influence, qui domine leurs habitudes de corps et d'esprit, et de l'architecture, publique ou privée, qui les abrite. A la rigueur, même, la connaissance approfondie de leur architecture suffirait, parce que tout se résume dans la demeure. Du seul caractère des constructions domestiques, on peut induire ce qui constitue l'histoire de tous les jours, et cette petite histoire finit par imprimer sa physionomie à la grande.

SCULPTURE

I

Qui expliquera ce singulier phénomène ? La sculpture est l'art pour lequel l'École française a le plus d'aptitude, et le public français le moins de goût ! On peut dire même que plus nos artistes y sont habiles, plus le public y est indifférent. Cela est au point que la pensée a pu venir aux commissaires de l'Exposition universelle de ne pas faire une exhibition spéciale des sculptures exécutées en France depuis dix ans, et de les disséminer dans les deux palais du Champ de Mars et du Trocadéro, dans les jardins, sur le pont d'Iéna, autour des jets d'eau, à l'angle des rues, au détour des avenues sablées, sur les balustrades des perrons, partout où elles auraient pu servir d'appoint à la décoration générale.

Et ce projet, conçu par ceux qui avaient mission de ranger séparément les ouvrages de la classe des beaux-arts, avait trouvé si peu de contradicteurs qu'on allait le mettre à exécution quand la clameur des artistes statuaires a forcé le ministre compétent de consacrer à l'exposition des sculptures françaises trois salles que l'on destinait à un musée rétrospectif de curiosités plus ou moins intéressantes. Jamais, il faut en convenir, pareille chose ne serait arrivée, chez nous, à propos de peinture, tant est grande la différence qui existe, dans les inclinations de notre esprit, entre les tableaux et les statues.

Cette indifférence des Français pour la sculpture tient peut-être à notre éducation religieuse, qui, dès l'enfance, nous a fait regarder tant de belles divinités, dont la présence élève l'âme et la purifie, comme des images suspectes, contenant l'esprit du mal et toutes pleines de séductions dangereuses. L'idée de couvrir la nudité des statues, divines ou héroïques, est une idée indécente, qui suppose une nation mal élevée. Les dieux de Polyclète, de Phidias, d'Alcamène, qui sont les dieux d'Homère, représentent sous des formes sensibles, belles à ravir, les pures essences de la philosophie antique, les forces de la nature, les divins mystères. Ceux qui ont eu l'idée malencontreuse des feuilles de vigne n'ont pas vu qu'ils faisaient descendre l'art, du haut de l'Olympe, dans les cabines de l'école de natation ou sur le sable des bains de mer, et qu'ils traitaient des immortels, vêtus de leur chaste nudité, comme des personnes impudiquement déshabillées en public.

Une autre cause de notre indifférence en matière de sculpture est dans l'ignorance où on nous a laissés, pendant les siècles qui nous séparent du paganisme, sur la signification de ce grand art. Aussi est-il hors de doute que la sculpture périrait en France, si elle n'était protégée par ce personnage qui représente les intérêts généraux et qui s'appelle l'État. Condamné à satisfaire les goûts capricieux de quelques riches amateurs, et privé des besognes illustres que lui commande le gouvernement, l'art statuaire serait infailliblement conduit à une décadence rapide, ou à rapetisser de plus en plus son domaine et la perfection de ses ouvrages.

Mais comment se peut-il que l'École française,

avec le seul appui de la Direction des beaux arts, demeure si forte en sculpture, se maintienne toujours à un niveau relativement élevé, et ne nous donne jamais le spectacle de l'affaiblissement dans lequel nous voyons, de temps à autre, tomber la peinture? Cela tient à la gravité, à la dignité du marbre, qui interdit au statuaire l'imitation du laid, qui lui rend impossible l'étude des choses changeantes, insignifiantes ou frivoles, et l'empêche, malgré qu'il en ait, de poursuivre, autrement que dans une statuette d'étagère ou de cheminée, le rendu des costumes ethnographiques, les ajustements familiers, les expressions fugitives, tout ce qui échappe à l'absolu des formes, des sentiments et des pensées.

Tandis que le peintre étend son empire sur la nature entière, et qu'il embrasse du regard, comme disait Poussin, *tout ce qui se voit sous le soleil*, la sculpture, plus limitée dans ses moyens, mais plus fière dans ses visées, se défend d'explorer les bas-fonds et regagne en élévation ce qu'elle perd en étendue. N'ayant donc pas, comme le peintre, la faculté d'imiter toutes choses, le sculpteur n'a guère que deux partis à prendre : ou chercher des modèles parmi les individualités choisies, à l'exemple des Florentins, et leur donner l'importance d'un caractère, ou bien idéaliser les formes vivantes, à l'exemple des Grecs, en y retrouvant les traits essentiels de la vie générique.

Mais qu'est-ce donc, pensera peut-être le lecteur, que cette prétention de corriger le réel, d'épurer la nature, et que signifie ce grand mot, si facile à dire, si difficile à comprendre : idéaliser? Idéaliser les formes, c'est discerner ce qui leur est propre pour le faire vivement sentir, et en élaguer les accidents étrangers au dessein de la création, de telle sorte qu'une figure idéalisée doit être, en fin de compte, plus vraie que la même figure à l'état réel, à l'état vivant, parce que la première est purifiée de tout alliage malsain, tandis que la seconde est corrompue justement par les accents que le statuaire doit supprimer, pour la restituer à son caractère primitif, à sa beauté originelle.

Ces considérations étaient nécessaires pour rendre intelligible ce que nous allons dire touchant la sculpture française, à l'Exposition universelle.

Qu'elle y tienne le premier rang, cela n'est pas contestable, cela n'est pas contesté. Les autres nations possèdent des sculpteurs et elles ont exhibé des sculptures ; mais elles ne possèdent pas, à proprement parler, la sculpture. En Italie, même, où l'art de modeler la terre et de tailler le marbre est, pour ainsi parler, un art endémique, les statues d'aujourd'hui laissent voir une intention choquante d'exprimer, avec coquetterie et avec une perfection vraiment puérile, des choses qui ne sont pas du domaine de la statuaire, la nature spécifique des tissus, la grosse laine d'une couverture, la souplesse ferme du cuir, le réseau et le point de la dentelle ou de là guipure, le soyeux des cheveux longs, la brosse des cheveux courts ; et un pareil défaut, qui tend à confondre l'art élevé du sculpteur avec l'habileté manuelle du praticien, entache toute la sculpture italienne de nos jours, toute celle, du moins, qui nous vient de Rome, de Naples et de Milan — je ne dis pas de Florence — car un défaut de ce genre, qui est un défaut capital, dirimant, ne peut se produire que dans une école qui a perdu la notion des principes et qui ne l'a pas encore retrouvée.

En Allemagne et dans l'Autriche-Hongrie, l'art statuaire a d'autres vices qui sont tout aussi dirimants : le contingent et le poncif. Cela veut dire que la sculpture, à moins de descendre à la familiarité du portrait et d'être alors habillée, ne doit être ni autrichienne ni hongroise, ni bavaroise ni saxonne, mais humaine, et, s'il se peut, divine. Quant au poncif, on sait que cette expression signifie une imitation servile, non rajeunie, des formes connues, des draperies usitées, en un mot, des styles antérieurs, et particulièrement du style devenu classique. Les Anglais ont exposé des sculptures et quelques-unes fort remarquables, mais il y a dans tous leurs ouvrages, même dans les meilleurs, quelque chose qui rappelle la saveur d'un fruit sauvage.

Enfin, pour dire toute notre pensée et la dire crûment, afin de la mettre plus en relief, il n'y a guère aujourd'hui de véritable sculpture qu'en France, en prenant, bien entendu, le mot sculpture dans sa plus haute acception.

Les trois salles qui ont été consacrées après coup à l'exposition de la sculpture française au Champ de Mars, et le grand pavillon de la ville de Paris, contiennent trois cent soixante-six ouvrages exécutés par cent soixante-quinze sculpteurs. Là se trouvent toutes les variantes d'un art qui s'est attaché au caractère et à la beauté des formes, mais qui cependant a recherché le caractère plus que la beauté. De ces cent soixante-quinze sculpteurs, dans lesquels ne sont pas compris les graveurs en médailles et en pierres fines, les uns, comme feu Perraud, Schœnewerk, Hiolle, Thabard, Étienne Leroux, Mabille, Barthélemy, Tournois, Truphème, Prouha, se sont attachés de préférence à l'étude de la beauté; les autres, comme Dubois, Mercié, Guillaume, Gauthier, Tony Noël, Bonassieux, Falguière, Delaplanche, ont visé au caractère, même dans certaines figures qui ne demandaient pas à être particularisées aussi vivement qu'elles le sont. Ainsi les tendances de la sculpture française sont personnifiées par des artistes éminents, et peuvent être étudiées sur des morceaux très-remarquables, dont plusieurs sont considérés à juste titre comme des chefs-d'œuvre.

Toute âme a ses voluptés qui l'entraînent, chaque esprit a ses inclinations; chacun a son goût, dit simplement le vulgaire. Si j'avais été sculpteur, j'aurais eu de la prédilection pour les motifs, sans cesse renouvelés, de la statuaire grecque : le Faune, la Bacchante, l'Amazone, la Néréide, la Dryade et toutes les divinités des eaux, des montagnes et des bois, les Hébé, les Ganymède, et même les grands dieux de l'Olympe dont l'image est pourtant si difficile à rajeunir. J'aurais cherché à varier par l'action, par le mouvement, par le geste, par l'attitude, par le choix des draperies et le mode des plis, ces figures dont l'antique a fixé les types impérissables avec une perfection désespérante. Comme les artistes païens, je me serais efforcé de mettre l'expression dans la figure entière, de la faire circuler comme un courant magnétique sur toutes les parties du corps, nu ou à demi drapé, et de l'y rendre aussi présente, aussi frappante que dans le jeu de la physionomie, afin de ne pas accuser sur les traits du visage des contractions qui avoisinent la grimace, qui touchent à la laideur. Vénus et l'Amour ont été cent et cent fois le sujet d'un groupe dans l'art statuaire ; mais Perraud l'avait hardiment recommencé. En supposant la déesse irritée contre l'enfant qui est allé se souiller je ne sais où, dans la fange humaine, et qu'elle veut corriger en le purifiant, le sculpteur a modifié par une action imprévue le type de la Vénus antique. Penchée sur l'Amour qu'elle tient par ses deux petites ailes, Vénus développe son dos arrondi, ses épaules divines, modelées en pleine lumière, tandis que sa tête, inclinée dans l'ombre, s'éclaire seulement de reflets qui adoucissent encore l'expression, d'ailleurs sans colère, de sa beauté inaltérable.

Dans ce marbre que la mort l'empêcha de terminer, mais qu'un digne ami du sculpteur, M. Dantès, a fait mettre au point, Perraud nous fait voir qu'on peut éviter les redites fastidieuses, même dans les sujets rebattus.

N'est-ce pas aussi une agréable surprise que le groupe intitulé : *un Secret d'en haut?* Qui aurait pu s'attendre qu'un sculpteur, même des plus intelligents, comme Hippolyte Moulin, saurait nous intéresser aussi vivement à cette figure d'Hermès, que nous avons vue tant et tant de fois, en des appareils si divers et des actions si différentes, tantôt essayant les cordes de la lyre qu'il invente, tantôt jouant de la flûte pour endormir Argus, ou s'apprêtant à le tuer, tantôt ramenant des enfers Eurydice retrouvée, ou l'y reconduisant, à jamais perdue, tantôt ajustant ses ailes à ses talons, ou prenant son vol pour porter un message des dieux?

Les sculpteurs, en général, se défendent d'avoir de l'esprit, et ils font bien. Cependant l'esprit, cette fois, n'a point desservi le statuaire. Son Mercure, antique par le choix et la pureté des formes, est sans doute un peu moderne par l'intention malicieuse de son geste. En se penchant à l'oreille de Priape, il lui conte je ne sais quelle aventure galante qui s'est passée dans le ciel, j'allais dire à la cour, peut-être quelque brouille de ménage survenue entre Junon et son mari, qu'elle aura surpris en conversation criminelle avec Antiope, ou Danaé, ou Calisto, peut-être l'histoire du flagrant délit de Vénus, constaté par Vulcain devant tous les dieux pris à témoins, et amusés de son infortune conjugale. Priape, dont le corps est engagé dans une gaîne, éclate de rire au récit des cancans de l'Olympe, que Mercure se délecte à lui conter. Élégant, et un peu maniéré dans son élégance, ce Mercure, il faut l'avouer, semble avoir vécu sous le Directoire; il tient son caducée derrière son dos, comme un Incroyable tenait sa canne.

Ses doigts rappellent la boîte à mouches et son sourire est du meilleur ton. Mais quel charme, après tout, et quelle grâce dans la tournure ! Quel soin, quelle science dans le modelé du torse, modelé doux, passé et fin ; quelle délicatesse dans le rendu des extrémités, des mains sveltes et des pieds chaussés de crépides, et combien est savoureux le plaisir qu'on éprouve à regarder un groupe si habilement contrasté, si attrayant par l'opposition que présente le gros rire du dieu des jardins, dont la bouche est fendue jusqu'aux oreilles, et le fin sourire du conteur. Il n'y a pas d'autre exemple, je crois, qu'on ait su mettre une pareille dose d'esprit et de malice dans le sérieux du marbre, sans trop d'offense à la majesté de l'art statuaire.

Le groupe de M. Moulin nous suggère une observation qu'il est important, ce nous semble, d'adresser à tous les sculpteurs, à savoir que les figures de marbre ont mauvaise grâce à sortir de leur aplomb pour s'appuyer sur un corps étranger, sur un terme, par exemple, ou sur un rocher, ou sur un tronc d'arbre. Autant que possible, une statue doit porter sur ses pieds, et l'étymologie nous l'affirme, car statue vient de *stare*, se tenir debout. Lorsque la figure est ailée, comme l'est celle de Mercure, au pétase et aux talons, l'inconvénient du porte-à-faux est sauvé, l'œil étant rassuré par la présence des ailes ; mais quand une figure pesante, comme l'Hercule Farnèse, s'appuie pesamment sur un support extérieur, formant tenon, le regard est alarmé de ce qui manque à la solidité apparente de la statue, et cela suffit pour troubler le sentiment de l'admiration qu'elle nous inspire. Sous ce rapport, la statuaire obéit aux mêmes lois que l'architecture. Le fameux *Satyre* de Praxitèle, nonchalamment appuyé sur un tronc d'arbre, est sans doute une exception à cette règle, mais une exception qu'il ne convient pas d'imiter.

Je fais cette remarque au sujet de quelques figures jetées hors de leur aplomb, notamment de celle que M. Delaplanche envoya de Rome sous le nom d'*Ève après le péché*, et qui, d'ailleurs, déparée par l'abondance inutile des carnations et par le luxe, encore plus inutile, de la force déployée dans la douleur, est loin de valoir ce que l'artiste nous a donné plus tard d'excellent.

Mais, pour ne pas quitter les sculpteurs qui

ont le culte de la beauté et qui s'attachent au nu ou au demi-nu, je m'arrête à l'adorable figure de M. Schœnewerk, la *Jeune fille à la fontaine*. Que ne suis-je millionnaire, un de ces petits millionnaires qui ne possèdent qu'un seul million et qui pullulent dans Paris ! Avec quel bonheur j'achèterais ce marbre délicieux, dussé-je n'en avoir qu'une répétition ! Si Corrège avait fait de la sculpture, il l'aurait faite ainsi. La grâce ineffable de ce grand maître est passée dans l'âme et dans le ciseau de Schœnewerk ; mais le statuaire a été ici plus sévère que le peintre, plus châtié, et cela devait être, puisqu'il n'avait pas, pour dissimuler tel ou tel défaut de goût, le prestige d'une couleur enchanteresse et les mystères de l'exécution. Jamais on n'a manié le Carrare d'une main plus légère, plus souple, avec plus d'amour. Jamais on n'a mis autant de tendresse dans une figure de style, autant de chasteté dans une exquise volupté de formes. Ce n'est pas une naïade d'une beauté poncive, que cette jeune fille si naïvement belle, si charmante. Elle a dans le mouvement de sa bouche, insensiblement irrégulière, dans le modelé de son corps penché sur la fontaine, et dans quelques accents indiqués au jarret de ses jambes nues, quelque chose qui annonce qu'elle a vécu avant d'être immortalisée, que sa chair a palpité avant d'être métamorphosée en marbre. Sara la baigneuse n'est pas plus belle lorsqu'elle va se balancer au-dessus d'un bassin de l'Ilyssus, lorsque la crainte d'être aperçue par quelque autre que l'eunuque aux dents blanches, au front noir, fait frissonner son beau corps, sculpté dans les hémistiches du poète.

A vrai dire, pourtant, la Sara des *Orientales* est plutôt dans la *Jeune fille au bain*, que Mme Bertaux a modelée tout exprès pour exprimer ce passage de la ballade :

> Elle est là sous la feuillée,
> Éveillée
> Au moindre bruit de malheur,
> Et rouge pour une mouche
> Qui la touche,
> Comme une grenade en fleur.

Cette figure aimable, pondérée avec beaucoup d'art, toute pleine de séductions, n'est cependant qu'une figure de genre. Je dis de genre, eu égard au choix du modèle, au désordre de la chevelure, à l'air un peu chiffonné de la physionomie, au maniéré délicat du mouvement, qui est du reste fort gracieux, et qui met en relief des formes rondes, polies et fermes, des carnations rendues avec le sentiment de la vie, et d'un ciseau qu'on pourrait croire celui d'un maître.

La parenté qui existe entre la sculpture et la peinture — parenté qui doit rester éloignée — a donné naissance à des statues qui rappellent, sans que j'y trouve à redire, le style de quelques peintres célèbres. Le *Premier Miroir* de M. Baujault est un marbre conçu et touché dans le goût de Prud'hon. C'est encore une jeune fille, une Chloé, qui, sans doute au moment de se plonger dans l'eau, y aperçoit le reflet de son image et s'arrête pour regarder avec innocence sa jolie tête, ses traits épanouis, sa chevelure tombante, ses épaules effacées, ses charmes à peine naissants, son corps délicat et mince, sans parler d'une grâce dont elle n'a pas conscience, mais dont le spectateur est ravi.

Le *Premier Miroir* appartient à cette époque récente, où notre école, voulant du nouveau à tout prix, cherchait ses modèles dans l'adolescence, au risque de n'y trouver que des corps fluets, des membres veules et débiles, des genoux engorgés, des maigreurs qui paraissaient *distinguées,* uniquement parce qu'elles n'étaient point dans la haute tradition sculpturale et que par là on se faisait gloire d'innover. Ce fut un moment la mode de sculpter des formes chétives, sous prétexte que Donatello en avait donné l'exemple. Falguière fut un des premiers, si j'ai bonne mémoire, à mettre en vogue, dans les ateliers de sculpture, les modèles adolescents. Le succès qu'avait eu son *Vainqueur au combat de coqs,* dont nous voyons ici le marbre, soigneusement, précieusement fini, détermina beaucoup de sculpteurs à explorer le domaine de la jeunesse impubère. On vit alors des joueurs de toupie, des joueurs de triangle, des joueurs de billes, de petits saltimbanques, des pêcheurs d'écrevisses, que sais-je encore? et l'on eut, dans une exhibition de corps graciles, prétendus gracieux, tout un pensionnat de jouvenceaux anémiques. Heureusement, la mode en eut bientôt passé, Dieu merci. Le *Charmeur* de M. Thabard est de ce temps-là; mais, du moins, les formes étaient cette fois choisies dans le bel âge de la jeunesse, étudiées avec beaucoup d'attention et de savoir, et intéressantes par elles-mêmes, indépendamment de l'action qui consiste à charmer des serpents au son de la flûte, comme nous l'avons vu faire tant de fois par de jeunes Arabes, sur les places du Caire.

Combien sont préférables, pour le sculpteur, les formes que la nature a parachevées dans les divers âges de la vie, celles qui marquent l'enfance, la jeunesse, la maturité! Combien elles sont plus dignes du marbre que celles des âges de transition, surtout des années où l'on n'est plus enfant sans être encore un jeune homme ou une jeune fille. C'est aux âges accomplis qu'appartiennent la *Baigneuse*, de M. Tony Noël, l'*Arion*, de M. Hiolle; la *Somnolence*, de M. Étienne Leroux, l'*Amour taillant son arc*, de M. Prouha, l'*Icare essayant ses ailes*, de M. Mabille. On a du plaisir à embrasser du regard ces marbres dans lesquels le ciseau n'a jamais eu à rendre une déviation, une infirmité, une maigreur, un genou saillant, un coude anguleux, un engorgement des malléoles. Pendant que l'œil glisse sur des membres sans pauvretés, le spectateur peut se mettre plus facilement en communication avec le sentiment de l'artiste. Il se rappelle, par exemple, que le jeune Arion échappa aux matelots qui le voulaient égorger, en se jetant à la mer, sur un des dauphins que les harmonies de sa lyre avaient attirés autour du vaisseau. Il admire comment le sculpteur a su exprimer, sans altérer sensiblement les traits du poète, les angoisses qu'il vient de traverser, et ce qu'il lui reste de frayeur et d'émotion sur le vivant navire qui le porte au rivage. Toutefois, je remarque ici qu'il est dangereux pour un sculpteur de vouloir l'expression, même pour l'effleurer seulement, car la bouche d'Arion n'exprime son inquiétude qu'à la condition de former, en se creusant, un trou noir qui fait tache sur la blancheur du visage.

Le statuaire, au surplus, a ce privilège qu'il peut se contenter de figures sans nom et sans histoire, qui n'ont pas d'autre destination que d'être belles, d'autre signification que la grâce de leur posture ou de leur mouvement. Une fille sortie du bain est un motif qui suffit à M. Tony Noël pour tirer d'un bloc de marbre une sculpture amoureusement conçue et rendue, où il a su mettre quelque chose de plus que de la science, quelque chose de plus que le sentiment de la vie.

Il n'a fallu aussi à M. Étienne Leroux, pour faire un morceau ravissant, que le spectacle d'une jeune femme, renversée sur un sofa, les bras étendus, dans l'attitude de la somnolence, femme charmante, dont la tête reste sérieuse sur un corps plein d'abandon, et qui balance doucement ses membres assoupis, sur le point d'échapper au sommeil, ou peut-être au moment de s'y replonger avec une mollesse voluptueuse.

Le sommeil de la beauté a été souvent un motif admirable pour les sculpteurs, antiques ou modernes, tant il est vrai que l'art statuaire n'a pas autant besoin que la peinture, à beaucoup près, d'une action, ni même d'une pensée, je ne dis pourtant pas d'un sentiment. Michel-Ange a représenté le sommeil dans ses fameuses figures du *Crépuscule* et de la *Nuit*, qui sont couchées avec une auguste élégance sur le tombeau des Médicis. Cependant, il n'a pu se défendre d'y faire pénétrer l'expression d'une tristesse profonde et de les agiter jusque dans le repos et le silence d'un mausolée. Le *Crépuscule*, il est vrai, semble se réveiller et secouer des rêves pesants, des rêves sinistres. Mais le sentiment qui se trahit dans le mouvement et dans l'exécution de ces statues sublimes est celui que le statuaire portait au fond de son cœur. De pareils ouvrages ne se recommencent plus. Toutefois, un artiste qui est des premiers dans notre école, M. Mathurin Moreau, a fièrement tenté une variante du *Crépuscule* et de la *Nuit* de Michel-Ange, avec la seule préoccupation de faire sortir du marbre une femme superbe, aux formes puissantes, aux carnations pleines et compactes, majestueusement endormie, ayant dans son giron un enfant endormi comme elle, et ne représentant rien que sa beauté sévère, hautaine, olympienne, qui, sans se laisser désirer, se laisse admirer. Il était difficile, pour ne pas dire impossible, d'être plus hardi et plus original, dans l'imitation flagrante d'un grand maître, réputé inimitable.

II

LE CARACTÈRE ET LA BEAUTÉ

Un sculpteur éminent nous disait l'autre jour, sur un ton de mauvaise humeur : « Vous parlez toujours de rechercher la beauté... mais laquelle ? » — « Il est vrai, lui dis-je, que la beauté n'est pas *une;* mais la différence des beautés et les accents qui les distinguent ne sont pas un empêchement à poursuivre le beau. Du moment que les formes humaines peuvent être caractérisées sans laideur, il est légitime de les représenter dans le marbre : sinon, non. »

L'artiste qui m'avait si brusquement interpellé est un ancien pensionnaire de Rome, un de ceux qui, séduits par la sculpture florentine du quinzième siècle, se sont attachés de préférence au caractère, sans reculer devant les accidents et même les difformités qui le rendent plus frappant. Son interpellation nous fit penser qu'il fallait s'expliquer clairement en présence du public, et s'entendre, une fois pour toutes, sur ces questions, les plus hautes qu'il soit donné à l'esthétique d'aborder : qu'est-ce que le caractère en sculpture? qu'est-ce que la beauté? qu'est-ce que le style?

Tout être vivant se distingue par cela seul du reste de l'univers. Il porte l'empreinte, forte ou faible, saillante ou fruste, du Dieu inconnu qui a présidé à son destin, du pays où il a vu le jour, des conditions au milieu desquelles il a grandi, des aventures, antérieures à sa naissance, qui ont fait couler dans ses veines un sang généreux ou appauvri, pur ou corrompu. C'en est assez pour que l'homme vivant soit reconnaissable, au moins pour ses proches; que si ce premier sceau de la destinée est indistinct, pâle, obscur, effacé, insignifiant, l'homme n'est alors qu'une simple individualité; il n'est pas encore un caractère, car, pour avoir un caractère, il ne suffit pas d'être en vie. Celui-là seul a un caractère qui, né sous une heureuse étoile et de bonne race, a pu se développer au milieu de circonstances qui, au lieu de contrarier son tempérament, l'ont fortifié ; qui, au lieu de fausser son naturel, l'ont aidé à se produire ; qui, au lieu d'étouffer en lui les germes, qu'il avait apportés en naissant, d'une personnalité franche, lui ont permis de la conserver originale, nette, accusée, et aussi intéressante pour l'esprit que frappante pour le regard.

Mais il y a de bons et de mauvais caractères : il y en a de beaux, il y en a de laids. L'hypocrisie, l'avarice, la cruauté, l'envie, la ruse sont des caractères aussi ; mais ces infirmités morales se traduisent par des difformités physiques. Les personnes qui en sont affligées portent, marquée sur leurs traits, une grimace indélébile. Celles-là peuvent être bonnes à peindre : elles ne sont pas bonnes à sculpter. En voici la raison : le peintre qui ne nous donne qu'une apparence des choses, un mirage de la vie, peut admettre jusqu'à la laideur, attendu qu'il a mille moyens de la rendre acceptable par les prestiges de la lumière et de la couleur, par le choix des circonstances environnantes, par le fond dont il dispose, par le contraste, tandis que le sculpteur, qui nous offre l'épaisseur des choses, doit s'interdire de représenter des caractères bas et vicieux, parce que c'est assez de les faire voir, et que c'est trop de les faire toucher. S'il est déjà hardi, pour le peintre, de les rendre visibles, il est monstrueux, pour le sculpteur, de les rendre palpables. D'ailleurs, taillée dans le marbre, ou même coulée en bronze, la laideur usurpe une immortalité dont la beauté seule est digne.

Mais qu'est-ce que la beauté, en sculpture ? C'est un caractère choisi parmi les plus nobles, se rapportant à un des types heureux de l'humanité, à une des vertus de l'homme, ou du moins à une des qualités qui lui donnent une physionomie aimable ou imposante, comme la grâce, la douceur, la majesté, ou qui distinguent les divers âges de la vie : l'ingénuité de l'enfance, l'élégance de la jeunesse, la pudeur de la virginité, la vénusté de la jeune femme, la fierté de l'âge viril, la tendresse de la mère, la dignité du vieillard.

De ce que nous séparons ces deux termes, le caractère et la beauté, de ce que nous les distinguons, pour mieux dire, s'ensuit-il que nous puissions imaginer une beauté sans caractère ? Non. Toute beauté en sculpture doit être caractérisée de manière à n'être pas confondue avec une autre, et il va sans dire qu'il en est ainsi des plus belles antiques. Mercure est beau, mais il l'est autrement que Jupiter. Pallas et Vénus sont belles l'une et l'autre; mais elles sont belles différemment. La beauté absolue des formes humaines, même divinisées, n'existe pas pour nous et il nous est impossible de la concevoir. A supposer qu'un grand sculpteur pût inventer deux figures qui résumeraient à elles seules l'humanité virile et l'humanité féminine, tout le genre humain, il n'aurait créé que des abstractions muettes, froides, sans intérêt et sans vie, sans influence magnétique sur notre âme, parce qu'elles seraient sans caractère.

En revanche, si le caractère s'accentue aux dépens du beau, s'il amène un appauvrissement des formes, s'il produit une déviation sensible ou s'il en résulte, si, par exemple, la mère est obèse, si la jeune fille est encore chétive, si l'adolescent est encore débile, si le vieillard est amaigri, osseux, exténué, comme l'est le *Voltaire* que Pigalle a représenté vilainement, tout nu et tout décharné, dans la statue en marbre qui appartient à la Bibliothèque de l'Institut... la sculpture n'a plus rien à voir dans ces caractères, parce qu'ils sont inconciliables avec le beau.

Où s'arrêter, dira-t-on ? C'est là justement qu'est la difficulté de l'art. La sculpture a des frontières prochaines qu'il ne faut pas dépasser, à moins d'avoir en soi le génie qui les recule. Quand mes yeux rencontrent le *David* de Mercié, je sens que le jeune artiste est sorti des limites de son art, mais qu'il est revenu triomphant, comme son héros, de son excursion hardie sur le domaine de la peinture. Ce fut pour nous tous un étonnement que cet envoi de Rome, et il me souvient qu'étant allé, en 1872, au Palais de l'industrie pour veiller à l'arrangement des sculptures du Salon, lorsque j'aperçus dans un coin obscur cette statue en plâtre sali, que les gardiens n'avaient pas encore transportée au milieu du jardin, elle m'apparut comme l'ouvrage d'un des grands maîtres florentins de la Renaissance.

Mercié s'est représenté son jeune héros comme un gamin de la Bible, leste, insolent et dur, qui a vaincu sans peine, mais non sans gloire, et qui n'est beau que par l'élégance de ses membres grêles, par la fierté héroïque de son mouvement. Coiffé d'un mouchoir vulgaire, qu'il a serré sur ses cheveux plats, il est particularisé au plus vif par un masque ramassé, des pommettes hautes, une lèvre boudeuse, gonflée de mépris, un petit nez court et tendineux. Un peu agité encore par l'émotion déjà refroidie du combat, il cherche à remettre dans le fourreau l'épée courbe qui a tranché la tête du géant, et il pose son pied sur cette tête d'un air méprisant et souverain. Ah ! ce fut un beau scandale que l'apparition de ce David, une superbe révolte contre le poncif ! Quelques-uns, piqués peut-être d'une pointe de jalousie, insinuèrent que le *David* de Mercié sentait par places le moulage, tant il y avait de vérité dans son torse évasé, souple et fin, dont les saillies et les dépressions semblaient estampées sur nature, dans ses bras minces, dans ses jambes d'un galbe si heureux, surtout, dans le genou de celle qui porte, et qui soulève un muscle ressenti. On répondit à ces charitables confrères que de pareils moulages étaient à la disposition de tout le monde, et que les raccorder ainsi, dans une œuvre si bien enlevée et d'un seul jet, était encore plusdifficile que de copier la nature choisie en l'interprétant, dans un mouvement préconçu.

Pour nous, l'auteur du *David* était un Donatello ressuscité en sa plus belle veine. Lorsque nous fûmes invité par le Président de la République à lui faire les honneurs du Salon de 1872, il demeura étonné en présence de cette figure fière, inattendue et trouvée, et il ne recula point devant la proposition d'envoyer la croix d'honneur à Mercié, bien que ce jeune artiste fût encore pensionnaire de l'Académie de France, à Rome. Par là, nous aussi, nous avions reculé les limites de l'administration publique; mais, pour ce faire, il n'était pas nécessaire le moins du monde d'avoir du génie : il suffisait d'un sentiment vif de la justice distributive.

Avant Mercié, avant Falguière, avant Paul Dubois, quelques pensionnaires de Rome avaient commencé dans l'École française la réaction qu'avait opérée Bartolini dans l'École florentine, lorsqu'il affecta de retourner aux maîtres du quinzième siècle, à Ghiberti, à Donatello, à Luca della Robbia, à Verocchio, qui fut le maître de Léonard, à Desiderio da Settignano, à Mino da Fiesole. Fatigués de la beauté grecque, et du paganisme dans lequel s'était confinée la sculpture, sous l'influence de Louis David, voulant rajeunir leur art dans la nature et, s'il le fallait, dans le naturalisme, plusieurs, entre autres M. Guillaume, s'attachèrent aux formes individuelles, comme si, pour trouver assez de caractère, ils avaient cru devoir en chercher là où il y en a trop. On vit venir de Rome, à titre d'envoi, les *Deux Gracques* de M. Guillaume. Ces deux figures à mi-corps et accostées, dont les modèles étaient sans doute des Transtévérins ou des paysans de la Sabine, franchement laids, mais d'un caractère farouche et parfaitement choisis pour représenter deux célèbres niveleurs, firent sensation parce qu'elles tranchaient sur le fonds commun d'une perfection devenue insipide, à force d'avoir été copiée, étudiée, admirée, vantée. Après cette première velléité de romantisme, M. Guillaume fit, pour ses envois, d'abord une étude de Faucheur, très-serrée, très-voulue ; ensuite une belle figure d'Anacréon, levant la coupe du vin où il va boire sa poésie.

Depuis ce temps, M. Guillaume a hésité entre son penchant naturel, qui le portait à poursuivre avant tout le caractère dans l'individualité des formes, et un retour à la vérité d'une nature plus générique, plus voisine du beau, plus idéale. Digne et contenu par tempérament, incapable de se laisser entraîner à la sculpture vivante, frémissante et pittoresque de Carpeaux, il fut sage jusqu'à la froideur dans son groupe de la *Musique*, commandé pour décorer la façade de l'Opéra. Tout le monde sentit alors qu'il était plus propre à modeler des figures humaines que des figures divines, et plus près de l'art romain que de l'art grec.

Il est facile d'en juger en comparant le groupe du *Mariage romain* avec la statue d'*Orphée*, qui est justement placée en regard. Toutes les qualités du statuaire devaient se montrer dans son groupe et toutes ses imperfections dans sa statue. Le groupe, sévèrement drapé, représente deux fiancés se tenant la main dans une attitude solennelle, hiératique, attendant sur leurs siéges l'ordre que le flamine leur donnera de se lever, et la consécration sacerdotale. La gravité des deux époux, l'agitation intérieure qui se trahit sur leurs visages, l'espoir d'une destinée heureuse, et aussi le pressentiment de l'inconnu, tout cela est exprimé avec dignité, avec force, dans l'attitude de l'homme, qui est résolu, maître de lui, et sur les traits de la fiancée dont l'émotion s'enveloppe dans la draperie qui serre son corps et voile sa tête. Mais, pour concevoir un Orphée, il fallait autre chose que les qualités de la sculpture romaine ; il fallait remonter à l'idéal grec, trouver ou plutôt inventer une tête (*invenire*), évoquer l'image d'un grand poète doucement inspiré, mélancolique et triomphant à la fois ; il importait aussi de ne pas oublier pourquoi il fut déchiré par les bacchantes. Il fallait surtout se défendre de tout ce qui pouvait rappeler le modèle vivant qui pose, et c'est justement ce que n'a point évité le sculpteur. Son Orphée aux membres grêles, au torse long et mince, plus mince encore en comparaison de la tête, grossie par une chevelure pesante, ses jambes effilées, trop juvéniles... ce n'est pas là ce qu'on devait attendre d'un artiste qui est un esprit. Le visage du poète a un cachet de sentimentalisme qui en fait un Orphée romantique, une Velléda du sexe masculin. L'accent d'une douleur profonde, sans consolation, pouvait être prononcé, ce nous semble, dans cette figure mythique, soit par le geste, soit par l'attitude, soit par un lambeau de draperie qui eût ombragé la tête, plutôt que par l'affectation de particulariser les for mes en les choisissant amoindries et débilitées.

Peu grec par ses tendances, M. Guillaume doit exceller dans le portrait, et de fait il y excelle. Je parlerai un autre jour de ses bustes si remarquables et de ses belles gaînes, exposées dans le pavillon de la ville de Paris. Ce que je puis dire dès à présent, c'est qu'une connaissance approfondie des lois de son art le rend incapable de commettre telles fautes de syntaxe, dont les plus habiles, quelquefois, ne savent pas se préserver. Voici, par exemple, un groupe de *Roméo et Juliette*, qui serait sans reproche s'il était exécuté dans des proportions moindres. Tout le génie de Shakspeare ne saurait empêcher que l'histoire de Roméo et Julilette n'ait un caractère anecdotique et local, et, quelque touchante qu'elle soit, il suffit qu'elle ait une date, qu'elle se soit passée dans une ville connue, sous l'empire de certaines mœurs et de certains costumes, pour que le sculpteur ne soit pas bien venu à la représenter en grand, car la grandeur naturelle ou extra-naturelle, et, à plus forte raison, les dimensions colossales ne conviennent pas à la sculpture ethnographique, à celle qui nous montre des personnages en pourpoint, en collerette, en chausses collantes et en souliers. Réduit aux proportions demi-nature, le groupe de M. Tony Noël, loin de perdre aucune de ses qualités, y gagnerait au contraire quelque chose de plus intime et, par cela même, de plus pathétique. On y admirerait encore plus le mouvement précipité de Juliette, sa grâce involontaire dans la douleur, son beau corps nu jusqu'à la ceinture, l'expression de sa tête, individuelle, cette fois, comme elle devait l'être, et le contraste si vivement accusé entre la passion éteinte du jeune homme étendu mort, et la passion désespérée de la jeune fille qui va mourir.

La même observation s'adresse à M. Étienne Leroux, qui a mis dans son groupe de la *Jeune Mère jouant avec son enfant* une grâce exquise, mais familière, avec un accent de coquetterie, une grâce qui peut être racontée ou peinte, mais non sculptée, autrement qu'en petit. J'en dirais autant à M. H. Lemaire, pour le *Bain de l'enfant,* groupe qui serait plus aimable si l'artiste l'eût regardé avec une lorgnette retournée, et à M. Croisy, qui a modelé de grandeur naturelle Françoise de Rimini et Malatesta lisant dans le même livre. Lorsqu'un peintre bien avisé, comme

Ingres, peignait ces personnages épisodiques dans la même action, il se gardait bien de les représenter en grand, et ce qui était en peinture une convenance, l'est encore plus en sculpture, où les intimités de l'amour ont mauvaise grâce à tenir autant de place dans l'étendue et à coûter autant de marbre que les aventures fabuleuses des dieux immortels. Il y a du reste dans le groupe de M. Croisy, comme dans ceux dont je viens de parler, de la délicatesse, de la tournure, de l'expression ; mais, à vrai dire, l'expression, surtout l'expression du visage, n'est pas l'apanage du statuaire. Il répugne au marbre de rire et de pleurer. Cela n'est guère bon que pour la terre cuite et quelquefois pour le bronze. Voulez-vous représenter les passions de l'homme, ses amours, ses douleurs, ses terreurs, ses jalousies, ses joies, ses colères ? Soyez peintre. Voulez-vous éveiller en nous des sentiments indéfinis, remuer profondément notre âme, mais vaguement et par cela même délicieusement ? Soyez musicien. Mais n'espérez pas que le marbre, dans sa pesanteur, dans sa forme palpable, cubique, pourra être aussi expressif qu'un coup de pinceau, aussi émouvant qu'un coup d'archet. Le lot du statuaire est la beauté, et ce lot, Dieu merci, en vaut bien un autre. La beauté n'est-elle pas à elle seule une expression ?

Aussi les vrais sculpteurs sont-ils toujours embarrassés quand il leur faut christianiser leur art, modeler, par exemple, les figures d'un mausolée, en y faisant entrer le sentiment, l'expression à haute dose. On les voit alors franchir leurs limites pour empiéter sur le domaine de la peinture. Les vertus théologales, la foi, l'aspiration au paradis, la charité évangélique, ces vertus sont dans le cœur et dans les entrailles, mais non dans les formes ; elles jurent même avec le luxe des carnations, avec la vénusté des mouvements et des nus. Pour décorer le tombeau du général Lamoricière, dessiné par M. Boitte, architecte, Paul Dubois n'a pas manqué de puiser ses inspirations dans la peinture, d'autant qu'il est peintre, lui aussi. Son *Courage militaire* est une réminiscence affaiblie du *Pensieroso*, qui lui-même est une statue du grand peintre Michel-Ange. La *Charité*, avec les beaux enfants qu'elle tient dans ses bras et sur ses genoux, est une femme moderne, dont la draperie rustique, à gros plis, rappelle les paysannes de Jules Breton et de François Millet. La *Méditation* est une figure admirable dans le grand goût des Léonard de Vinci et des Mantegna. Mais quand on voit un artiste tel que Paul Dubois se jeter dans le pittoresque pour obtenir une expression suffisante, comment ne pas sentir que la sculpture est un art païen par essence, un art dont le christianisme a changé les conditions, altéré le caractère et violenté les principes?

Est-ce à dire que la sculpture soit fatalement un art inexpressif? Dieu me garde d'une telle hérésie! J'affirme seulement que la manifestation du beau, dans les formes humaines et animales, étant la véritable mission de ce grand art, la beauté ne doit pas être sacrifiée à l'expression, et qu'il lui suffit d'avoir un caractère, de porter la trace d'un sentiment, ce qui n'est pas absolument la même chose. L'expression par le marbre — je dis le marbre — doit être trouvée plutôt que cherchée; elle ne saurait être ni aiguë, ni vive, ni localisée comme elle peut l'être en peinture; elle est une *résultante*, elle se prononce dans l'ensemble de la figure, bien plus que dans les traits du visage. Ses grands moyens sont le choix des formes, les proportions des membres, l'éloquence du geste ou du mouvement, la convenance de l'attitude, la signification des draperies. Les draperies ! que de choses elles font sentir ! A quelle variété de sentiments et de pensées répondent les draperies, dans leur serrement ou leur abandon, dans la façon dont elles sont tranquillisées par la lumière qui les caresse, ou remuées par l'ombre qui les fouille et les pénètre, dans la rareté ou l'abondance de leurs plis, tantôt méplats ou gonflés comme des muscles, tantôt mollement arrondis ou à cassures anguleuses !

La figure que feu Cabet, d'honorable mémoire, avait modelée sous le titre : *Mil huit cent soixante et onze,* est une preuve de ce que la seule draperie peut avoir d'expressif. Quel abattement, quelle tristesse annonce, du plus loin qu'on l'aperçoit, cette figure entièrement drapée, dont le visage, caché dans l'ombre, se voit à peine, et dont les mains sont les seules parties visibles du nu ? Quel que soit le point de vue auquel se place le spectateur, il devine que cette draperie enserre une douleur concentrée, qu'elle enveloppe une femme abîmée dans le plus sombre désespoir, désespoir d'autant plus émouvant qu'il est calme, immobile, muet et sans larmes. Cette femme accoudée sur ses genoux, abattue, c'est l'image saisissante de la patrie dans « l'année terrible »... Mais bientôt elle relèvera la tête, elle dépouillera ses vêtements de deuil, et ses draperies ouvertes laisseront respirer librement sa poitrine ; elles ne cacheront plus son visage rasséréné.

Il y a dix ans que parut avec honneur au Salon le modèle en plâtre de la *Femme adultère*, et cet ouvrage de M. Cambos a gagné beaucoup à être exécuté en marbre. Ici encore le sculpteur, pour être vivement expressif, s'est inspiré de la peinture ; il s'est rappelé la belle Hersilie, qui, dans le tableau des *Sabines*, se précipite en croisant ses bras sur son front, et va les ouvrir pour séparer les combattants. Mais la femme adultère, en cachant son visage sous ses bras croisés, trahit un autre sentiment, celui de la honte. Nue jusqu'à la ceinture, affaissée sur ses genoux, elle demande pardon d'une faute qui lui est déjà pardonnée. Son vêtement à petits plis serrés, en faisant ressortir le poli des carnations, indique par ses froissements qu'elle s'est débattue en flagrant délit, et qu'elle a été traînée devant le juge. Voilà quelles sont, si je ne me trompe, les dernières limites de l'expression en sculpture. Aussi l'artiste a-t-il emprunté sa figure d'un tableau de Louis David, heureuse idée puisque les ouvrages de ce grand réformateur abondent en motifs de statues, et que les défauts mêmes de sa peinture, en tant qu'elle est trop sculpturale, deviennent des beautés dans l'art statuaire.

Je m'étonne toujours que les draperies ne soient pas plus variées qu'elles ne le sont dans les Salons de sculpture, et qu'on y retrouve si souvent des plis connus, appris par cœur, cent fois répétés. Cette partie de l'art qui est, après le nu, la plus importante, la plus propre à nuancer la physionomie optique et morale des figures sculptées, il y a plaisir à la voir renouveler. M. Delaplanche y excelle, et sa *Sainte Agnès*, sous ce rapport, est un chef-d'œuvre. La tête d'ailleurs est charmante et d'une grâce qui n'est copiée nulle part; les plis de la draperie, pressés en haut, sous l'agneau que tient la sainte, rares en bas, produisent un effet de couleur, légitime cette fois, et de plus un contraste agréable de cassures vives et de souples ondulations. La draperie joue aussi un rôle dans le groupe de l'*Édu-*

cation maternelle, qui est habillé, cependant, plutôt que drapé. Une femme du peuple apprend à lire à sa fille. La mère, qui a été belle, est assise ; la fille, qui n'est pas belle encore, est debout. Celle-ci, avec ses grosses lèvres épanouies, ses grands yeux, son petit nez à peine saillant, rappelle un des fameux chanteurs de Luca della Robbia. Elle n'a pour toute beauté que du caractère. Lorsque Delaplanche nous montra ce groupe si remarquable, la figure de la mère était coiffée du même mouchoir qui lui tombait presque sur les yeux. En engageant l'artiste à relever ce serre-tête jusqu'au milieu du front, nous lui donnâmes un conseil qu'il s'empressa de suivre, par un mouvement de déférence bien rare : cela lui porta bonheur. Son groupe est admirable et universellement admiré.

Oui, en dépit de tout, la sculpture est un art païen, de même que la peinture est par excellence l'art du christianisme. Je le pensais avant d'avoir voyagé en Grèce ; maintenant j'en suis sûr. Quand je me trouve en présence d'un héros comme Jason, ou d'une ménade qui s'achemine vers le Cythéron, assise sur un tigre dionysiaque, ou d'une Cassandre réfugiée à l'autel de

Pallas, au pied d'une idole rigide ; quand je rencontre une néréide au masque élargi, neptunien, qui sourit au bruit flatteur de ses ondes, ou une Diane, un Mercure, une Vénus, un Amour, ou une Chloé à la fontaine, un Narcisse languissant, un Ganymède, ou un jeune Faune jouant avec un chevreau, ou un Bacchant qui folâtre avec une panthère, je me sens transporté dans la patrie des dieux et des demi-dieux, des héros, des nymphes, des satyres, des centaures, patrie qui est aussi celle de l'art. Je regarde comme des sculpteurs purs, contents de leur apanage, des artistes tels que A.-D. Lanson, Marcellin, Aimé Millet, Moreau-Vautier, Renaudot, Lavigne, Bourgeois, Captier, Prouha, Marquet de Vasselot, Hiolle, Damé, Barthélemy, Caillé, Cugnot, Tournois, Cougny, Montagne..., et je serais tenté de leur dire : « Vous avez pris la bonne part. » Sans doute il y aurait quelques observations à présenter sur les ouvrages de ces habiles sculpteurs, parmi lesquels on distingue plus d'un maître ; mais c'est déjà un mérite que de se renfermer dans son domaine, et d'être pénétré de ce principe : qu'il ne faut pas faire dans un art ce qui peut être mieux fait dans un autre.

A un statuaire excellent et de premier ordre, à M. Chapu, nous n'avons rien à enseigner, nous autres simples esthéticiens, considérés peut-être par les artistes comme des pédants, et nous ne saurions nous flatter d'avoir aucune influence sur leur volonté, sur les préférences de leur esprit, sur leur style. S'il en était autrement, nous leur dirions que le choix des sujets modernes, comme celui de Jeanne d'Arc, comporte plutôt le bronze que le marbre, par cette raison, entre autres, que les héros et les héroïnes de notre histoire ne sauraient être représentés qu'avec des costumes, des armes, des accessoires, dont le rendu répugne à la dignité, à la pesanteur du marbre. Cette belle figure de Jeanne d'Arc, avec son corsage serré par des lacets, sa jupe de paysanne et son sac de cuir, appartient plutôt à la peinture. Aussi fut-elle admirée sans réserve, quand feu Benouville la peignit à peu près dans la même pose, les mains jointes, avertie par les voix d'en haut, la tête aux écoutes, le regard au ciel. Il faut reconnaître pourtant que M. Chapu a modelé dans la perfection les bras, les mains jointes, et la tête de son héroïne, qui n'a guère la physionomie d'une bergère ayant vécu au quinzième siècle, mais plutôt l'air d'une femme de nos jours.

Non, les figures fortement émues, les allusions passionnées à la patrie vaincue ou triomphante, les motifs pathétiques, en un mot, ne sont pas pour être choisis par le sculpteur, au moins s c'est en marbre qu'il veut les produire, parce qu'il y faut un mouvement, un sentiment, des effets, des contrastes auxquels la matière employée est réfractaire.

Le groupe si bien senti et d'une exécution si savante, que M. Chatrousse appelle les *Crimes de la guerre*, s'il était coloré chaudement sur une toile de Bonnat, serait aussi bien venu, je trouve, que fouillé dans un bloc de Carrare. Ce serait un jeu pour le peintre que de représenter un vieillard aux yeux caves, à la bouche ouverte et gémissante, aux yeux agités par le vent, un enfant égorgé, une femme au désespoir, dont la chevelure est dénouée, dont le vêtement a subi tous les froissements de la douleur, tandis que la statuaire n'y peut arriver qu'en faisant violence à la pierre inerte, à la pierre indocile, en pratiquant des trous là où le peintre donnerait des touches, en indiquant avec peine, au bout du ciseau, de pâles contrastes qui seraient facilement accentués par la couleur.

Heureux le statuaire qui, rentré après tant d'épreuves dans la sérénité de son art, se contente des motifs les plus simples, — un faune lutinant son chien ou jouant avec une panthère, — pourvu qu'il y trouve une occasion de mettre en lumière quelque nuance de l'éternelle beauté. Ah! si le sentiment de l'art grec, de l'art païen des Polyclète, des Phidias, des Praxitèle, si le culte de l'art pour le beau venait à périr, que deviendrait le trésor où se conservent les pures essences de la forme, que deviendrait la tradition mystérieuse des exemplaires primitifs et divins qui sont l'idéal, et dont nous avons en nous un vague souvenir, comme si nous les avions vus jadis dans une vie antérieure et supérieure?

III

LES BRONZES

De toutes les matières qui sont susceptibles d'être façonnées par la main de l'ouvrier, il n'en est pas une qui n'ait son caractère propre, sa physionomie indélébile et, s'il est permis d'employer ici un pareil terme, son humeur. Sans parler de l'argile et de la cire qui reçoivent docilement toutes les empreintes de l'art, le bois, la pierre, le marbre, l'or, l'ivoire, l'argent, le bronze ont chacun leur tempérament, leur mode de résistance à la volonté humaine, leur manière de se comporter sous les coups de l'instrument qui les attaque, qui les pénètre. Il y a comme un esprit dans les choses. C'est la loi qui a présidé à leur formation, de sorte que la pensée de l'artiste ne peut s'y faire jour qu'à la condition d'entrer en communication intime avec cet esprit. L'or, l'argent et l'ivoire n'étant plus employés que pour de petits ouvrages, le bois étant très-rarement mis en œuvre dans la sculpture, et la pierre ne l'étant que pour des figures colossales et purement décoratives, c'est entre le marbre et le bronze que doit s'établir la distinction et la comparaison des substances propres à la statuaire.

Le marbre, de sa nature, a une ressemblance avec la chair; il possède des qualités de blancheur et de transparence qui lui prêtent, sous le ciseau de l'artiste, une certaine apparence de vie quand il représente le nu. Tantôt il a une teinte légèrement ivorée qui reproduit d'autant mieux la chaleur de l'épiderme, tantôt il est semé de paillettes dont les grains brillants impriment une sorte de vibration à la matière ; mais toujours la lumière y glisse avec douceur, toujours l'ombre y est tempérée par des reflets; la chair qu'il représente n'a plus le tendre, la morbidesse des tissus périssables, elle est comme durcie pour l'éternité, et cela même le rend éminemment propre à recevoir la forme des dieux immortels.

Le bronze a d'autres qualités. S'il est composé

de cuivre et d'étain, comme l'airain antique, il est extrêmement tenace. Il peut même devenir cassant lorsque l'étain y entre pour un cinquième ; s'il est formé de cuivre et de zinc mêlé d'étain et d'un peu de plomb, le cuivre devant dominer dans la proportion d'environ 88 p. 100, il est suffisamment tenace et en même temps plus ductile, plus coulant, plus malléable. La ténacité du bronze, une fois reconnue, permit aux anciens de le couler autour d'un noyau, c'est-à-dire d'en envelopper un vide en laissant au métal une très-faible épaisseur, si faible que, par exemple, la statue équestre de Marc-Aurèle, qui est à Rome, sur le Capitole, put être coulée en un bronze dont l'épaisseur ne dépasse pas, dans certaines parties, neuf millimètres.

Ainsi constitué solide et mince tout ensemble, le bronze est assez léger pour qu'une statue en cette matière puisse tenir en équilibre sans le secours d'aucun support étranger, d'aucun tenon. Il en résulte que le statuaire, plus libre dans sa conception, peut se permettre des mouvements plus hardis, et qu'il va jusqu'à lancer dans le vide des figures volantes qui ne font que poser sur le piédestal et n'y adhèrent que par un pied, comme le Mercure de Jean Boulogne, comme la statue de la Liberté, dressée par Dumont sur la colonne de Juillet, à Paris.

Il est déjà sensible que les lois du sentiment, les lois esthétiques, ne sont pas les mêmes pour le bronze que pour le marbre. On doit s'attendre que la hardiesse possible des mouvements donnera plus d'importance aux différentes silhouettes que présentera la figure, suivant le point de vue d'où on la verra; que l'excellence de l'ouvrage résidera surtout dans le choix des lignes fermes, élégantes, heureusement et librement variées, que la pantomime du personnage représenté dessinera sur le fond ou sur le ciel; qu'enfin l'attention se portera sur les contours qui écrivent le commencement et la fin de chaque forme plutôt que sur les milieux. Et il en sera ainsi pour d'autres raisons. Le bronze, bien qu'il puisse revêtir une couleur claire et se rapprocher du ton de l'or par le mélange du cuivre avec le zinc, qui produit le laiton, le bronze est ordinairement d'une couleur obscure, et par là il accentue encore plus la silhouette de ses formes évidées, détachées dans l'espace, et, comme le métal appelle et renvoie vivement la lumière, à l'inverse du marbre qui la reçoit et qui l'absorbe, l'œil passe brusquement du clair à l'obscur ; les moindres saillies s'exagèrent par le brillant, tandis que les creux s'approfondissent par le noir.

Il suit de là que le modelé des figures qui doivent être coulées en bronze ne comporte pas toujours les beautés de détail, toutes les nuances dans lesquelles se complairait le sculpteur en marbre, car si les plans se multipliaient sur le métal, les incidences de la lumière, en les accusant, produiraient infailliblement une sorte de confusion. D'autre part, le bronze ayant une densité remarquable, une densité supérieure à celle des métaux qui le composent, se prête à plus de finesse, de sorte que le métal du statuaire possède deux qualités qui semblent se contrarier, l'une invitant l'artiste au fini dans la manière de travailler, l'autre lui commandant la simplicité dans la manière de voir.

Telles sont les lois particulières à la sculpture en bronze. Nul doute qu'elles ne soient parfaitement connues des artistes, et cependant il n'est pas rare qu'elles soient méconnues ; elles l'ont été, même des anciens, car il est, parmi

les plus belles antiques, tel chef-d'œuvre, par
exemple le *Gladiateur combattant*, qui aurait dû
être fait en bronze et non en marbre, vu l'excès
de mouvement qui porte en avant et en arrière
les bras et les jambes écartés de cette statue fameuse. Il en est de même aujourd'hui. Ceux
des nôtres qui ont une tendance au pittoresque
composent pour le marbre des statues ou des
groupes qui seraient moins critiquables ou ne
le seraient pas du tout si on les coulait en bronze.
A supposer que le *David* de Mercié pût être exécuté dans un bloc de Carrare, quelle différence
entre l'impression que produirait cette figure
en marbre dont le bras aurait dû être rapporté,
et l'effet qu'elle produit dans la matière sombre
où on l'a fondue. Indépendamment de la désinvolture superbe que le bronze a permis de donner au vainqueur de Goliath, ne sent-on pas que
ce métal verdâtre, brillant par places, a une
sorte d'affinité morale avec l'action représentée
et le héros farouche qui l'accomplit?

Le bronze convient si bien aux mouvements
résolus, aux gestes violents, aux élégances de la
jeunesse, qu'il double la valeur de la conception
sculpturale et y ajoute, par le caractère d'une

substance que l'on sait retentissante, un accent de dureté et de fierté. Le *Persée égorgeant Méduse*, ouvrage de M. Marqueste, ancien prix de Rome, me semble rendu plus tragique par la patine vert antique dont il se couvre. Revêtu de la force de Mercure par son pétase ailé et par ses talonnières, Persée va couper la tête de Méduse terrassée, de Méduse dont la chevelure se hérisse de serpents sous la main du vainqueur. Un tel groupe serait impossible en marbre, à moins qu'il ne fût obstrué de troncs d'arbres ou de rochers qui, en le consolidant, le rendraient lourd. Tel qu'il est conçu, il forme une silhouette qui annonce de loin un combat de demi-dieux, un égorgement dans les régions de l'Olympe. La tête de Persée, modelée à facettes, présente des plans sinistres, des méplats heurtés, une expression de colère qui altère la beauté du héros et qui serait déplacée sur le visage d'un dieu.

En vrai sculpteur, M. Schœnewerk a changé complètement de style en travaillant pour une matière métallique. Les qualités vraiment exquises de son exécution en marbre, il y a renoncé volontairement dans le modelé de son *Mime dompteur*, qui, jouant avec le danger, menace d'une verge de fer un jeune tigre. Ce plâtre, passé en couleur, sera un bronze plein d'énergie, plein de mouvement et dans lequel le sentiment de la vie et le plaisir de la lutte seront poussés jusqu'à l'exaltation. C'est aussi grâce à la légèreté du métal que M. Mercié a pu concevoir avec tant de hardiesse son groupe si pathétique et déjà si populaire, *Gloria victis*, et faire tenir en équilibre sur un mince point d'appui cette figure allégorique de la Gloire, qui, les ailes déployées, les draperies soulevées par le vent, emporte sur son épaule un défenseur de la patrie, un jeune soldat expirant. Placé dans le square Montholon, sur un fond de verdure, ce groupe mouvant et émouvant était à peine visible. Ici on le voit se détacher en sombre couleur sur les claires murailles du pavillon de la Ville, ou s'enlever palpitant sur le ciel, de sorte qu'on peut contempler à l'aise l'expression de cette Gloire à la fois symbolique et vivante, tout émue, tout étonnée de célébrer une fois les vaincus, elle qui ne célébra jamais que les vainqueurs.

Les anges, les génies, les amours, toutes ces

figures auxquelles nous prêtons des ailes et que nous imaginons parées de jeunesse, elles ne peuvent entrer dans la sculpture que fondues en métal, tant il est vrai qu'entre la matière et le sentiment, il existe des liens étroits, mystérieux, indissolubles. Et comment n'en serait-il pas ainsi, puisque l'airain est après tout une création de l'homme, un alliage qu'il a fait passer par le feu de ses fournaises et par le creuset de son esprit ?

Fugit Amor : c'est le nom que donne M. Damé à un autre groupe intéressant et chaleureusement conçu, qu'il a coulé en bronze pour exprimer ce passage du poète dans les *Chants du crépuscule :*

> La pauvre fleur disait au papillon céleste :
> Ne fuis pas !
> Vois comme nos destins sont différents: je reste,
> Tu t'en vas !

Le papillon céleste est ici un Amour qui s'envole, et la pauvre fleur est une jeune femme qui veut retenir l'Amour. Heureuse composition de figures pénétrées par le sentiment, si elle n'était pas hérissée de bras et d'ailes, qui dessinent dans l'air une silhouette compliquée, déchirée.

Quelle que soit la vivacité de mouvement que permet le métal au statuaire, il y faut pourtant une certaine modération, non-seulement pour ne pas inquiéter les yeux par une trop grande agitation de lignes, mais pour procurer à l'esprit le plaisir qu'il éprouve à se représenter, dans une action qui commence, le mouvement qui va suivre, ou, dans une action qui finit, le mouvement qui vient de s'accomplir. Il y a quelque chose de saisissant dans la pantomime cauteleuse de ce gladiateur antique, appelé *le Rétiaire*, qui, afin d'amuser la férocité des spectateurs romains, va lancer le filet sur son adversaire, pour l'égorger ensuite avec son trident, au risque d'être pris lui-même dans le filet de l'ennemi et de donner le spectacle de son propre égorgement ! Il fallait exprimer ici tout à la fois la prudence et le courage du combattant qui joue sa vie, et c'est avec bonheur que M. Tony Noël a mis ces deux expressions dans la tête de son Rétiaire. Trouver une tête en sculpture, il n'est rien de plus difficile, si l'on veut qu'elle ait du caractère sans grimace et de la beauté sans fadeur.

A la figure de M. Tony Noël fait pendant

celle d'*Hylas*, par M. Morice. Au moment où il puisait de l'eau à une fontaine, Hylas fut enlevé par les nymphes. C'est là un motif charmant pour la peinture plus encore que pour la statuaire, qui ne saurait représenter l'enlèvement d'un beau jeune homme par des naïades, sans faire un vaste tableau de marbre. Le marbre, cette fois, convenait plus que le bronze et devait être employé de préférence là où l'intention du sculpteur était justement d'exprimer la séduction et la grâce de la jeunesse dans un mouvement modéré.

L'art antique a souvent choisi le métal pour faire des figures de grands dieux, et Phidias, en particulier, avait coulé en bronze plusieurs de ses statues de Minerve. Cependant, et malgré le respect que nous inspirent des exemples venus de si haut, il nous semble que la douce blancheur du Pentélique, la splendeur neigeuse du Paros étaient plus convenables à la majesté divine d'un Jupiter, d'une Junon, d'une Pallas, qui n'habitaient que les régions éthérées, et d'un Apollon, dieu de la lumière, et de la blonde Vénus, tandis que la couleur sombre et l'éclat métallique de l'airain léger avaient plus de rapport avec l'idée qu'on se fait des dieux actifs, plus mêlés aux actions humaines, les uns en voyage ou en mission sur la terre, comme Mercure, ou vivant au milieu des forêts, comme Diane chasseresse ; les autres régnant sur la mer profonde, comme Neptune, ou dans l'Érèbe noir, comme Pluton.

Encore est-il qu'on ne se représente pas volontiers la figure d'une divinité féminine autrement qu'en marbre, à moins que son image ne soit resplendissante dans un métal qui serait d'un ton rose ou semblable à de l'or, selon les doses employées dans l'alliage des métaux qui composent le laiton, c'est-à-dire du cuivre jaune ou rouge avec le zinc. Mais, de toute manière, le cuivre revêt avec le temps une couleur foncée ; il contracte une patine qui l'assombrit, sans qu'on ait besoin de la lui donner artificiellement. Le seul métal qui pourrait faire briller une statue d'un éclat inaltérable serait l'or, mêlé ou non avec l'ivoire. Aussi Phidias avait-il composé de ces matières précieuses les colossales idoles qui remplissaient de leur majesté le temple d'Olympie et le Parthénon d'Athènes.

C'est en vue d'un mélange de bronze, d'or et

d'argent que feu Rochet a modelé la *Cassandre* qui se réfugie à l'autel de Minerve, et l'image de la déesse qui surmonte l'autel. Ce motif exécuté en marbre, comme il l'a été par un de nos plus habiles sculpteurs, Aimé Millet, ne comportait pas le mouvement que Rochet a donné à sa figure de Cassandre. Déjà excessif dans une statue jetée en métal, ce mouvement serait intolérable dans un marbre, si même il y était possible, à moins de quelque tenon ridicule. Aimé Millet, d'un côté, feu Rochet, de l'autre, ont chacun très-bien compris ce que leur commandait, ce que leur permettait la nature des substances employées.

Ne fût-ce que par la raison qu'il se prête à des mouvements hardis, le bronze convient à merveille aux statues représentant Mercure en action, et aux figures d'enfants lutins, de faunes chasseurs, de chevriers, de braconniers. Le *Mercure s'apprêtant à tuer Argus*, ouvrage de M. Marius Montagne, présente les qualités essentielles d'un bronze, un agréable balancement, une silhouette heureuse, animée, et il rappelle, sans en être une imitation, le fameux Mercure de Thorwaldsen, qui est un marbre. Or la preuve que le bronze est préférable pour les figures des dieux qu'on peut appeler inférieurs, à raison de leur continuelle présence sur la terre, c'est que les défauts de beauté, je veux dire de divinité, y sont moins sensibles que dans le Carrare. Le *Mercure* de M. Montagne, où un défaut de ce genre passe presque inaperçu, serait critiquable et critiqué si le sculpteur eût choisi pour son ouvrage une autre matière.

L'*Enfant des Abruzzes*, de M. Allar, ce joli enfant qui sourit de ne pouvoir porter qu'avec peine sa cruche pleine d'eau, le *Faune jouant avec un chevreau*, de M. Barthélemy, élève de Duret, dont il est aussi quelquefois l'imitateur, le jeune *Amour*, de M. Moreau Vauthier, ce Cupidon si alerte, si désinvolte qui nous menace de sa flèche avec un sourire cruel, ce sont là vraiment des sujets inventés pour le bronze.

Il en est de même de tous ceux qui exigent la présence d'un accessoire important qu'on ne peut exécuter qu'en métal, comme, par exemple, un trépied, un violon, un arc, une faux. Les accessoires, même dorés, jurent avec la couleur et la gravité du marbre, et ils prennent alors, par opposition, un caractère de réalité tout à fait choquant. Le violon dont joue la figure de la *Musique*, ce violon que Raphaël a mis entre les mains d'Apollon dans sa célèbre fresque du Parnasse, ne serait pas admissible, s'il n'était de bronze argenté comme toute la statue, d'ailleurs si élégante et si expressive, de M. Delaplanche. Le trépied en cuivre sur lequel la *Vestale* de M. de Gravillon rallume le feu sacré; l'émerillon que lutine le jeune oiseleur de M. Thabard; le triangle, peint en blanc, dont joue le gracieux adolescent de M. Roubaud jeune; les cordes en laiton de la lyre qu'invente le *Mercure* de M. Lavigne, renouvelé de Duret; la harpe que tient le *David devant Saül*, de M. Icard, ce David qui semble si ému des sons harmonieux de son instrument; la croix que fait avec deux bâtons le *Saint Jean* de M. Laoust, petit enfant délicat, mais sans aucune pauvreté de formes; la lance et le bouclier de la Minerve qu'implore la belle *Cassandre* de M. Millet; le fuseau que dévide l'Atropos de M. Doré, dans ce groupe fier, la *Parque et l'Amour*, qu'il a conçu à la Michel-Ange, exécuté en peintre, et qui se caractérise par un contraste touchant entre l'aimable figure de l'Amour jeune et tendre qui va périr, et la mine farouche de l'inexorable vieille aux mains longues et ridées... ce sont là autant de réalités qui, loin de contribuer à l'illusion, la détruisent. On était dans le monde des statues, c'est-à-dire des personnes idéales, divines, et l'on retombe lourdement dans un atelier de ferronnerie. Du temple des Vestales on est ramené dans la forge où le cuivre a été brasé, où le fer a été battu.

Indépendamment des facilités que procure aux artistes la légèreté du métal pour les figures mouvementées, comme l'*Icare* élégant et hardi de M. Mabille, il existe, encore une fois, des rapports esthétiques entre la matière à choisir et l'idée à exprimer. C'est bien dans le bronze qu'il fallait jeter le *Bacchus inventant la comédie*, de M. Tournois, le *Méléagre*, de M. Beylard, et la *Fortune*, de M. Maniglier, et l'*Acteur grec*, de M. Bourgeois de Dijon, et le *Faune*, de M. Blanchard ; ces remarquables figures, toutes plus ou moins dignes d'éloges, donnent lieu à différentes observations dont la première est celle-ci : bien que le bronze commande un modelé plus simple que ne le comportent les autres matières propres à la sculpture, la simplicité ne doit pas aller ici jusqu'à n'être qu'une imitation sommaire de la nature, comme elle l'est dans le *Faune* de M. Blanchard. Le corps humain, quand on le regarde avec les yeux de l'art, présente de grands plans et des plans secondaires, des attaches principales qu'il faut accentuer, et des passages dont on peut abréger le rendu. En un mot, s'il est nécessaire d'appuyer sur certains points, on peut glisser sur d'autres, mais sans pousser trop loin la liberté des sous-entendus.

Voilà ce qu'ont bien compris M. Tournois et M. Beylard. Le premier a simplifié avec mesure : il a porté son attention sur les beaux contours, il a dessiné sa pensée, ce qui veut dire qu'il a châtié les formes en vue de la silhouette. Au moment où il invente la comédie, Bacchus n'est encore que légèrement égayé par la liqueur dont il est le dieu. Il sourit en jetant les yeux sur un masque scénique dont la bouche éclate de rire. C'est une nuance, finement indiquée, entre le dieu et l'histrion, entre le poète qui invente et le comédien qui l'interprète et qui, en l'interprétant, insiste et doit insister. Mais j'observe que Bacchus a le type faunesque, devenu très à la mode dans la sculpture d'aujourd'hui. Ce type, dont le trait caractéristique est la saillie des pommettes dans un masque un peu écrasé et court, ne convient pas à un aussi grand dieu que Dionysos. Passe encore de le retrouver, ce type, dans le *Bevitore*, de M. H. Moreau, et dans l'*Acteur grec*, de M. Bourgeois, dont la pantomime est si animée et l'expression si vive. Mais, puisque nous parlons cette fois du choix et de *l'esprit* des matières, il n'est pas mal à propos de rappeler aux artistes de quelle importance est la patine dans les ouvrages de bronze. Recouverte d'un noir de suie, la statue de M. Bourgeois ne se modèle point, elle semble étouffée sous ce noir uniforme et mat qui alourdit, qui assourdit tout. Si on enlevait le sédiment terreux et âtre qui déshonore cette figure, elle serait vivante ; on en verrait briller les accents, et les muscles se gonfler; de sorte que l'artiste se trouve avoir enlaidi son œuvre par l'adjonction même de ce qui devait l'embellir. C'est la noblesse du bronze qu'une belle patine, et souvent une idée de convenance s'attache à la teinte du métal. Le Bacchus souriant qui fit éclore la comédie sous les pampres ne serait-il pas teinté à plaisir de ce beau rouge profond qui colore sa liqueur vermeille, pleine de rire et d'esprit?

Une autre chose non moins essentielle que la patine, c'est l'art de réparer le bronze. J'admirais de loin le *Méléagre* de M. Beylard, cet élégant jeune homme, au torse évasé, aux jambes de chasseur, aux hanches serrées et d'aplomb, comme on les voulait dans le gymnase antique, et sa jolie tête légèrement portée sur des épaules dessinées à ravir, et le contraste que forment ses carnations polies avec le pelage du chien qui l'accompagne et le rugueux d'une hure de sanglier ; mais, en approchant de ce bronze, je m'aperçois qu'il n'a pas même reçu les rudiments de la ciselure. Les grumeaux restés dans le plâtre du modèle n'ont pas disparu sur certaines parties du métal ; la trace des balèvres de la fonte n'a pas été enlevée sur les jambes de la figure. Les surfaces ne sont pas suffisamment débrouillées ; les plans ne sont pas définis comme ils doivent l'être par l'artiste diligent, qui achève son œuvre en la purgeant de tous les accidents du moulage et des diverses croûtes que forme le contact de la fonte avec le sable du moule où elle a coulé. C'est là une négligence impardonnable, si elle n'est pas expliquée par un manque de temps, par l'échéance des délais imposés à l'artiste pris au dépourvu. La ciselure est la toilette de rigueur de toute figure en bronze, et la patine est aux statues métalliques ce qu'est le vernis à la peinture.

Le reproche encouru par M. Beylard ne peut s'adresser à M. Maniglier, qui est plein de savoir et de conscience dans toutes les pratiques de son art. Le *Saint Pierre* qu'il a fait, pour l'église de Montrouge, est d'un caractère imposant et d'une ciselure achevée. Sa *Fortune* serait un des meilleurs bronzes de l'Exposition, si elle n'était déparée par quelques accents trop *nature*, notamment dans les jarrets de la déesse, et par le choix d'un modèle dont les formes manquaient d'ampleur, ou, pour employer ici le mot propre, de richesse. Comment se représenter la Fortune autrement que belle, puissante, ayant le luxe de la chair, l'abondance de la chevelure, une beauté opulente? Comme la charité bien ordonnée, la Fortune, j'imagine, doit commencer par elle-même. Celle-ci semble dédaigner ce qu'elle prodigue aux uns, ce qu'aux autres elle refuse. C'est avec un air de hautaine indifférence qu'elle montre le collier de perles, emblème de ses faveurs.

Ici encore, l'accessoire qui sera doré peut-être et qui est d'une autre couleur que le bronze, a l'inconvénient de faire tache, tandis que, s'il était de la même matière que la statue, la disparate serait sauvée. L'esprit n'éprouverait pas cette petite déception dont nous parlions plus haut, et que produit la réalité d'un objet auquel se heurte le spectateur, au milieu des illusions que l'art procure.

Que l'accessoire soit de la même matière que la statue, cela n'est guère possible que dans un ouvrage en bronze, car des formes évidées, comme celles d'un trépied, par exemple, ne pourraient se soutenir en marbre sans le secours d'un autre accessoire qui leur servirait d'appui. Le *Faucheur* de feu Gumery, qui aiguise la lame de son instrument, serait choquant si la faux seulement était en métal. Mais on doit convenir que de tels accessoires tiennent trop de place à côté de la figure humaine, qu'ils accaparent l'attention, obstruent le passage du regard, et, de plus, font descendre la sculpture dans une région inférieure, dans le genre.

Si j'ai bonne mémoire, le *Faucheur* de Gumery était un envoi de Rome, et cet envoi fit sensation, à cause de la saveur qu'on trouvait alors au naturalisme, renouvelé des vieux Florentins, mais il fut moins admiré que le *Semeur* de Chapu, et de fait il était moins admirable que cette figure, dont le mouvement naturel est rendu fier par la volonté de l'art, et dont le bronze se recouvre d'une patine polie comme de l'émail, sur laquelle la lumière fait briller des muscles en action et en vigueur, accuse l'éminence des os, la présence des tendons, la souplesse et la fermeté des tissus. Trouvé dans quelque fouille, aux environs de Rome ou de Naples, un pareil bronze passerait pour une antique du meilleur temps, et serait jugé digne d'enrichir le plus beau musée de l'Europe.

Cependant, il faut bien le dire, c'est là plutôt une étude excellente, une excellente figure d'école, qu'une statue dans toute la force, dans toute la noblesse du terme. Que signifient, dira-t-on, ces nuances de langage? Elles répondent à une distinction profonde qui existe dans la plastique plus encore que dans la peinture. C'est la distinction entre les dieux et les hommes: les dieux, qui sont les plus belles formules du symbolisme, les différents caractères du beau éternel, de ce qui ne doit jamais périr; les hommes, qui sont les êtres périssables produits par cette force aveugle que nous nommons le hasard, et que l'antiquité nommait le destin. Ces deux faces de la sculpture sont nécessaires à conserver l'une et l'autre, parce que la présence de la beauté idéale arrête les artistes qui seraient entraînés par le naturalisme vers la laideur, et que la présence des grâces individuelles et naturelles retient ceux qui tomberaient dans la froideur. C'est entre ces deux écueils qu'il faut naviguer, tant que nous n'aurons pas ressaisi, par un enseignement de plus en plus épuré, le secret que posséda le génie grec, de créer (chose à jamais admirable) des types qui respirent, des idées qui palpitent, des abstractions vivantes!

IV

BUSTES ET BAS-RELIEFS

Chez un peuple qui fut artiste par excellence, dans la patrie des grands statuaires, la sculpture était considérée comme un art trop élevé pour descendre à la familiarité du portrait. Les tyrans eux-mêmes, ceux qui exerçaient le droit de battre monnaie, n'osaient pas imprimer leurs effigies sur les espèces métalliques, et Alexandre le Grand, tout grand qu'il était, se déguisait en dieu pour figurer sur les statères; il se faisait diviniser en Hercule ou en fils de Jupiter Ammon. Il se croyait et on le croyait au-dessus de l'humanité, quand son portrait était modelé par Lysippe pour être coulé en bronze.

Ce fut seulement au troisième siècle avant notre ère, au temps de Démétrius, fils d'Antigone, et de Hiéron II, tyran de Syracuse, que commença le portrait. La Grèce alors ne s'appartenait déja plus; elle était déchirée par les conquérants qui se la disputaient. La décadence de l'art devait porter la même date que l'asservissement de la patrie hellénique.

Le premier qui eut la pensée de mouler un visage, c'est-à-dire d'appliquer du plâtre sur le masque de ceux dont il voulait sculpter les traits, s'appelait Lysistrate. C'était un élève et un frère ou un beau-frère de Lysippe. Il florissait au troisième siècle. Les vrais artistes durent mépriser, sinon l'invention elle-même, du moins l'usage que Lysistrate en voulait faire; car c'était là le commencement du naturalisme dans lequel devait s'abaisser, s'affaiblir, s'amoindrir graduellement et se perdre, l'art des Phidias et des Alcamène. Mais, quoique l'inventeur du moulage des têtes vivantes fût un Grec, on peut regarder l'usage des bustes comme une création romaine ou, si l'on veut, comme une innovation introduite à Rome par les artistes que le vainqueur y avait amenés, et qui devint bientôt un moyen d'honorer les Césars et leurs familles, leurs courtisans et leurs courtisanes.

Voilà donc le marbre, en dépit de sa fierté,

mis au service d'un art purement imitateur, d'un art condamné à copier le vrai quel qu'il soit, à être naïf et sincère, dût-il n'attraper que la naïveté du commun, la sincérité du laid. Le christianisme, qui ne reconnaissait d'autres difformités que celles de l'âme, dut favoriser le naturalisme de la sculpture et tout ce qui s'en suit, partant le buste. Tous les hommes sont appelés désormais à l'immortalité du marbre, et le sculpteur est engagé, pour de l'argent, à consacrer sous les trois dimensions l'ignoble figure d'un Caracalla, à représenter des êtres qui ne sont pas dignes de cet honneur, et à les représenter dans une matière qui, les accablant de sa réalité cubique, reproduit en ronde bosse les disgrâces d'un crâne mal construit, les mèches rebelles d'une chevelure mal plantée ou rèche, des lèvres tuméfiées de travers, un nez bourgeonnant, ou, comme dit Rabelais, « bubelé, boutonné et brodé de gueules », des yeux enfoncés, petits, couverts, ou bien exophthalmiques, des yeux qui, en peinture, pourraient avoir une expression spirituelle, une étincelle de malice ou de bonté, mais qui, dans l'épaisseur du Carrare, ne sont que des trous mal faits, et dont la conformation ne peut être sauvée, ni par la présence des cils, ni par l'abondance d'un sourcil impossible à rendre, ni par les éclairs de la prunelle, impossibles à exprimer. Quelle nécessité qu'un artiste emploie son talent à transmettre aux générations futures l'imitation coûteuse et pénible d'une tête dont les organes ont été altérés, défigurés par les vices héréditaires ou par les habitudes morales, ou par les accidents survenus pendant le voyage de la vie? Est-ce bien là ce que la sculpture a mission de nous conserver? N'est-il pas sensible qu'à l'exemple des avocats éminents qui n'acceptent pas de plaider toutes les causes, le sculpteur ne doit pas accepter de tailler en marbre ou de jeter en bronze tous les portraits ?... C'est à cela que devaient conduire le mépris des dieux olympiens, l'oubli des idées qu'ils personnifient et la tendance de la sculpture à se christianiser, c'est-à-dire à sortir de ses limites pour chercher, dans les physionomies individuelles, cette physionomie des âmes qui est du ressort de la peinture.

Dans les temps modernes, l'art statuaire a tellement changé de doctrine, il s'est tellement écarté de son but primitif, de sa mission originelle, qu'un sculpteur aujourd'hui ne sourcille point quand on lui parle de modeler un héros contemporain en gilet, veste et culotte, de lui nouer une cravate en métal, de lui mettre des boutons de chemise ou des boutons de manchettes, de l'envelopper dans un vaste paletot à gros plis, soulevés par le vent et tombant jusqu'à la genouillère d'une botte molle, comme Falguière l'a fait pour son Lamartine. Hélas ! de telles hérésies ne font pas le moindre scandale : elles sont admises en libre pratique, sans protestation aucune. Et pour ce qui est des bustes, chacun veut le sien. Quasimodo descendrait des tours de Notre-Dame pour avoir son portrait, que personne ne reculerait à l'idée de le pourtraire en ronde bosse. Monsieur Prudhomme désire assurer la « pérennité » du marbre à l'effigie de son épouse et à la sienne propre ! De façon que les salles de l'Exposition universelle abondent en bustes dont les modèles se sont trompés d'adresse en allant demander leur portrait au statuaire, au lieu de le demander au peintre.

Maïs quelle apparence qu'un simple écrivain

changera quelque chose aux mœurs et à l'esprit de son temps! Et à supposer qu'il eût la puissance de convertir les artistes, comment arriverait-il à persuader tout un public? Il nous faut donc continuer notre besogne en nous résignant aux choses accomplies. Aussi bien, nous ne voulons écrire ici que sur les bustes heureusement venus, et il y en a au Champ de Mars un assez grand nombre.

Ceux de M. Guillaume comptent parmi les meilleurs. Plus d'une fois nous avons vanté son buste de l'archevêque de Paris, cette tête ravagée, pensive, douloureuse, j'allais dire pâle, sur laquelle est imprimé déjà le sceau de la mort. Nous avons eu aussi plus d'une occasion de relever le mérite des artistes qui ont signé les bustes les plus remarquables de l'Exposition, celui de M. Lavallée, par Ponscarme — un maître dans la gravure en médailles; — de M. Prugneaux, par Gustave Crauck; de M. Le Play, par Chapu; d'Eugénie Doche, par Delaplanche; de Léonide Leblanc, par Tony Noël, et deux bustes d'homme et de femme, par M. Charles-Élie Bailly — pour ne parler encore que des marbres. Il est bien difficile de faire mieux que ces artistes. Ils ont poursuivi, ils ont saisi la vérité vraie, la vérité pure, celle qu'affectionnent la famille et les amis les plus proches, celle qu'on pourrait appeler domestique, en s'attachant au sens latin, au sens élevé du mot. M. Chapu, dans son buste de M. Le Play, a mis, a poussé aussi loin que possible l'accentuation du caractère par l'imitation voulue de certaines irrégularités de traits, attaquées franchement et bien rendues, c'est-à-dire rendues sans insistance, avec sobriété, avec mesure.

Cette ressemblance intime n'est pas suffisamment sentie dans le buste d'Henri Monnier, par Hippolyte Moulin, l'auteur du *Secret d'en haut*. Et pourtant il faut s'y arrêter, car, dans ce loustic qui a passé sa vie à faire rire les honnêtes gens et à parachever l'invention d'un type immortel, il y avait un philosophe. C'était sous un crâne à la Platon qu'il aiguisait ses plaisanteries tour à tour mordantes, réjouissantes, frappées à l'emporte-pièce, qui pénétraient dans les œuvres vives de la société française, et souvent de la société humaine.

La tête d'Eugénie Doche a été modelée par M. Delaplanche d'une touche caressante et comme beurrée, qui, coulant sur la chair, en a exprimé la douceur, a dit la finesse des traits, et a passé sous silence tout ce qui n'était pas la grâce. C'est dans le même sentiment que M. Tony Noël a sculpté le buste en marbre de Léonide Leblanc, à cela près qu'il y a mis une variété de travaux, et par cela même des oppositions de couleur, qui, réveillant partout l'intérêt optique du portrait, en font un ouvrage plein d'esprit.

Le marbre et la terre cuite sont les matières qui conviennent aux bustes, surtout aux bustes de femmes, par la raison que le buste est un objet d'art où l'imitation domine et doit dominer, et que ces deux substances se rapprochent du ton de la chair et en donnent l'apparence, pour peu que l'une soit blanche et pure, et que l'autre soit claire. Le bronze, par sa dureté, sa sonorité, ses luisants, ses noirs, nous semble beaucoup moins propre à constituer la matière d'une œuvre dont la qualité principale est la vérité.

Cependant les bustes en bronze ne sont pas les moins beaux de l'Exposition universelle. Nos artistes y ont donné carrière à la liberté de leur exécuion, aux facilités que procure l'ébauchoir. Lorsqu'on travaille pour le bronze, on est, à proprement parler, un statuaire plutôt qu'un sculpteur. Les anciens faisaient dans leur langage cette distinction qui n'existe plus dans le nôtre, bien qu'elle soit parfaitement juste, car si l'on exécute une figure qui doit être coulée en bronze, on ne la sculpte pas, on la modèle, on la pétrit. Une fois jetée en métal et *réparée*, cette figure conservera les accents que le pouce de l'artiste y avait imprimés, tandis que, dans le marbre, il faut répéter ces accents avec le ciseau et la râpe, ce qui est rendu difficile par la résistance de la matière. Voilà pourquoi plusieurs de nos statuaires les plus habiles ont choisi le bronze pour faire le buste de leurs amis, malgré la dissemblance de ce métal généralement sombre, avec les tons généralement clairs de la carnation humaine.

Ils sont vivants, non-seulement de la vie organique, mais de la vie de l'âme, les bustes de Henner, de Paul Baudry, du docteur Parrot, les deux derniers surtout, que Paul Dubois a modelés complaisamment et magistralement, je veux dire avec l'intimité que permettent les relations amicales, et avec la dignité que commande la réputation des modèles. Ces bustes sont à la fois pleins de vérité et pleins de style. Ils font mieux que d'être parlants : ils respirent la pensée. L'artiste, après les avoir vus largement, les a rendus avec finesse, insistant sur les formes caractéristiques pour abréger les autres par une habile application à son art de ce qu'on appelle, dans le discours, la prétérition, substituant, par exemple, au travail achevé de la chevelure, des indications qui n'en donnent que l'esprit. Houdon, dans ses bons jours, n'eût pas mieux fait ; peut-être même n'aurait-il pas fait aussi bien.

Sur une ligne moins haute se placent les bustes de M. Langlois, député ; de MM. Charles Gosselin et Jean-Pierre Laurens, peintres, par Moreau Vauthier. Les moindres plans de la chair, les accidents expressifs de la bouche, du nez, de l'œil, la tournure et le caprice des cheveux, les grains qu'a laissés la petite vérole sur l'épiderme, les menus plis de la peau sur les tempes attendries, tout cela est exprimé avec un sentiment juste et une vérité frappante, mais non absolument sans reproche. Là où le poil de la barbe est compact, touffu, massé, la tête semble finir à la bouche; d'où il suit qu'il importe que l'artiste fasse sentir sous la barbe, par quelque artifice, la présence des os, la construction et la solidité du menton, que l'on devine si bien dans le fameux buste de Lucius Verus. Une observation du même genre pourrait s'appliquer à la tête de feu Martinet le graveur, par M. Gautherin, qui, tout en chargeant et en détaillant le vrai, au lieu de le simplifier pour l'agrandir, a su nous restituer son modèle dans sa beauté ravagée, dans ses chairs frémissantes et avec sa chevelure de Jupiter Olympien. En revanche, je n'ai rien à redire au portrait de M. Lefort des Ylouses, par M. Granet, car il est excellent, sans restriction, sans *mais*, le portrait de ce jeune homme, au nez sec, au masque volontaire, osseux et raffiné, à l'œil superbe, à la barbe naissante, courte et rare, disséminée en fines boucles, chaudes encore des moiteurs de la vie. Enfin, je trouve les mêmes qualités, à un degré moindre, dans le buste hérissé, crépu et fier, que Barrias a fait en bronze de son ami Henri Regnault, dont le caractère aussi fut de bronze.

Un autre portrait de M. Barrias me suggère

cette remarque : les bustes ont mauvaise grâce à se prolonger jusqu'au nombril. Représenter une personne qui n'a que le torse et les deux bras, c'est trop ou trop peu. L'on comprend qu'il soit fait abstraction de la tête, mais ni l'esprit ni l'œil ne s'habituent aisément à voir une figure coupée en deux. Ce défaut est sensible dans le buste, d'un grand air, que M. Alfred Lenoir appelle *Sylvia*, et dans les deux demi-figures symboliques, nommées par M. Clésinger *Poésie lyrique*, *Poésie dramatique*, morceaux pétris de main de maître, mais sans rapport de caractère avec la pensée qu'a voulu manifester le sculpteur.

Que si l'on veut allonger un buste en y ajoutant les bras et les mains, il faut alors suivre l'exemple des Grecs, composer des figures engaînées, comme celles que M. Guillaume a exposées dans le Pavillon de la ville de Paris, figures conçues dans le goût de Girardon, de Coysevox, et dont l'une signifie l'*Amour blessant la Jeunesse*, l'autre l'*Amour consolant l'âge mûr*. Ah! quels artistes que ceux qui inventèrent les hermès, les termes, les gaînes, pour les placer au bord des chemins, au détour des allées ombreuses, dans les promenades du Lycée, dans les jardins d'Academus! Qu'il y a loin de ces conventions charmantes à notre gros amour pour le réel! quelle grâce inattendue dans cet emblème de la sculpture sortant du giron de l'architecture! le magistrat avait posé des limites aux héritages; il avait placé des bornes au bord des routes pour guider les voyageurs. Mais ces pierres, dressées en pleine campagne, ont reçu du grand Pan le don de la vie. Les voilà qui s'animent, qui sourient à l'existence et qui vont parler aux laboureurs dont elles ont divisé les terres, aux voyageurs en quête de leur chemin, aux amoureux cachés sous les myrtes. Cependant il ne leur sera donné d'accomplir que la moitié de leur métamorphose; le piédestal les retiendra au sol; ils resteront des dieux vivants sans changer de place. Ainsi l'imagination du poète garde ses droits dans la sculpture antique, et elle n'est jamais mieux inspirée que lorsqu'elle prête du sentiment à une vague, à un arbre, à une montagne, à la borne d'un chemin, à la limite d'un jardin ou d'un champ. Il faut aujourd'hui presque du courage pour revenir à la convention antique, en incorporant dans un piédestal évasé le torse d'une nymphe chagrinée par le dieu Amour, ou celui d'un Anacréon consolé par le même dieu.

La convention! elle exerce son empire même dans un art qui semble n'avoir rien de fictif, puisqu'il s'attaque à une matière pesante pour en tirer des formes positives, réelles, tangibles. Qu'est-ce pourtant que le bas-relief, si ce n'est une fiction? Est-il possible que le plan solide d'une muraille de marbre nous apparaisse comme représentant l'air et le ciel, alors que nous voyons des figures en relief projeter leur ombre sur ce fond de marbre? Et si la muraille reste à nos yeux ce qu'elle est, s'il est vrai que nos regards n'y sauraient creuser des profondeurs, comment croire que des êtres vivants peuvent agir, se mouvoir, se promener sur un mur dans lequel s'enfonce leur corps jusqu'aux deux tiers environ de son épaisseur? Cette convention est admise pourtant; que dis-je? elle nous persuade, elle nous ravit, et notre âme est complice de l'illusion, elle est de moitié dans le mensonge qui l'enchante.

Que n'a-t-on exposé le modèle en plâtre du bas-relief de Perraud, celui qu'il appelait les *Adieux!* Combien le modèle était supérieur au marbre ! On ne peut voir, ou du moins nous n'avons jamais pu voir sans émotion cette scène touchante : un jeune héros des temps homériques, au moment de partir pour la guerre, vient dire adieu à son vieux père aveugle et à sa fiancée. En entendant les pas et la voix de son fils, le vieillard assis lui tend les bras, il le regarde à tâtons du bout de ses mains, dont l'une caresse la joue imberbe de ce jeune homme qui peut-être périra sous les murs d'Ilion ! la jeune fille, appuyant sa tête sur les épaules de son fiancé, cache son visage et ses larmes aux dieux pénates, témoins muets de la simple grandeur de ce drame intime, rendu plus émouvant par leur image. Elle est déparée aujourd'hui par une exécution lourde et par la malencontreuse substitution d'un trépied banal aux figures des dieux domestiques, cette composition sublime, œuvre de jeunesse, dont le modèle était si finement touché, et pourtant il y reste encore l'empreinte d'un sentiment héroïque.

Trois plans suffisent à un bas-relief; encore faut-il que le dernier se fonde sur la muraille et s'y perde. Si l'on veut multiplier les plans dans un ouvrage pareil, comme dans un tableau, l'on est contredit par la lumière, parce que les figures éloignées, en dépit de leur vaguesse, c'est-à-dire de leur peu de relief, recevront la même lumière que celles du premier plan, sans autre différence que la faiblesse des ombres, et ne pourront pas, comme sur la toile du peintre, fuir dans le fond en vertu de l'atténuation graduelle des couleurs rompues. C'est donc une idée malheureuse que celle de reproduire l'*Apothéose d'Homère* en bas-relief, comme l'a fait M. Etex dans le monument élevé à Ingres par la ville de Montauban. La solidité du marbre, sur lequel s'étend une lumière égale et inexorable, jure avec l'entassement de tant de figures superposées et, pour ainsi dire, imbriquées. Mais il faut reconnaître que le sculpteur s'est tiré aussi habilement que possible d'une difficulté qu'il n'aurait pas dû se donner à vaincre, et que la statue d'Ingres, assise et vigoureusement modelée en ronde bosse, forme un repoussoir au bas-relief et le fait paraître moins saillant qu'il n'est.

On sculpte peu de bas-reliefs dans notre école et on les comprend en général comme une annexe de la peinture plutôt que comme une dépendance de la statuaire. L'on y recherche le plus souvent la couleur aux dépens de la forme, et l'effet aux dépens de la vraisemblance. Tel morceau, par exemple, l'*Assassinat d'Alexandre de Médicis* par M. Lecointe, bas-relief d'un sentiment énergique, et farouche avec élégance, présente un désaccord entre les saillies particulières, faute de modération dans la saillie générale. Le bras gauche de l'assassin est en ronde bosse et la main en relief méplat, tandis que l'épaule droite est perdue dans l'épaisseur du mur. C'est trop d'un côté, trop peu de l'autre. J'en conclus que les effets, même tempérés, de la perspective, ne conviennent pas le moins du monde au bas-relief, et j'ajoute qu'ils sont surtout déplacés quand les figures sortent du fond en sens oblique, comme dans le bronze de M. Lecointe.

Ces sortes de fautes ne sont pas commises par les graveurs en médailles lorsqu'ils se font sculpteurs, parce que les lois du bas-relief leur sont plus familières. Témoin M. Soldi, qui est un érudit dans son art et qui a écrit sur la sculpture égyptienne un opuscule très-intéressant. Son *Actéon* sort du marbre comme il dut sortir de la forêt, avançant la tête avec une timide curiosité, et retenu sur la lisière par le spectacle ravissant d'une divinité surprise au bain avec ses nymphes.

Nous retrouverons plus tard les maîtres de la gravure en médailles et nous leur paierons le tribut. Nous aurons à parler aussi de ces jolis bas-reliefs en cire coloriée, dont s'est fait une spécialité M. Henri Cros, qui cultive avec grâce, avec délicatesse, ce petit domaine, province rétrocédée à la sculpture, comme dirait le traité de Berlin. Mais il importe, avant d'explorer le cabinet des médailles, de revenir sur nos pas pour achever la revue, malheureusement bien rapide et bien incomplète, de notre exposition de sculpture. Que de pages il nous faudrait encore si nous voulions tout dire, au risque de découvrir le redoutable secret d'ennuyer! Cyrus savait le nom de tous les soldats persans; mais il ne leur adressait pas à tous la parole. Cependant, est-il permis de passer sans les saluer devant les artistes qui ont un ruban à leur boutonnière ou des chevrons à leurs habits?

Dans cette exhibition morcelée de l'École française, bien des morceaux pourraient nous échapper si notre attention était disséminée comme l'a été la montre de nos sculptures. A côté de la *Jeanne d'Arc* de M. Chapu, il en est une autre plus jeune, plus naïve et plus rustique, celle de M. Albert Lefeuvre. Elle est debout, en jupon court, filant sa quenouille et prêtant l'oreille aux voix d'en haut. L'expression de cette figure est bien sentie et bien rendue, sans trous, sans noirs, sans aucune intention de couleur, et le marbre en est travaillé avec délicatesse, avec suavité. Même suavité, même délicatesse dans la *Tentation* de M. Allar, ouvrage qui malheureusement confine au joli, et dans la statue couchée d'*Ismaël*, par M. Just Becquet, figure dont les membres, appauvris par la faim, desséchés par la soif, sont rendus d'un ciseau merveilleusement fin, mais, encore une fois, mal employé, car la statuaire n'est pas faite pour nous conserver l'image d'un adolescent qui n'a que la peau sur les os.

Que dis-je? non-seulement le marbre n'est propre qu'à la beauté, mais il est créé lui-même pour être beau. Il faut qu'il soit pur, clair, calme, c'est-à-dire uni de ton, et s'il a des veines, qu'elles soient presque insensibles, presque invisibles. La preuve, c'est que les taches livides répandues sur la figure de M. Paufard, *Jeune fille retenant l'Amour*, nous font horreur et nous inspirent, par réaction, de la bienveillance pour le sculpteur infortuné qui a été à ce point desservi, trahi par la matière. Oui, le marbre veut la beauté, il la veut en lui et dans les ouvrages qu'on tire de son sein. Imaginez ce que serait l'*Ame* de M. Loison, si elle était ainsi maculée, souillée d'encre bleue, de taches violettes. Sans doute ces accidents fâcheux le sont beaucoup plus dans les figures de femmes, d'amours, d'anges, de génies, qu'elles ne le seraient dans les statues de personnages historiques, comme le *Brennus*, mâle et fier, de M. Taluet, ou héroïques comme le *Corybante* de M. Cugnot, l'*Achille* de M. Lafrance, l'*Orphée* de M. Aizelin. Ces marbres ont des qualités de sentiment ou de mouvement que l'on peut apprécier à l'aise sans que l'œil soit affligé par les disgrâces de la matière employée, tant il est vrai que dans les ouvrages palpables et encombrants, il faut regarder de près à la qualité des substances.

Toutefois, la beauté du marbre est, en sculpture, ce qu'était dans la fable le gâteau que l'on jetait à Cerbère. Pour pénétrer jusqu'à la pensée du spectateur, il faut d'abord satisfaire les yeux, qui sont les Cerbères de l'âme. Ici, la blancheur immaculée du Carrare ne m'empêche pas de remarquer un certain anachronisme de physionomie dans les figures d'Achille et d'Orphée. L'amant de Briseïs, tel que l'a représenté le sculpteur, une lyre à la main, n'est pas un héros grec du temps d'Homère, mais un Romain de nos jours, un Transtévérin aux cheveux plats, au masque rude et court. L'antique nous a laissé un type admirable du fils de Pélée : c'est l'*Achille* d'Alcamène, la plus belle statue du Louvre. Cet Achille est à la fois un athlète qui semble invincible, et un poète qui paraît accessible à la douleur, à la mélancolie. Son casque laisse voir des cheveux qui tombent sur ses tempes en boucles soyeuses; sa tête fine, un peu penchée, ses traits déliés, légèrement voilés de tristesse, annoncent un héros capable de s'attendrir autant qu'il est sûr de vaincre. Pourquoi s'écarter de ce type en prenant un modèle qui aurait pu servir aussi bien pour un Brutus? Même remarque sur la statue de M. Aizelin, qui, dans sa toge aux plis gonflés, a moins l'air d'un Orphée que d'un Virgile. C'est diminuer la vénération que nous inspirent les personnages fabuleux que de les rapprocher de nous par le caractère modernisé de leur physionomie; « l'éloignement augmente la révérence », dit le proverbe latin.

Si l'exposition des beaux-arts n'était pas coupée en deux, si l'on eût tout concentré, que de rapprochements heureux nous aurions pu faire! N'eût-il pas été piquant, par exemple, de comparer le *David* de Bonassieux au *David* de Mercié, et de voir, par cette comparaison même, combien sont diverses les manifestations du beau, les manières de le sentir et les manières de l'exprimer? Le *David* de Bonassieux n'est plus un de ces *pâles voyous* que le poète des *Iambes* aurait pu faire passer dans un récit biblique: c'est un beau juif, au visage noble, et calme à force de contenir son émotion. Ses formes épurées sont modelées discrètement, sans humeur, sans heurt, de façon que la lumière glisse sur les pectoraux, sur les dentelés, sur l'abdomen, sur des jambes vêtues de chair et peu accidentées, comme le doigt du statuaire avait glissé sur l'argile. Le mouvement du héros qui met sa pierre dans sa fronde tendue est modéré sans manquer pourtant de résolution. Tout ce qui sépare le classique du romantique éclate dans le parallèle de ces deux David : l'un conçu comme un jeune homme qui est déjà prince, l'autre comme un jeune rustre qui sera roi.

S'il ne fallait se borner, ne fût-ce que pour feindre de savoir écrire, nous aurions encore bien de la copie à faire : sur le beau *Christ* en bronze de M. Jules Thomas; sur le *Spartacus*, ému et superbe, de Barrias; sur la statue équestre de *Brennus* que nous avons oubliée, qui le croirait? bien qu'elle soit l'ouvrage d'un artiste dont le talent original a toutes nos sympathies; sur les marbres caractérisés avec art et précieusement finis, de M. Degeorge, la *Jeunesse d'Aristote*, que nous avions tant de fois regardée au jardin des Tuileries, et *Bernardino Cenci;* sur la Nymphe fluviale de Carrier-Belleuse, qui décore avec tant de grâce une des fontaines de Paris; sur les savantes et robustes statues de M. Captier, représentant Mucius Scœvola et Timon le Misanthrope; sur le *Petit justicier* de M. Guilbert, ce jeune garçon qui délibère de punir un matou, chasseur d'oiseaux, et dont la pantomime est si spirituelle, si vive; sur l'*Idylle* de M. Millet de Marcilly; le *Retour de chasse* de M. Eude; la *Bacchante au rhyton* de M. Cougny, et la jolie statuette que M. Itasse appelle le *Sabot de Noël;* sur la *Parisienne* de M. Chatrousse, marbre galamment chiffonné, élégamment retroussé, qui, en grand, serait critiquable, et qui en demi-nature est charmant; sur les terres-cuites de M. Doublemard, depuis longtemps passé maître; sur les bustes, si bien étudiés, de M. Oliva, de M. Houssin; sur le beau portrait du général de Wimpfen, par M. Richard, portrait si hardiment accentué dans la fermeté de ses plans, et si vrai dans son mâle caractère.

Nous aurions aussi un chapitre à ouvrir sur ces grands animaux qui, chose étrange, sont réputés d'autant plus nobles, dans les régions de l'art, qu'ils sont plus féroces. Que n'avons-nous un style aussi incisif, aussi expressif que le ciseau ou l'ébauchoir de Frémiet, de Caïn, de Jacquemard, de Rouillard, d'Isidore Bonheur! On entendrait beugler, mugir et rugir, dans notre vile prose, les taureaux, les tigres, les lions, les rhinocéros et les éléphants, toutes ces bêtes dont les pelages sont si bien rendus par le bronze, lorsqu'il est d'une sombre couleur et qu'il n'est pas doré.

Mais la patience du lecteur a des limites. Il nous est donc commandé de finir, non toutefois sans avoir regardé, de nos yeux tout grands ouverts, quelques figures colossales d'Aizelin, de Clésinger, de Bartholdi, l'une personnifiant à merveille le Japon, l'autre symbolisant la République, la troisième signifiant la Liberté qui éclaire le monde. Pacifique sous le casque, assise et tenant une épée debout, la *République* de Clésinger est meilleure par l'intention que par le style. On y voudrait quelque chose de plus nouveau dans la tournure, dans les formes, surtout dans cette draperie dont nous savons par cœur tous les plis. Quant à la statue de Bartholdi, dont on n'a exposé ici que la tête gigantesque, nous avons consacré naguère trois colonnes à ce monument commémoratif de l'indépendance américaine. Sans y revenir, nous ne laisserons pas échapper l'occasion de saluer cette œuvre immense, dans laquelle la sculpture se confond avec l'architecture, cette figure, colossale par ses proportions, lumineuse par le phare qu'elle contiendra, mais plus colossale encore et plus lumineuse par la pensée qui a présidé à l'érection d'un tel monument. C'est la dignité de l'art statuaire, qu'il est appelé à manifester, non pas les vérités individuelles, mais les vérités génériques, à fixer, dans le marbre ou dans le bronze, l'expression des sentiments éternels, l'emblème des vertus qui ne doivent pas périr, l'essence de toutes les beautés, et enfin les idées générales, qui, par excellence, sont les idées généreuses.

PEINTURE

I

Quel que soit notre amour pour la France et notre partialité pour tout ce qui fait sa gloire, il nous est impossible de ne pas rendre hommage à la vérité, ou du moins à ce qui nous paraît être la vérité, en disant que la peinture française est aujourd'hui comme un arbre qui produit encore de beaux fruits, mais dont la séve commence à s'affaiblir et aurait besoin d'être rajeunie. Les passions qui la ravivaient jadis se sont éteintes, les luttes ont cessé depuis longtemps. Les tempéraments énergiques, les artistes aux convictions farouches, les âmes d'une forte trempe, comme Ingres, les natures ailées, comme Eugène Delacroix, ont disparu, et s'il est encore des peintres de race, on les voit se défendre de monter sur les hauteurs. Très-rares sont les artistes à la recherche des sujets qui comportent le style, ceux qui, au lieu de nous offrir le pléonasme fastidieux de la réalité, nous en délivrent au contraire, pour nous transporter dans les régions où la poésie donne un corps à tous ses songes, un air de vérité à tous ses mensonges.

Il suffit d'une promenade de quelques instants dans les salles réservées à l'Autriche-Hongrie, par exemple, pour sentir qu'il y a, dans la peinture qui nous vient de ces pays, une jeunesse, une abondance, un suc, une verve qui ne sont point dans la nôtre. Je me figure notre art national et celui de ces peuples nouveaux venus, le premier comme un gentilhomme qui porte avec une haute distinction un habit râpé, et le second comme un provincial, tout de neuf habillé d'un drap qui n'est pas encore décati.

Une des causes de l'affaiblissement qui nous frappe, c'est que les artistes de notre temps sont mêlés au monde plus que jamais, et qu'ils ont perdu le bénéfice de l'isolement, du recueillement. Durant les premières années de ce siècle, les peintres vivaient presque tous dans les quartiers les plus reculés de la ville, là où il y avait des jardins, de longs murs et du silence. Il leur était permis de lire tranquillement quelques-uns de ces livres où l'on puise des inspirations épiques, où l'on voit passer, où l'on voit agir des héros environnés de tous les prestiges, assez éloignés de nous par leur patrie et par leur histoire pour qu'on pût avoir quelque liberté dans la restitution de leurs images. Vivant dans ces retraites solitaires, à l'abri des ironies gauloises, à peu près comme vivent dans leur cellule les pensionnaires de l'Académie de France à Rome, les artistes pouvaient donner suite à des inventions qui, aujourd'hui, seraient impossibles. Ils pouvaient être originaux, singuliers, hardis ou renouvelés, sans craindre la raillerie des journaux qu'ils ne lisaient guère ou ne lisaient point, sans être arrêtés dans leur élan par la pensée qu'ils tomberaient sous les coups de l'esprit figaresque, et que de froides plaisanteries feraient paraître ridicules les conceptions qui les avaient d'abord enflammés.

J'en puis citer un exemple mémorable. Ingres ayant fait le portrait de Cherubini, qu'il avait représenté assis, l'air pensif, l'œil rêveur, portant un carrik, alors à la mode, et tenant sa canne à pomme d'ivoire, eut un jour, étant à Rome, l'idée d'agrandir sa toile et d'y faire apparaître la Muse de la musique protégeant l'illustre compositeur sans se montrer à lui, le magnétisant pour ainsi dire, par l'imposition des mains, et lui soufflant ses majestueuses mélodies. Se figure-t-on, si Ingres eût vécu en plein siècle, en plein Paris, ce qu'une telle invention lui eût attiré de sarcasmes! « Mon ami, lui eût dit, sans doute, le plus avisé de ses proches, votre Muse sera trouvée bien bizarre! On ne comprendra point qu'un vieillard qui semble écouter sa propre musique dans une loge de théâtre, y soit visité par une ouvreuse qui est le génie de la musique. Tout cela va prêter à rire. Laissez, croyez-moi, tel qu'il était le portrait, d'ailleurs excellent, de Cherubini. »

Mais Ingres, dont l'esprit se tenait à l'écart, n'effaça point sa figure à demi symbolique, à demi vivante — c'était le portrait idéalisé de Mlle de Rayneval, fille de notre ambassadeur à Rome — et il me paraît qu'il y a quelque chose de grand et de beau dans l'inattendu de cette Muse dont le compositeur subit, sans le savoir, l'influence secrète, et qui est invisible pour lui seul.

Maintenant, les artistes ont changé leur ancienne manière de vivre. Loin de faire abstraction des banalités de la vie, on dirait qu'ils s'y complaisent. Loin de remonter le courant des idées vulgaires, la plupart s'y abandonnent. A force de fréquenter les oisifs, de s'user au contact des flâneurs, et de redouter les loustics, ils ont fini par croire que leur art est un miroir qui doit réfléchir avec une impartiale fidélité les mœurs et les paysages, les hommes et les murailles, les femmes et les chaudrons, et que la vraie mission de l'artiste est d'imiter tout ce qu'il a sous les yeux, de copier ce qu'il rencontre, et d'être historique avant l'histoire. On leur a dit, et naïvement ils ont cru, que l'essentiel pour un peintre était qu'il fût de son temps, comme si l'on n'était pas toujours assez de son temps, malgré soi! Faute d'y avoir réfléchi, faute de s'être recueillis, de s'être isolés, ils n'ont pas vu qu'ils devaient aspirer, au contraire, à être de tous les temps, à produire des ouvrages qui fussent compris toujours et partout, à parler enfin, non pas le patois de leur village ou l'idiome de leur province, mais une langue qui ne saurait périr ni vieillir, la langue du genre humain. Quels sont donc les grands peintres qui ont été de leur temps? Est-ce que Mantegna, dans le *Triomphe de Jules César*, Léonard de Vinci, dans la *Cène*, Michel-Ange, dans la *Chapelle Sixtine*, Raphaël, dans les *Chambres du Vatican*, ont prétendu nous renseigner sur le climat, le sol, la race, les coutumes et les costumes indigènes? sur ce qui se passait à Mantoue, chez les Gonzague, ou à Milan, sous le gouvernement de Louis le More, ou à Rome, sous les pontificats de Léon X et de Paul III?

Est-ce que les Sibylles et les Prophètes sont là pour nous donner une idée de la façon dont les couturières et les couturiers de Rome taillaient les robes et les manteaux? Sans doute, chacun est de son temps, est-il besoin de le dire? Est-ce la peine d'affirmer qu'un homme, né sous telle latitude, est soumis au même degré de froid ou de chaud que ses compatriotes? Mais il n'en est pas, Dieu merci, de la température morale, absolument comme de la température amosphérique. Les âmes ont une faculté que n'ont point les corps, celle d'échapper à l'action des milieux et de s'élever au-dessus des couches les plus subtiles de l'air, pour supprimer les distances et les siècles, pour voir ce qui n'est pas visible, ou pour évoquer ce qui ne l'est plus.

Voilà comment s'est délayée la plus généreuse liqueur. Voilà sous l'empire de quelles hérésies on a diminué et affaibli l'art en France, en étouffant dans leur germe les enfantements du génie et en développant, en célébrant outre mesure le simple talent. Personnifiée, comme elle l'est, par des artistes que la nature a richement dotés, l'école française serait supérieure à elle-même si d'autres causes d'amoindrissement ne venaient s'ajouter à celles que nous avons déjà signalées.

Il faut avoir le courage de le dire : la peinture n'est pas chez nous ce qu'elle est en Italie, un art indigène. C'est une plante étrangère qui s'est acclimatée dans notre pays, mais qui n'étant pas *rustique*, comme dirait le botaniste, a besoin d'abri, de soins et d'une chaleur officieuse. Les Français ont été toujours plus sculpteurs et plus architectes qu'ils n'étaient peintres et musiciens. Les véritables fruits du génie français sont la littérature et l'art dramatique. Parmi nos peintres de marque, il n'en est pas un, de ceux qui ont cultivé la haute peinture, dont les ouvrages ne soient de seconde main. Toute l'école de Fontainebleau sort de Rosso, de Niccolo et de Primatice. L'œuvre du Poussin, dans sa grandeur, est de l'antique importé. Lesueur a ses origines dans Raphaël ; Vouet et Lebrun viennent de Bologne, Jouvenet aussi, et Valentin est issu de Caravage. Une fois transplantée, la peinture française brille dans le genre et s'inspire de la littérature nationale ; elle en est le reflet coloré. Quand on regarde les toiles de Watteau, on pense à l'*Astrée* ou à la Comédie italienne. Lancret traduit les pièces de Destouches et de son beau-père Boursault. Les tirades sentimentales de Diderot engendrent les moralités de Chardin et de Greuze. Des bergeries de Boucher à celles de Florian, et de Fragonard à Crébillon fils, il n'y a que la main, et ainsi du reste.

Vient ensuite David, qui prétend ressusciter l'art grec et qui, faute de le bien connaître, ne réimporte qu'une antiquité plus noble que vraie. Après lui, la religiosité de convention, qui avait enfanté le romantisme littéraire, entraîne la peinture à glorifier le moyen âge, mais un moyen âge factice, destiné à finir sur les pendules. Ainsi, l'art français se distingue de tous les autres par ses affinités étroites avec la littérature, et l'on peut dire que chez lui rien n'est parfaitement original, ni la forme, qui lui vient de l'étranger, ni le fond, qui est puisé dans une autre province de l'esprit.

La peinture française n'est donc pas un art primesautier, *sui generis ;* mais, en vertu de cette parenté qu'elle a toujours eue avec les écrivains et les philosophes, elle a possédé en propre une qualité qui la rehausse singulièrement, c'est que toujours elle a signifié quelque chose. Il y a autant de jansénisme, par exemple, dans les toiles de Philippe de Champagne que dans les écrits de Saint-Cyran. Nos pères faisaient un art d'expression de ce qui maintenant, sous prétexte de réalisme, devient un art d'imitation. Jusqu'à présent, nos artistes excellaient à penser et à composer un tableau avant de le peindre : aujourd'hui on le peint sans y avoir pensé, et l'on affecte de regarder la composition comme une niaiserie préconisée par des critiques prétentieux, par des philistins. De là l'importance excessive du faire, du rendu, et partant de la nature insignifiante, de la nature morte. Un peintre qui sait imiter supérieurement une casserole, se croit et marche l'égal des maîtres qui enseignent encore les hautes traditions, qui tiennent encore pour le style. Ces cuisiniers de l'art, qui viennent apporter sur la table du festin les épluchures de leurs légumes et leurs ustensiles, sont nommés du jury comme les autres ; ils disposent de la cimaise, ils *récompensent* leurs confrères, puisque récompense il y a ; ils se font prier, ils votent des médailles, ils signent avec autorité des arrêts de mort ; ils parlent avec une compassion, d'ailleurs bienveillante, du vieux père David, du vieux père Ingres, de ces bonshommes qui peignirent les *Sabines*, la *Mort de Socrate*, l'*Apothéose d'Homère*, le *Virgile*... Ah ! si ce n'est pas là un symptôme d'amoindrissement, je ne sais plus à quoi répond le mot *peinture*, et j'ignore décidément ce que parler veut dire.

Cependant, il est encore en France des artistes qui ont à cœur la dignité de leur art, et grâce à eux, la grande peinture n'est pas abandonnée, j'entends celle qui nous donne en spectacle autre chose que la vie réelle dont nous sommes saturés, qui met en scène des personnages rendus célèbres par l'histoire, ou quelques-unes des figures dont la poésie a peuplé le monde de l'imagination, les royaumes de la pensée. L'existence de l'Ecole de Rome est pour beaucoup dans le maintien de ces traditions qui empêchent la peinture de devenir un simple métier, et les artistes de n'être plus que des artisans. C'est de Rome, en effet, que nous sont venus presque tous les peintres d'histoire — pour nous servir encore d'une expression surannée, mais juste — Cabanel, Delaunay, Bouguereau, Boulanger, Henner, Ulmann, Monchablon, Émile Lévy, Maillard, Machard, Lematte, Hector Leroux...

Heureux les peintres qui laissent tomber entre la nature et nous cette gaze impondérable que Léonard de Vinci mit devant la *Joconde*, qui a effumé l'*Antiope* du Corrège, la *Psyché* et les *Amours* de Prudhon, et son *Zéphir !* Quelle différence d'une étude d'après nature, comme la *Femme au divan noir*, de Henner, par exemple, à son tableau des *Naïades !* Là, c'est une femme nue qui étale sur un divan ses charmes positifs, ses formes tangibles, sa beauté de modèle vivant et posant. Le peintre a eu beau glisser sur les accents trop individuels qui auraient pu éveiller une idée de sensualité en faisant une nudité de ce qui est un nu, il a eu beau cacher une tête qui manque de distinction, et mettre une intention de style dans sa figure en subordonnant à l'unité d'un ton général les variétés de teintes locales que présente ce corps élégant, il n'a pu, en dépit de ces précautions, échapper à ce genre de vulgarité que rend inévitable le naturalisme, c'est-à-dire la présence immédiate du modèle. Quelle distance, encore une fois, de cette femme couchée sur son divan, aux nymphes que l'artiste a représentées jouant près d'une nappe d'eau, dans une clairière de forêt! Tout est idéalisé dans ce tableau charmant : le paysage, le terrain, l'eau, le ciel, les innocents ébats de ces jeunes filles qui ont sans doute assisté au bain de Diane. Des chevelures brunes, des chevelures d'or ruissellent sur leurs épaules nues. Baignés dans l'air ambiant et comme plongés dans le fluide de la vie universelle, par la vaguesse même et le duvet des contours, leurs corps, modelés sans détail, en pleine rondeur, et peints d'une manière savoureuse, sont vrais sans être réels; ils sont imprégnés d'idéal et comme nourris de l'ambroisie divine. Des faunes, des satyres, viendront peut-être les contempler au travers des épais feuillages; des centaures viendront peut-être les enlever; mais le spectateur ne pénétrera jamais dans cette clairière. Le style en garde les approches; la poésie en défend l'entrée.

Une dame qui a beaucoup de naturel et beaucoup d'esprit nous disait un jour : « Pourquoi les femmes nues qu'on expose au Salon sont-elles en général si peu chastes et quelques-unes même si indécentes ? » « Cela tient, lui dis-je, à ce qu'il n'y a pas dans ces figures assez de style, ou, si vous voulez, à ce que l'amour des sens particularise l'objet de nos désirs, tandis que l'amour du beau généralise l'objet de nos admirations. » Plus chaste serait la *Femme couchée* de Jules Lefebvre si elle était un peu plus idéalisée, si l'aristocratie de ses formes, la beauté opulente de ses bras, de sa poitrine et du reste étaient plus d'accord avec le caractère de sa tête, dont l'expression est celle d'une sensualité commune, et pourrait nous faire prendre cette femme nue pour une femme déshabillée. Lorsqu'une pareille figure a l'air d'un portrait en pied, prononcez hardiment qu'elle n'a point de style ou qu'elle en a trop peu.

Ce n'est pourtant pas la hauteur des intentions qui a manqué à Jules Lefebvre, si l'on en juge par sa figure, si connue, de la *Vérité* qui, du fond de son puits, lève fièrement son flambeau, et dont le corps, savamment dessiné, modelé avec art, suit une grande ligne perpendiculaire. Par malheur, ces sortes d'allégories ne sont pas de celles que la peinture peut représenter, parce qu'elles perdent, en prenant un corps, ce qu'elles avaient de délicat dans l'invention du poète. Toutes les images qui expriment une pensée ne sont pas bonnes à peindre. Dans la voûte horizontale que forme son puits, la Vérité ayant à côté d'elle un véritable seau, avec son anse véritable et sa véritable corde, forme une image dont la réalité devient une lourdeur. A prendre au pied de la lettre les fictions de la poésie, on risque de les étouffer sous les pesanteurs de la prose.

Le peintre a son langage à lui, un langage plus propre à rendre visibles les actions, qu'à *informer* les métaphores du discours. Il me souvient de la sensation que produisit, il y a quelques années, la *Peste à Rome*, d'Élie Delaunay, tableau dramatique, sillonné de lignes violentes, de couleurs lugubres, et dont la composition est comme déchirée d'un bout à l'autre. Un ange exterminateur, à la robe rouge de sang — celui-là s'appelle le bon ange ! — ordonne au mauvais ange de frapper aux portes des maisons condamnées et d'y marquer à chaque coup la dernière heure d'une victime. L'ordonnateur ailé de ces funérailles est terrible, mais l'exécuteur aux bras décharnés, aux chairs verdâtres, revêtues des tons de la peste, est une belle horreur. Çà et là gisent des mourants tordus par le fléau, et des cadavres empoisonnés, pendant qu'un misérable en haillons attend, appuyé sur une borne, la fin de ses maux. Le fond de la « ville éternelle » est sinistre, coloré de teintes tragiques, à la Delacroix. La *Peste à Rome* est un petit tableau qui grandit par le style, tant il est vrai que, dans les arts du dessin, la grandeur ne se mesure pas aux dimensions.

Il est des sujets pourtant qui demandent de grandes proportions, et s'il est vrai que telle figure de Jupiter, gravée sur un camée antique, nous apparaisse encore comme celle du maître des dieux, il ne faut pas oublier que le Jupiter d'Olympie était colossal, ce qui ajoutait à sa majesté imposante, accablante. Je fais cette remarque parce que la *Diane* de M. Delaunay me paraît petite, et qu'elle gagnerait à remplir un plus grand cadre. Elle m'intéresse, cette Diane, par son austérité qui confine à la tristesse. Divinité sauvage, aurait-elle connu déjà les ennuis de l'amour? Aurait-elle entrevu un berger endormi dans l'ombre de la forêt? L'aurait-elle enveloppé, caressé de ses regards, qui sont les rayons de la nuit? Il y a quelque chose de touchant et d'imprévu dans la mélancolie, quand elle pénètre l'âme des dieux immortels.

Combien elles sont divines et humaines tout ensemble, les fables antiques! Elles ont un charme infini et indéfinissable pour les âmes bien nées, comme dirait Corneille; aussi ne cesseront-elles jamais de ravir notre imagination et de nous appréhender au cœur. Il se peut sans doute qu'un paysagiste tel que Daubigny me fasse trouver du charme à une vue des bords de la Marne ou des bords de l'Oise; mais si cette rivière aimable et familière prend tout à coup le nom d'un fleuve fabuleux, d'Acheloüs ou d'Evène, si je vois aborder sur la rive le centaure Nessus tenant dans ses bras une femme qui est Déjanire, et blessé mortellement par la flèche d'un héros qui s'appelle Hercule et qu'on aperçoit, sur l'autre bord, menaçant et indigné, si le paysage se colore d'une teinte qui l'éloigne dans la perspective du temps, s'il a un caractère inculte et sauvage, me voilà transporté sur la terre de Saturne, à ces époques lointaines où les cavaliers de la Thessalie apparaissaient au poète comme des centaures, enfants d'Ixion et de la Nue, où les faunes, aux oreilles de chèvre, recueillaient dans leurs flûtes les plaintes du vent, où les fleuves eux-mêmes avaient des soucis amoureux et des aventures. Qui pourrait dire, qui pourrait croire qu'un tel spectacle n'est pas préférable à celui que présenteraient des trains de bois flotté, des bateaux pleins de charbon et des chevaux de hallage?

Plus un peintre est artiste, plus facilement il change de manière suivant la nature des choses qu'il veut exprimer, conformant son exécution à sa pensée, et variant sa touche pour y mettre le sentiment voulu, comme fait l'écrivain qui adapte son style à son sujet, comme fait le typographe qui choisit des lettres différentes pour les différents livres qu'on lui donne à imprimer. Personne plus que Delaunay n'observe les convenances de l'exécution. Aucun de ses tableaux n'est peint de la même manière que les autres, ni dans la même gamme de couleurs. Sa *Peste à Rome* est exécutée tout autrement que la *Mort de Nessus;* son *David triomphant* n'est pas traité comme sa *Diane.* Dans ses portraits, qui sont tous excellents, et dont trois, grands comme la main, sont des bijoux, il assortit également sa touche au caractère physique de ses modèles. Celui de M. Legouvé, qui est d'une ressemblance particularisée au vif, est peint d'une touche passée, fondue, et n'a de grumeaux que sur les plis de la main. Tantôt le peintre manie sa pâte grassement, laissant parfois transparaître le fond entre deux épaisseurs, tantôt il est volontairement ligneux, serré, précis dans les contours, avec de menus rehauts d'empâtement dans les chairs, pour rendre les rugosités de l'épiderme, comme dans l'admirable portrait, peint à Nantes, d'un personnage aux petits yeux couverts, aux trait anguleux et pincés, qui ressort vivant, respirant et suant, sur un fond rouge. A ces variantes du procédé, on reconnaît un artiste qui entend que l'exécution soit toujours soumise aux volontés de l'esprit.

Il est des peintres, et des plus renommés, qui ont pris un autre parti. Une fois pour toutes, ils se sont fait une manière de peindre dont ils ne changent point. Bouguereau et Bonnat, par exemple, ont adopté un invariable maniement de pinceau. L'un croit à la vertu du blaireau, l'autre à la puissance des empâtements. Tandis que la peinture de Bonnat est robuste et rugueuse jusqu'à la brutalité, celle de Bouguereau est polie jusqu'à la fadeur. Mais la touche est une qualité secondaire, après tout, et la preuve, c'est que les plus grands maîtres ne l'ont point connue. Dans l'âge de la peinture où florissaient Mantegna, Botticelli, Léonard, Michel-Ange, Pérugin, Raphaël, on ignorait, on ne soupçonnait pas même cette dernière parure de la forme, qui consiste dans les élégances, les adresses, les rouéries de l'exécution. Aujourd'hui que la touche a pris une importance excessive, il convient, ce nous semble, d'en posséder les qualités diverses pour les adapter aux différents caractères des sujets représentés.

La peinture d'imitation, celle où triomphe le procédé, Bonnat y excelle. Aussi est-ce dans le portrait que sa supériorité se prononce, parce que le portrait est avant tout une affaire d'imitation. Mais s'il ne varie point sa manière abondante, généreuse et grumeleuse, il sait du moins, en étudiant la physionomie morale de ses modèles, mettre dans l'expression la variété qu'il ne met point dans le faire. A vrai dire, son talent positif, son pinceau fidèle à la vérité palpable ne sont guère propres à ces décorations murales où figurent des êtres symboliques, tels que la Justice, le Droit, la Loi, et les génies qui les accompagnent. Ses allégories sont des personnes qui vivent et qu'il a vues, de ses yeux vues; ses génies sont des enfants de la terre et son Christ n'est que l'image d'un supplicié. Il y a, sans doute dans ces peintures, des morceaux d'une touche superbe, comme la personnification du *Crime*, des corps d'un relief étonnant, des nus qui palpitent et des draperies résolûment formulées dans leurs plis, mais le talent propre de Bonnat est celui de donner une seconde vie à ce qu'il a vu de vivant. Nous le retrouverons dans la région du portrait.

M. Bouguereau est un ancien prix de Rome, et il est resté prix de Rome; il en est toujours au point où il en était quand il accomplissait à la villa Médicis ses devoirs et son temps de pensionnaire. Comme il était arrivé dès sa jeunesse à la cime de son talent, il n'a ni progressé ni reculé. Ce sont toujours les mêmes motifs, les mêmes formes, les mêmes draperies et la même façon de tout rendre avec une délicatesse un peu froide, une distinction apprise par cœur, une prestesse rare et une facilité incomparable. Des scènes mythologiques, particulièrement de celles où l'on voit des nymphes, des naïades, des dyrades (car il excelle à peindre les femmes nues), quelques tableaux de piété, quelques paysanneries étudiées dans la campagne romaine ou aux environs de Naples : c'est là tout ce qui a occupé son esprit depuis vingt-trois ans qu'il est revenu de Rome. Il en est, du reste de sa réputation comme de son talent : elle n'a ni grandi ni diminué; mais elle a duré, et c'est beaucoup. Le temps, en effet, est un des éléments de la médaille d'honneur.

Les tons de chair, surtout dans les figures de femmes, Bouguereau les peint à merveille d'après un type de prédilection. Ce sont des chairs blondes, fines, un peu molles et polies au blaireau. Par là, le peintre plaît à la grande majorité du public, plutôt qu'aux artistes chaleureux, passionnés, qui voudraient dans sa manière plus de liberté, plus de variété, plus d'accent. Il affectionne des mains longues, délicates, halitueuses, de jolies têtes régulières, dont l'expression ne dérange pas la grâce. Une chose surprenante, c'est qu'un peintre façonné à l'intelligence de l'art le plus élevé, fasse de grandeur naturelle des peintures anecdotiques, des tableaux de genre, comme la *Grande sœur*, et ce qui est plus surprenant encore, c'est qu'un artiste tel que lui méconnaisse certaines lois de son art, au point de disperser sa lumière, au lieu de la concentrer, de jeter, par exemple, un clair vif au bord du cadre, comme il l'a fait dans la *Vierge consolatrice*, d'ailleurs si belle et si tendre, et d'oublier ainsi ce principe : que toute peinture doit être vue, selon le mot de Léonard de Vinci, d'une seule fenêtre, *da una sola finestra,* c'est-à-dire que toute peinture doit avoir un foyer de lumière, d'intérêt optique, parce que l'œil de l'homme est lui-même un foyer où les spectacles de la vie se viennent centraliser, et dans lequel triomphe toujours un objet principal qui se subordonne tous les autres. Les peintres, même en France, dans la patrie du Poussin, sont en général des hommes d'instinct qui n'abusent pas de la réflexion et ne s'embarrassent guère de l'esthétique. Toutefois, il devient chaque jour sensible que la philosophie du sentiment aurait quelque chose à leur apprendre.

Je ne dis pas cela pour Cabanel, qui a une haute idée de son art et qui, en vertu d'une éducation excellente, se tient en garde contre toute hérésie. S'il est dans l'Exposition universelle à la tête de l'École française, il le doit à la persistance d'un talent qui est allé toujours en grandissant, qui a constamment tendu à s'épurer, à se compléter.

Tout le monde connaît les ouvrages mythologiques, bibliques ou historiques de Cabanel, et ses beaux portraits; mais on connaît fort peu ses décorations murales, et personne ou presque personne n'est allé voir aux Tuileries, dans le pavillon de Flore, la magnifique et immense toile qu'il y a peinte et qu'on a marouflée au plafond. Il faut avoir de longue main conquis la maîtrise pour inventer, composer, agencer avec tant d'art, peindre avec tant de légèreté, d'autorité et d'entrain, une guirlande de cinquante ou soixante figures plafonnantes, qui tournoient dans les airs, célébrant le triomphe de Flore, présentant des raccourcis facilement résolus, des élégances de formes et des jeux de couleur à enchanter le regard. Mais, faute de pouvoir montrer ce plafond au public dans la solitude d'un pavillon abandonné, Cabanel a exposé au Champ de Mars les peintures qui lui ont été commandées pour l'église Sainte-Geneviève.

Nous avons raconté, dans le *Temps*, comment la décoration de ce temple, redevenu le Panthéon, avait été confiée, il y a trente ans, à un artiste de l'esprit le plus élevé, Paul Chenavard, et comment, au lendemain du 2 décembre, de sinistre mémoire, on avait rendu aux prêtres un temple dont ils n'avaient que faire, puisqu'ils l'ont laissé désert pendant plus de vingt ans. Nous ne reviendrons pas aujourd'hui sur cette inutile détermination, conçue comme un acte d'hostilité contre la Révolution française : nous n'avons à parler que des choses d'art. L'idée de Chevanard était grandiose; il s'agissait de peindre sur les murs, compartis en entre-colonnements par des colonnes engagées, quelque chose d'analogue au Discours de Bossuet sur l'Histoire universelle, l'odyssée de ce grand personnage qui est le genre humain. S'autorisant de l'exemple donné en Italie par quelques peintres célèbres, Polydore, Mathurin, André del Sarte, Chenavard, qui voulait surtout *dessiner* sa pensée, avait imaginé de décorer en clair-obscur tout le monument, dans la crainte d'altérer par une moucheture de couleurs la plénitude des surfaces. Il est certain, en effet, que si la solidité des murailles est percée fictivement par la décoration, elle l'est toujours beaucoup moins quand la peinture est un simple camaïeu.

Cabanel en a jugé autrement. Il a développé sur de grandes toiles qui seront collées au mur, non pas de simples grisailles, mais des tableaux dont le ton général est sobre, tranquillement harmonieux, et qui représentent les principaux traits de l'histoire de saint Louis : la fondation des Quinze-Vingts, l'établissement de la Sorbonne, l'abolition des combats judiciaires, les règlements des corps de métiers, enfin, la croisade en Palestine, aboutissant à l'offre que font les Sarrasins à Louis IX, d'être leur roi.

Aux prises avec une œuvre de cette importance, Cabanel y a déployé un talent des plus rares, une science consommée, une connaissance profonde des lois du style. Ses figures ne sont pas des portraits, mais des caractères. Après les avoir cherchées dans le contingent de la vie présente, l'artiste les a reculées dans la perspective de l'histoire, de sorte qu'en regardant chacune de ces figures individuelles, curieusement choisies, l'on pût dire, non pas « c'est quelqu'un », mais « ce fut quelqu'un ». Le spectateur se trouve ainsi transporté au treizième siècle, parmi des hommes marqués à l'empreinte d'une physionomie qui n'est pas la nôtre, mais celle du temps de la reine Blanche. Il n'y a qu'un maître, un vrai maître, qui sache aussi bien transformer des pensées en action, donner la signification d'un fait historique à un simple épisode, comme celui des plaideurs qui renoncent à l'épreuve du feu, ou des chevaliers aveugles, conduits par un enfant, et tout cela en se tenant à égale distance du naturalisme et du poncif, car le problème à résoudre, et il est ici résolu, consiste à ne pas tomber dans les pauvretés du modèle vu de près, et à ne pas s'éloigner de la nature jusqu'à perdre de vue les accents de la vie.

II

Il fut un temps où nos salons de peinture étaient pleins de Romains et de Grecs, au point que chacun demandait à être débarrassé de ces Grecs et de ces Romains. Un jour vint où le romantisme nous en délivra, et ce fut un soulagement pour tout le monde, parce que les héros que célébrait l'école de David, ou, pour parler plus juste, la queue de David, étaient des figures tirées des anciens bas-reliefs, armées d'un certain casque bien connu et d'une certaine épée, ou revêtues d'une certaine toge invariable, des figures de marbre, qui ne paraissaient ni vivre ni avoir vécu, et qui constituaient ce que les rapins appellent le *style pompier*. Aujourd'hui que nous avons de l'antique une notion plus vraie, parce que nous connaissons les éditions originales de ce beau livre, les éditions princeps, il est possible de ressusciter, sans ennuyer personne, ces personnages dont nous étions si fatigués, qui furent chargés de gloire et de crimes grands par la vertu ou énormes par le vice, cœurs d'airain ou âmes de boue, qui s'appelaient Sylla, Marius, Jules César, Brutus, Néron, Messaline... On peut, sans être ridicule, nous reparler d'Athènes et d'Aristion, de Corinthe et du consul Mummius.

Comme on devait s'y attendre, les anciens pensionnaires de l'Académie de France à Rome n'ont pas été les derniers à revenir aux héros dont nous parlons; mais ils ne sont pas les seuls. Aux noms de MM. Ulmann, Gustave Boulanger, Fernand Lematte, il faut ajouter ceux de Léon Glaize, de Noël Sylvestre, de Tony Robert-Fleury, de Meynier.

Le *Sylla chez Marius*, de M. Ulmann, nous a longtemps arrêté sans que nous ayons pu bien comprendre en quoi consiste l'action représentée dans ce grand tableau, où il reparaît quelque chose des énergies et du style de Lethière. Un sentiment de grandeur farouche anime ces figures de proscripteurs impitoyables, de tribuns ou de généraux dévorés par l'ambition ; mais, chose étrange, ce qui rend le tableau peu intelligible pour nous, est justement ce qui nous y attache en intriguant à la fois nos regards, notre mémoire, notre esprit. Tous les hommes marquants de ces temps affreux sont là, représentés dans le caractère bien connu de leur physionomie physique et morale : et d'abord Sylla, « qui n'a jamais eu d'amis ni d'ennemis auxquels il n'ait rendu au centuple le bien ou le mal qu'ils lui avaient fait ». Debout, il semble dicter ses volontés souveraines ou ses listes de proscription. Sulpicius, Carbon, Catilina, le farouche Brutus, le vieux Marius en cheveux blancs, le jeune Pompée et un adolescent qui se nomme Jules César, et qui fixe ses regards sur l'avenir... tels sont les hommes à qui s'impose la parole de Sylla. Ce qui est terrible, c'est que, dans le fond du tableau, enveloppé d'une large demi-teinte, on entrevoit des scènes de violence, des égorgements, des citoyens qu'on a désignés pour mourir et qui hurlent ou se débattent contre les licteurs. On croit entendre à la porte de cette maison funeste, des cris de haine, *clamores horrendos*. Mais Sylla commande, impassible et fier, et un seul de ces Romains que l'artiste a rassemblés chez Marius, au prix de légers anachronismes et par une licence accordée aux peintres et aux poètes, un seul paraît faire attention aux obscures tragédies qui se passent près du seuil.

Malgré que nous en ayons, il nous est bien difficile de rester indifférents à l'histoire d'un peuple duquel nous avons hérité tant d'institutions, tant de lois, tant de coutumes, et qui a fait de nous, Gaulois, des Gallo-Romains. La mort de César a été représentée plusieurs fois : elle l'a été par Camuccini, par Gérôme, par Auguste Clément; mais personne, que je sache, n'avait songé à peindre le transport du cadavre à travers Rome déserte, frappée de terreur. Il sert à quelque chose, quoi qu'on en dise, de réfléchir à ce qu'on veut peindre, et la composition est souvent le principal mérite du tableau. Trois esclaves portent silencieusement sur leurs épaules le corps de César. Bien qu'il fase encore jour, le Forum est vide, la ville est muette; chacun, saisi d'effroi, est rentré dans sa maison et en a fermé les portes, n'osant prendre parti ni pour la liberté vengée, ni pour l'ambition punie.

Ces trois figures d'esclaves dont les lignes, rompues par la rencontre d'un escalier de quelques marches, sont bien agencées avec l'horizontale du cadavre, forment un spectacle saisissant; mais ce qui fait sensation dans le tableau, c'est justement ce qui n'y est point, c'est le vide autour de ce convoi, l'absence de tout citoyen sur la place publique et le passage de César mort dans Rome morte. Estompée par la poussière du Forum, la peinture de cette grande toile paraît moins solide qu'elle ne l'est en réalité, mais elle y gagne un léger voile de mystère qui ajoute à l'effet moral du tableau.

L'histoire romaine a porté bonheur depuis quelque temps à ceux qui se sont avisés d'y revenir, notamment à M. Léon Glaize, auteur d'une *Conjuration au temps des Tarquins*, où les conjurés, modelés avec précision, en pleine lumière, sont épiés par un esclave caché dans l'épaisseur de l'ombre, — et à M. Noël Sylvestre qui obtint, il y a deux ans, le prix du Salon pour sa *Locuste*, mâle et ingénieuse peinture, où tout est senti avec énergie, l'infamie de l'empoisonneuse et l'infamie de Néron, et les tortures de l'esclave empoisonné dont le corps robuste se révolte contre la mort. Tout le monde se souvient de l'impression que fit au Salon ce morceau remarquable, qui rappelait, sans lui ressembler, la *Locuste* de Sigalon.

C'est aussi l'histoire romaine qui a fourni à Gustave Boulanger la matière de son *Saint Sébastien* devant l'empereur Maximien Hercule. On a reproché à ce tableau d'être théâtral ; mais comment ne pas l'être quand on représente un coup de théâtre comme celui que dut produire l'apparition du saint, telle quelle est racontée dans la légende? « Le martyr, à peine guéri de ses blessures, se posta sur un escalier que Maximien devait traverser pour se rendre à un sacrifice, et se dressant tout à coup devant lui, comme un cadavre qui serait sorti de la tombe, il lui annonça que le jour de la vengeance divine était proche. » Que ce fantôme nu, maigre et percé de flèches, épouvante le spectateur comme il épouvanta Maximien et son cortège, cela doit être, et je trouve que le peintre a été dans son droit en faisant un morceau théâtral sur cette histoire tragique. Ajoutez qu'il faut beaucoup de savoir et de talent pour peindre un pareil drame, un tel spectre, sans aller jusqu'à la fantasmagorie.

Mais pourquoi les figures du premier plan sont-elles si grandes en comparaison du saint Sébastien, qui n'est séparé de ces figures colossales que par cinq ou six marches d'escalier ? La perspective, en pareil cas, est dangereuse à observer dans sa rigueur mathématique. Il n'est pas vrai, comme l'a dit Voltaire, qu'un homme à la distance de dix pas nous paraisse plus petit qu'un homme à la distance de cinq pas. L'esprit se refuse à cette illusion et il la corrige. Ce genre de tricherie, le peintre doit se le permettre dans ses ouvrages, sous peine de paraître faux, précisément pour avoir voulu être trop exact. Louis David disait à ses élèves : « Beaucoup d'artistes savent mieux que moi la perspective, mais ne la sentent pas aussi bien. »

Des personnages plus grands que nature ne sont acceptables dans l'art que s'ils représentent des dieux ou des héros, des génies ou des anges. Un tableau à qui sied la grandeur dimensionnelle, c'est celui de M. Montchablond, les *Funérailles de Moïse*. Sans parler des autres qualités de son œuvre, le peintre y a donné un bel exemple du sens esthétique des lignes. Les deux grands anges qui portent le corps un peu incliné du Prophète sont descendus verticalement du haut des cieux, tandis que le cadavre suit l'horizontale de la mort. Le troisième ange, celui qui conduit les funérailles, levant ses ailes, achève la construction du tableau par deux obliques expansives, qui sont les lignes expressives de l'enthousiasme. Personne, assurément, ne trouve à redire aux proportions surnaturelles d'un tel spectacle.

Quant aux figures de grandeur naturelle, le sentiment les condamne partout où elles ne sont pas drapées ou nues, car les figures costumées, et en général les sujets ethnographiques, ne comportent que les mesures d'un tableau de chevalet. Jaloux de montrer dans toute sa force un talent qui, chez lui, est héréditaire, M. Léon Glaize a pris des toiles de 5 mètres environ de hauteur pour peindre des sujets qui n'eussent rien perdu à se renfermer en des cadres plus modestes, et pour lesquels Poussin se fût contenté de la demi-nature. A cela près, il faut reconnaître qu'il y a une sorte de fierté sauvage dans le tableau du *Premier duel*. Deux hommes nus, des âges primitifs, deux espèces de troglodytes, gravissaient une montagne rocheuse lorsqu'une femme est survenue, « et voilà la guerre allumée ». Ces deux hommes sont aux prises ; leurs membres athlétiques s'entrelacent, leurs visages se crispent, leurs muscles se gonflent, leurs jarrets se tendent. L'un d'eux faiblit déjà et va être précipité du haut d'une roche dans l'abîme. Pendant ce temps, la femme qui est l'enjeu de cette lutte à mort, assise et à demi couchée sur un lit de mousse, attend la mort du vaincu pour se livrer au vainqueur. Image frappante de la vie, qui est un combat, et de la loi du monde, qui est une loi de carnage, dominant les espèces qui se dévorent, et les semblables qui s'exterminent.

Passe encore d'exprimer en grand une idée de ce genre ; mais il n'est pas nécessaire en vérité d'une aussi vaste toile pour peindre un fait particulier, un épisode de l'histoire grecque, comme les *Fugitifs*. Lors de la prise d'Athènes, par Sylla, beaucoup de citoyens, se sentant menacés, s'enfuirent ; mais Aristion ayant ordonné de fermer les portes, les fugitifs achetaient les gardes et se faisaient descendre avec des cordes du haut des remparts. La scène est imprévue, elle est émouvante, elle est dessinée avec style, éclairée dans un sentiment de sombre poésie... Mais combien il est difficile d'oser quelque chose avec nos Gaulois, toujours prompts à courir après l'esprit ! Dans ces familles effrayées qui, fuyant la tyrannie de Sylla, se suspendent à des cordes pour franchir les remparts d'Athènes, ils ont vu... devinez quoi ? Des badigeonneurs, des ramoneurs, des fumistes !... Peuple incorrigible de railleurs !

Elle est triste à lire, l'histoire de la Grèce, lorsque cette patrie du beau tombe sous la domination romaine ! lorsque, après la mort du « dernier des Grecs », le consul Mummius entre dans Corinthe embrasée, s'empare des femmes et des enfants pour les vendre comme esclaves, et livre au pillage une cité fameuse par la possession de tant de merveilles. *Le dernier jour de Corinthe*, quelle tragédie à peindre ! quels sentiments à éveiller, à surexciter dans l'âme du spectateur ! Je m'attends à voir une ville en flammes, obscurcie par la fumée, éclairée par l'incendie, quelque chose comme la prise de Troie dans le sublime récit de Virgile. Je me figure comment un artiste ému et passionné, tel qu'Eugène Delacroix, eût agité là tous les drames du clair-obscur, comment il y eût fait vibrer ses couleurs tour à tour exaltées et assourdies, splendides et attristées. Je vois les femmes fuyant échevelées devant la cavalerie consulaire, le ciel voilé, la terre jonchée de corps livides et de marbres en ruines. Mais le jeune artiste a compris autrement le dernier jour de Corinthe. D'un sujet sombre il a fait un tableau clair, et au lieu d'un coloris lugubre et remué, il y a répandu un coloris tranquille et blond. Belles figures, d'ailleurs, savamment dessinées, peintes à souhait, et dont les groupes heureux forment un ensemble plein de dignité, qu'on jugea digne de la médaille d'honneur, en 1870, et auquel il ne manque, à mon sens, qu'un grain de folie, oui, un grain de folie, car c'est à nous qu'il appartient cette fois, Dieu nous pardonne ! de conseiller la fièvre aux jeunes gens, au lieu de les en guérir.

Il n'y a pas que de la sculpture, du dessin et du style à chercher en Grèce. Dans les traditions de ce grand petit peuple, le peintre du *Massacre de Scio* et le poète des *Orientales* ont trouvé des effets inattendus de couleur, d'immortelles peintures, et aujourd'hui, après vingt-trois siècles, on n'a pas encore épuisé les éléments de terreur que contient la seule histoire des Atrides. Que le fantôme de Clytemnestre, soutenu par deux Erinnyes, apparaisse dans une lumière sinistre à son fils endormi, et le réveille épouvanté, éperdu, cela peut encore se peindre, même depuis qu'on demande à grands cris quand finira la race d'Agamemnon. On est saisi devant la peinture de Lematte, *Oreste et les Furies*, comme on était saisi au théâtre par la tragédie que fit naguère jouer Leconte de Lisle. Il est dommage que l'Oreste du tableau manque d'une noblesse de formes qui n'aurait pas diminué le sentiment tragique, et que dans l'ombre où il se cache sous les draperies de sa couche, il ait toute la hideur d'un bourreau. Oreste le fut, sans doute, mais ce qu'il faut voir et montrer en lui, c'est un exécuteur aveugle des ordres du Destin.

En égorgeant les fils d'Egyptus, les Danaïdes exécutaient aussi les décrets de l'inexorable destinée, qui les voulait punies, après les avoir voulues criminelles; mais le peintre délicat des Danaïdes, Hector Leroux, ne leur a refusé ni la grâce ni la beauté. Vêtues de blanc, dans un paysage accablé de lumière, elles marchent sur deux files en portant leurs amphores pleines au tonneau sans fond et vouées à un désespoir éternel.

L'amphore au grès rugueux écorche la main blanche
Et le bras faible est las du fardeau soulevé :
« Monstre que nous avons sans relâche abreuvé,
« O gouffre, que nous veut ta soif que rien n'étanche ? »

(*Sully-Prudhomme.*)

On nous accusera, si l'on veut, d'un paganisme intempestif, et on nous dira que c'est bien assez d'être païen en sculpture, sans condamner encore la peinture aux éternelles redites de la mythologie.

La vérité est que le domaine du peintre est beaucoup plus vaste que celui du statuaire, puisqu'il peut embrasser « tout ce qui se voit sous le soleil », comme dit Poussin. Pourtant, nous avons conservé cette faiblesse de nous intéresser aux Mystères de Bacchus, aux nymphes qu'entraînent Hylas, au Narcisse qui sèche de langueur, auprès de la Naïade dédaignée qui pâlit de douleur. Je veux du bien, pour ma part, à quiconque lit encore les fables antiques et croit naïvement à l'existence des ægipans, des faunes, des sylvains, ancêtres mystérieux de l'humanité que le poète entrevit jadis au fond des bois.

Je le dis à l'honneur de M. Jobbé-Duval : c'est une preuve de désintéressement et un acte de courage que de peindre aujourd'hui spontanément sur une toile de six ou sept mètres les *Mystères de Bacchus*, de louer tout exprès un atelier spacieux, d'y consacrer un temps énorme et d'énormes dépenses, avec la certitude que de pareils ouvrages ne pouvant trouver place, facilement du moins, dans une maison particulière ni même dans le palais d'un Mécène, resteront à la charge du peintre si l'État n'est pas touché de ses efforts. Il y a cinq ans, lorsque parut cette grande peinture au Salon, le directeur des Beaux-Arts proposa d'en faire l'acquisition ; mais la politique s'en mêla, et il ne put l'obtenir. Aussi bien, les Ménades échevelées des *Mystères de Bacchus* effarouchèrent la pudeur de quelques membres du jury, charitables confrères qui, cependant, trouvaient tout simple que le Salon fût rempli de Pamélas sur leurs canapés et d'Amandas sur leurs coussins. En vérité, quand on songe que cette Bacchanale, conçue et peinte dans le grand goût d'Annibal Carrache, eût été commandée ou achetée, sans difficulté aucune, par un cardinal pour le palais Farnèse, par un pape pour la décoration de sa vigne, on est surpris que les conseils officieux d'une commission anonyme et irresponsable aient empêché l'administration de faire alors ce qui était pour elle un devoir.

C'est un devoir en effet, pour l'État, d'encourager ce dont les riches amateurs ne veulent pas, ce qui d'ailleurs ne peut trouver de chalands dans un public qui n'a point ou qui n'a plus la notion du style. Si la Direction des beaux-arts nous était encore confiée, nous signalerions au ministre comme des tableaux de galerie la charmante *Famille de Satyres* de M. Priou, le *Héros et le Poète* de M. Maillart, qui s'est fait une place dans l'art décoratif, même à l'étranger ; le *Jugement de Pâris* ou la *Galatée* de M. Parrot, peintre délicat, distingué, rompu aux élégances du style et qui excelle dans le portrait, et nous serions félicité d'avoir placé au Luxembourg un des plus beaux envois de Rome qui aient été vus depuis quelque vingt ans, *Hylas entraîné par les Nymphes*, de M. Blanchard, et d'avoir acquis le *Narcisse* de M. Machard, et le groupe si noble et si touchant de M. Meynier, *Chrysante et Daria.*

Que peut devenir, je le demande, à moins qu'il ne soit né riche, un jeune homme qui a en lui l'étoffe d'un peintre supérieur, comme Georges Becker, s'il a osé peindre « Respha protégeant contre les vautours les cadavres de ses fils crucifiés » et qu'il se voie délaissé par l'État ? Quel découragement va peut-être s'emparer de son âme, et ne va-t-il pas se dire : « Que n'ai-je peint toute ma vie des âniers du Caire, des jeux de boule, des bachi-bouzoucks ou des raffinés dans leurs bottes à chaudron, je serais en passe d'être millionnaire et peut-être commandeur, qui sait ?... » Mais Georges Becker est un artiste de forte trempe qui ne se laissera pas facilement abattre, car il a au plus haut degré le tempérament d'un peintre, l'énergie du vouloir, et ce que les Latins auraient appelé *vis tragica*, la force tragique. Quelle tragédie ! ou plutôt quelle horreur que le spectacle de cette mère exaspérée, désespérée, qui chasse à coups de bâton les oiseaux de proie pour qu'ils ne dévorent pas les corps de ses enfants et des enfants de Saül, mis en croix par les Gabaonites, et dont les corps pendent au gibet, se détachant d'un ton livide sur le fond noir d'un ciel tempêtueux et d'un affreux paysage ! L'un des sept crucifiés, au moment de rendre le dernier soupir, a décloué un de ses bras par un effort suprême. Ce drame épouvantable est dessiné avec fierté, sous l'empire d'un sentiment de grandeur sauvage, et il est terrible de couleur. Ah ! quand on s'est attaqué avec une telle audace à de pareils ouvrages, on peut devenir un grand peintre.

Mais, pour exprimer la terreur à ce point, il faut l'avoir sentie soi-même profondément. Or, je connais des peintres, comme Jean-Paul Laurens, qui, à force de rechercher des sujets à sensation, à émotion, me feraient croire qu'ils ont l'âme tranquille jusqu'à la froideur et que le choix des scènes tragiques est un artifice pour s'exciter eux-mêmes à être émus, à être émouvants. La liste des tableaux de Jean-Paul Laurens est, comme celle des œuvres de Paul Delaroche, une longue énumération de catastrophes, une sorte de martyrologe. Ici, on déterre le cadavre du pape Formose pour le juger ! Là, d'autres cadavres, privés de sépulture, infectent l'air à la porte condamnée des églises. Plus loin, c'est le cercueil de la reine Isabelle, qui s'ouvre pour laisser voir à celui qui l'a aimée, François de Borgia, un visage affreusement défiguré par la mort. On passe, des horreurs de l'Interdit, aux angoisses des excommuniés, des funérailles de Guillaume le Conquérant aux funérailles de Marceau, et des funérailles de Marceau à la mort du duc d'Enghien : c'est un perpétuel « cinquième acte ». Le peintre ne voit dans l'histoire que des exécutions, des cimetières, des sépulcres, des personnages qu'on tue, ou qu'on enterre, ou qu'on exhume, et vraiment, si nous n'étions pas émus, ce ne serait pas sa faute.

Il faut convenir au surplus que l'expression de ces tristes pensées est soutenue chez Paul Laurens par un talent robuste, par des qualités fortes de dessin et surtout de rendu. Il va sans dire que les drames de la lumière et de l'ombre ajoutent à l'impression que produisent naturellement ces funèbres spectacles, et il ne faut pas s'étonner que le noir domine dans un coloris que l'artiste a voulu conforme à ses tragédies. Tragique est la *Mort du duc d'Enghien*, éclairée par une lanterne posée à terre, et il est impossible de ne pas s'intéresser à ce malheureux jeune homme, auquel on lit la sentence de son assassinat juridique, et qui va être fusillé au milieu des ténèbres, à l'aide de cette même lanterne, qu'on attachera sur sa poitrine pour que les soldats puissent le viser au cœur ! Sinistre est le tableau du pape Formose, d'autant que le peintre a trouvé sur sa palette des couleurs pestilentielles, des teintes cadavériques et puantes ! Par l'opposition du noir et du blanc, la scène qui se passe autour du cercueil d'Isabelle devient lugubre aussi. Malheureusement l'artiste abuse du noir, là même où il n'a pas pour excuse le caractère nocturne ou funéraire du morceau, comme dans son tableau de *Jésus chassé de la synagogue*.

Le public qui, dans son ensemble, a bien quelques lumières et quelque esprit, s'étonne qu'on ait donné la médaille d'honneur à M. Laurens pour les *Funérailles de Marceau*, alors que cet ouvrage est si inférieur au *Saint Bruno*, exposé en 1874, tableau admirable, conçu dans le sentiment calme et doux d'un Lesueur, mais d'une exécution substantielle et savoureuse et d'un puissant relief. Un pédant pourrait faire à M. Laurens un sermon en trois points, touchant les trois hérésies ou, si l'on veut, les trois fautes qu'il a commises dans les *Funérailles de Marceau*. La première est d'avoir choisi des proportions démesurées pour une scène où tout le monde est vêtu de carricks et chaussé de bottes. L'histoire bottée, habillée et cravatée, l'histoire sans nu, ne comporte pas une toile aussi grande. Il n'y a pas que des uniformes dans la *Peste de Jaffa* et dans la *Bataille d'Aboukir*, qui sont d'ailleurs des tableaux épiques. La seconde faute est d'avoir représenté les généraux autrichiens, les uns pleurant dans leur mouchoir, les autres donnant des signes de consternation ou de douleur, comme s'il y avait la moindre apparence que la vue d'un officier mort — surtout quand c'est le chef des ennemis — pût émouvoir à ce point des hommes dont la profession est de tuer, dont le devoir est de mourir. La troisième consiste dans le rendu parfait de ce lit de concierge, si proprement exécuté, de ce paravent jaune, peint à merveille, de ce couvre-pieds en indienne imité à ravir, tout cela au détriment de la figure principale, celle du héros, étendu mort.

N'est-il pas évident que ce qui manque à la

plupart de nos artistes, c'est la philosophie de leur art, la connaissance des maîtres, la notion de ce qui est voulu ou condamné par le goût, avoué ou interdit par le sentiment, permis ou défendu par le style?

Trop grandes, à plus forte raison, les peintures de M. Roll et de M. Lehoux : la première, l'*Inondation*, qui serait excellente sur une toile de chevalet ; la seconde, le *Saint Étienne*, qui pouvait être rétrécie, puisqu'elle offre des vides affligeants pour l'œil. Mais ces deux jeunes peintres sont pleins d'avenir. L'un, M. Roll — sans parler de son très remarquable portrait de Jules Simon — a fait prononcer à tout le monde le nom de Géricault, et c'est beaucoup que de rappeler, sans imitation, l'auteur de la *Méduse*. L'autre, M. Lehoux, a eu le prix du Salon pour un tableau mieux composé que le *Martyre de Saint Étienne*, plus touffu, plus concentré, mais moins fort dans les morceaux, moins savant dans les nus. Si je ne me trompe, on peut prédire à chacun de ces jeunes gens qu'il deviendra un maître.

Un maître ! Henri Regnault le serait devenu, ou plutôt il l'était déjà ! Il avait la force pittoresque : il aurait eu le grand style ! Ame douce, talent fier, il avait un caractère affectueux et un pinceau féroce, avec lequel il se plaisait à rendre des cruautés félines, des têtes coupées, des yatagans rouges de sang, essuyés par le bourreau, comme dans l'*Exécution sous les rois maures*. Sa figure équestre du général Prim s'élève à la hauteur d'un tableau d'histoire. Le cheval noir qui a la tête baissée, et le cavalier qui porte la tête haute, s'arrêtent sur une petite éminence, pendant qu'une foule d'Espagnols, bariolés de vives couleurs, accourent sur le passage de Prim pour lui faire un triomphe. Mais ils sont rejetés en bas du tertre et vus seulement à mi-corps, de sorte que, sur le fond moucheté de ce brillant entourage, s'enlèvent résolûment la monture noire du général et son uniforme sali par la poussière. Jamais artiste ne fut promis à la gloire autant que Regnault. Vivant, il eût à jamais conquis celle du peintre ; mort, il a conquis celle du brave.

Les sujets religieux, qui donnaient lieu à tant de redites, à tant de banalités, sont moins nombreux qu'ils ne l'étaient jadis, et cela même les rend plus intéressants. Ils sont d'ailleurs traités d'une manière un peu plus neuve par M. Henry Lévy, par M. Ronot, par M. Ribot. Ce dernier, dans son *Samaritain*, s'est rappelé celui de Gigoux, un des plus beaux morceaux de peinture qu'on ait faits depuis quarante ans ; mais il a peint, lui, sa figure presque uniquement en clair-obscur, d'un pinceau étonnant de fermeté et de vérité, d'une touche qui rivalise avec celle de Ribéra, sans épargner dans les ombres les tons d'encre qu'affectionnait le maître espagnol. M. Ronot, après avoir peint les *Ouvriers de la dernière heure*, ouvrage estimable qui lui valut une médaille au Salon, a fait, à mon sens, un progrès sensible dans la *Colère des Pharisiens*. Poussant plus loin encore la recherche du caractère, il y a peint des têtes de Juifs, saisissantes par la physionomie de race, par l'expression des visages, par la pantomime, et son exécution corsée, son modelé énergiquement poursuivi, sous une lumière un peu comprimée, font de ce tableau une œuvre que n'auraient pas désavouée les Manfredi, les Calabrèse, et les fameux Napolitains amis ou disciples de l'Espagnolet.

Moins intense, moins serrée, la peinture de

M. Henry Lévy a d'autres qualités. Sa manière est libre sans être lâchée ; elle est preste sans négligence. Il glisse plutôt qu'il n'appuie sur le modelé. Je me suis trouvé un jour devant son *Hérodiade* avec un de nos artistes les plus renommés, qui se pâmait d'aise et d'admiration. Henry Lévy est un coloriste brillant sans aucune violence d'effet. Il est blond et presque froid dans le clair ; il est chaud et transparent dans l'obscur, ce qui prouve, par parenthèse, qu'il sait la loi des complémentaires, car les trois couleurs chaudes, le jaune, l'orangé et le rouge, ont justement pour complémentaires les trois couleurs froides, le violet, le bleu et le vert.

Mais que fera le jeune peintre de sa belle *Hérodiade*? Elle restera peut-être dans son atelier, tandis que ses grands tableaux sur la Prédication, la Mort et la Résurrection de saint Denis, ont trouvé dans l'église Saint-Merri une place où ils seront vus tels qu'ils sont, c'est-à-dire conçus avec l'intelligence du pittoresque, facilement dessinés et réjouissants de couleur, comme s'ils étaient inspirés par Rubens. Le *Sarpédon* a aussi quelque affinité avec les œuvres de ce grand maître. A l'exemple de Rubens, l'auteur de ce noble morceau n'a pas craint de faire une composition lumineuse, blonde, baignée dans l'éther, de ce qui, sous la main d'Eugène Delacroix, eût été aigri et comme endolori par la couleur, car ce coloriste passionné n'aurait pas consenti à donner une fête au regard en lui montrant les génies de la Mort et du Sommeil qui portent à Jupiter le cadavre de son fils, tué sous les murs d'Ilion.

Il ne faut pas s'y tromper : la couleur a ses jours de triomphe et ses droits à briller de toute sa magnificence, de tout son éclat, dans certaines circonstances, mais il en est d'autres où elle est condamnée à parler bien doucement, à ne faire aucun bruit. Cette vérité, je l'ai vivement sentie devant les peintures de Gustave Moreau, œuvres d'un visionnaire, tout imprégnées d'un idéal transcendant, qui touche par moments au sublime. On y voit apparaître avec une dignité surnaturelle des héros antiques : Hercule devant l'Hydre, OEdipe vainqueur du Sphinx, et des personnages de l'Écriture : Moïse exposé sur le Nil, Jacob et l'Ange, Hérode et Salomé. En peignant ces figures étranges, l'artiste illuminé tombe des sommets du style dans les écrins de la couleur. Il prétend concilier le sentiment du plus grand art avec les joailleries d'une peinture semée de perles, brillantée de saphirs et de rubis, de topazes et d'émeraudes, de telle manière que ce qui était éloigné dans les régions du style où s'élevait l'âme, se trouve rapproché du réel par un coloris qui blesse les yeux. Oui, la couleur doit quelquefois s'attiédir, se tranquilliser, et même se taire, car il y a aussi de l'éloquence dans son apaisement, et de la grandeur dans son silence.

III

Dans une lettre qui n'est signée que d'initiales, on m'écrit en substance : « Vous avez l'esprit chagrin et morose. Tout est perdu, selon vous, parce que les artistes ne recherchent plus le style ! Eh ! qu'importe, après tout ? Le style est-il autre chose qu'une des faces de l'art ? Pourquoi l'imitation de la vie ordinaire n'aurait-elle pas son charme et ses droits à notre estime ? L'art familier est de tous les pays et de tous les temps. Il florissait en Égypte et même en Grèce. Les hypogées de la douzième dynastie renferment des tableaux de genre, peints ou gravés sur les murailles, trois mille ans avant notre ère, et vous savez bien que le divin Homère nous montre plus d'une fois ses héros occupés à mettre le couvert et à faire cuire le dîner... »

On voit que le critique a de mauvais quarts d'heure à son tour; mais il convient d'autant plus de répondre à cette lettre, que l'opinion du peintre distingué que je soupçonne d'en être l'auteur, est probablement celle de beaucoup d'autres artistes.

Sans doute, le genre est une variété légitime de la peinture, et il n'est pas jusqu'à la pure imitation des choses sans vie qui n'ait quelque mérite, quand elle est fidèle, puisque tant de gens y prennent un certain plaisir. Mais d'abord il faut s'entendre sur ce que signifient ces mots : le *genre*, le *style*, qui ont été tant de fois employés sans être jamais définis.

L'art étant une interprétation de la nature par l'esprit de l'homme, ou, comme dit Bacon, « l'homme ajouté à la nature » (*homo additus naturæ*), il est sensible que la pure imitation n'est pas de l'art, à moins que l'imitateur n'ait laissé entrevoir dans sa copie quelque chose de ce qui le rend supérieur à la nature inerte : l'âme, et de ce que la nature ne possède point : la pensée. Il est impossible assurément de mieux imiter une jolie femme que ne l'imite son miroir, quand elle s'y regarde, et cependant le miroir ne passe pas pour être un artiste, et lors même que l'image qu'il réfléchit y serait fixée comme elle l'est dans l'objectif du photographe, cette image ne sera jamais prise pour une œuvre d'art. Pourquoi? Parce que la part de l'homme est presque insignifiante, comparée à l'importance du rôle qu'a joué la machine. L'intervention de l'âme humaine est donc absolument nécessaire dans un ouvrage, pour que la présence de l'art y soit reconnue.

Maintenant, plus grande est la part de l'imitation, moins l'art est grand. Il y a dans les salles de l'Exposition des vases en cristal de roche et des verres de Venise peints par M. Blaise Desgoffes avec une vérité qui fait illusion; il y a des *crevettes* par M. Bergeret, qui sont un régal exquis de peinture imitative; il y a des natures mortes de Philippe Rousseau (notamment des prunes à confitures) qui auraient fait, qui font ou qui feront le désespoir de tous les peintres passés, présents et futurs; il y a des *chaudrons* et des *poissons de mer*, par M. Vollon, qui ont suffi à rendre son nom populaire dans le monde des ateliers, et cependant il ne viendra jamais à l'idée de personne de placer MM. Desgoffes, Bergeret,

Vollon et Philippe Rousseau à la hauteur de Poussin, de David, de Prudhon, d'Ingres ou de Delacroix, bien que ces maîtres, tout illustres qu'ils sont, eussent été incapables de pousser leurs imitations jusqu'au point de vérité auquel savent atteindre les peintres vivants dont je viens de parler. Supposez qu'au lieu de s'appliquer au rendu des substances matérielles, ces artistes eussent représenté avec le même talent des êtres animés, des joueurs de boule, par exemple, ou bien une scène touchante, comme le spectacle d'un Arabe dont le cheval vient d'expirer dans le désert, et qui se trouve perdu dans une solitude immense, il est évident qu'ils se seraient élevés dans leurs tableaux à un degré supérieur de l'art, parce qu'il aurait fallu ajouter à leur imitation une certaine dose d'esprit ou de sentiment. Tel qui n'est qu'un prodigieux ouvrier, devient un véritable artiste s'il peint des *Joueurs de boule* comme Meissonier, ou l'*Arabe et son coursier* comme Gérôme.

Mais ces peintures de Gérôme et de Meissonier ne contiennent encore que des vérités accidentelles, des individus pris sur le fait dans la nature, des portraits en action : ce sont des tableaux de *genre*. Le talent d'imiter ces figures, de mettre en relief ces vérités, n'est pas le dernier mot de l'art, parce que l'artiste en a trouvé le modèle dans la vie, et qu'il n'a pas dépassé les bornes d'une intelligente imitation. En contemplant les spectacles de la vie et de la nature qui n'offrent que des accidents passagers, des individus périssables, l'artiste a le privilége de s'élever à l'idée du type, qui n'a aucun modèle précis dans la nature, à la conception de l'espèce, qui ne périt point. Ce côté permanent des caractères humains, cette vérité typique des formes, voilà ce qui est le *style*. Malheur aux sociétés qui perdent la notion des idées pures, qui oublient l'essence primitive des choses! Malheur aux écoles de peinture où l'on cesserait de poursuivre le style, c'est-à-dire la beauté inconditionnelle et générique des formes, qui en est la poésie, pour s'attacher uniquement au genre, qui n'en est que la curiosité accidentelle et la prose!

Voulant trouver un milieu entre ces deux termes, le style et le genre, un artiste éminent et d'une sagacité rare, Paul Delaroche, avait imaginé de créer le genre historique, autrement dit, de moderniser l'histoire. Et comme les héros modernes sont vêtus et non drapés, on le vit particulariser l'histoire en la costumant, lui donner un caractère anecdotique, chercher l'intérêt et la signification du détail, et, au lieu d'idéaliser ses personnages par la suppression ou l'effacement des accessoires, les rendre au contraire présents et palpables par le rendu précieux, non seulement de leurs habits, mais de tout ce qui avait trait à leurs habitudes intimes. Il espérait ainsi se faire une place à mi-côte de l'Olympe, et il y réussit. Comme on le voit, dans cette peinture de genre, tout à coup agrandie par les proportions qu'on lui donnait, non moins que par l'intérêt qui s'attache à des personnages tels que les enfants d'Édouard, Élisabeth, Richelieu et Mazarin, Charles Ier et Cromwell, un élément capital disparaissait : le nu. La figure humaine ne se montrait plus qu'en pourpoint ou en soutane, avec une fraise ou un rabat, avec un feutre emplumé ou un bonnet, avec des bottes ou des souliers. L'absolu de la draperie était ainsi remplacé par le contingent du costume. Tout ce qui est secondaire devenait principal. La couleur se localisait dans les crevés de soie, dans les chemisettes, les dentelles et les joyaux, dans les rubans, dans les nœuds d'épaules, dans la frange du bas à botter, dans la pourpre des manteaux, dans le ton des tuniques chamarrées et des manches bouillonnées, de sorte qu'on n'eut bientôt plus que le fourreau de cette belle épée, qui est la forme humaine.

Les enseignements de Paul Delaroche engendrèrent Gérôme, et ses succès décidèrent Meissonier. Mais le premier ne perdit jamais le goût de l'histoire; le second n'y vint qu'assez tard, lorsqu'il avait déjà un nom. Doué d'une intelligence des plus fines et de cet esprit qui, dans les ateliers de peinture, tourne facilement à l'ironie, Gérôme a lu l'histoire ancienne ou moderne en chroniqueur, quelquefois en érudit, et il y a choisi des traits de la vie intime, comme le grand Frédéric jouant de la flûte au milieu de ses chiens; des scènes de mœurs, comme le *Duel de Pierrot*; des actions de nature à fournir matière à la satire du philosophe, comme le *Combat de gladiateurs*, l'*Exécution du maréchal Ney*, l'*Éminence grise*. Ce dernier tableau figure à l'Exposition universelle et y fait l'admiration des visiteurs de tous les pays, de ceux du moins qui savent un peu d'histoire. Il est toujours bon, sans doute, de flétrir la bassesse des courtisans, mais encore faut-il y mettre une certaine mesure, sous peine de provoquer une réaction dans l'esprit du spectateur. Ce qui peut être exagéré sous la plume d'un Tacite, ne peut pas l'être, au même degré, sur la toile d'un peintre, parce qu'il est plus facile d'admettre l'exagération quand on la regarde avec les yeux de l'esprit. L'action de l'*Éminence grise* se passe dans le grand escalier du Palais-Royal, qui a été un théâtre pittoresque, choisi par des peintres fameux, notamment par Horace Vernet, pour l'*Arrestation des princes*. Le secrétaire intime de Richelieu, le père Joseph, dont le cardinal subissait l'influence, descend les marches de l'escalier en faisant mine de lire son bréviaire, tandis qu'une troupe de courtisans, gens d'épée ou de robe, éblouis comme ils le seraient à l'apparition d'un astre, baissent la tête, courbent l'échine et, s'humiliant à l'envi, saluent jusqu'à terre le simple capucin qui n'est pourtant que l'avant-coureur du soleil. On se demande comment ils se comporteraient devant Richelieu, ces courtisans qui déjà sont à plat ventre devant son confident ! C'est surtout dans le langage de la peinture qu'il ne faut pas trop prouver. On s'attend bien d'ailleurs que tout sera spirituellement précisé par le dessin, précieusement spécifié par le ton; mais les couleurs ici sont purement locales; aucune ne se sacrifie à l'effet de l'ensemble, et le tableau en souffre. « Les coloristes, me disait un jour Delacroix, ne font pas le ton local, » ce qui voulait dire que chaque ton, dans leurs ouvrages, est la résultante de tous les autres, surtout des tons voisins, ce qui forme une musique dans laquelle, au lieu d'entendre les instruments, on n'entend que l'orchestre.

Gérôme a le privilège, particulièrement lorsqu'il concentre son rare talent sur une petite toile, de faire des morceaux accomplis, de véritables chefs-d'œuvre. J'en pourrais citer plus d'un, sans sortir de l'Exposition universelle : le *Santon à la porte d'une mosquée*, le *Bachibouzouk dansant*, le *Retour de chasse*. On ferait le tour du monde qu'on n'y trouverait pas une tête semblable à celle de ce fanatique stupide, aux lèvres tuméfiées et ouvertes, à l'œil hébété, qui se tient à la porte du temple avec l'immobilité d'une borne. Les babouches de toute couleur, laissées sur le seuil par les musulmans qu'on aperçoit en prière, dans le demi-jour de la mosquée, ne sont pas plus inertes que la cervelle de cet idiot. Il me souvient à ce propos qu'un soir, en voyageant sur le Nil, dans la haute Égypte, nous vîmes sur le rivage un santon vieux et à demi couché sur le sable, dans sa nudité sale et hideuse, et que le navire s'étant arrêté pour quelques minutes, Gérôme eut le temps de sauter à terre et de dessiner un croquis de ce saint, à la tignasse de laine blanche et aux membres ankylosés. Il n'est pas impossible que ce croquis ait servi à l'artiste pour peindre, avec une autre tête, bien entendu, son *Saint Jérôme.*

Quoi qu'il en soit, il excelle à caractériser les races, à faire, d'un individu choisi entre mille, le type de toute une espèce d'hommes. Ses bachi-bouzouks, par exemple, sont particularisés à merveille dans leur peau basanée et cuite, avec leurs yeux escarbouclés, leurs oripeaux, leurs fustanelles et leurs turbans hauts, chargés de passementeries de couleur.

La manière de Gérôme, dans ses petits tableaux, est à peu près celle d'Ingres. Ses chairs sont lisses comme si elles étaient vernies. La marche du pinceau ne se montre point ; elle se dissimule, au contraire, et cela donne à sa peinture un air peiné, *stanté*, que lui ôteraient quelques touches spirituelles, librement piquées, comme celles dont Téniers assaisonnait le rendu de ses figures à trogne et des ustensiles de son cabaret. J'ajoute que cet excès de polissure dans les carnations des *Femmes au bain* et du *Bain turc*, les fait paraître, tantôt en ivoire, tantôt en émail, leur enlevant ainsi la qualité première de l'exécution en petit, qui est l'extrême vérité.

Quant au *Retour de chasse*, il ne faut pas espérer qu'on trouvera mieux en ce genre, ni dans notre école, ni dans les écoles étrangères. Tout y est ravissant. Un jeune prince maure, un Abencerrage revient de la chasse, portant, sur la croupe de son cheval noir, un daim mort. Il fait halte devant une fontaine qu'ombrage un figuier, et dont l'architecture est surmontée d'une niche en stalactites, semblable aux voûtes de l'Alhambra. Le chasseur, vu de dos, la tête en profil perdu, s'est approché de la vasque pour y faire boire son cheval, et y regarder boire ses chiens, deux lévriers superbes, au pelage fauve, qui lapent avec délices l'eau frissonnante. Un petit rayon du couchant vient expirer sur cette fontaine, glissant sur les feuilles lustrées de l'arbuste, et s'accrochant aux alvéoles et aux menus pendentifs de la niche, de sorte qu'à l'excellence du faire, au choix du site, à la physionomie curieuse du chasseur et de ses bêtes, vient se joindre ici un sentiment vague, effleuré, mais exquis, de la poésie du soir.

Chez Meissonier, la poésie est tout entière dans la vérité, mais dans une vérité qui, pour d'autres, serait inaperçue et qu'il attrape par une observation raffinée. Chacun de ses personnages porte le caractère de son pays, accusé au plus vif; il a l'air de tête particulier à la province où il est né. Voilà un régiment de cuirassiers, qui ne sont pas seulement ceux du premier Empire, mais ceux de 1805. Chaque soldat a sa physionomie, j'allais dire sa biographie. Celui-ci a fait déjà plusieurs campagnes, il a été bronzé par le hâle; sa peau est devenue du cuir. Celui-là est ridé comme un vétéran; cet autre, tout jeune encore, a eu son avancement au choix. Il caresse son cheval qui piaffe dans la terre labourée.

Parmi ces cavaliers, rangés sur une ligne qui fuit en perspective et enfonce un triangle dans le tableau, il y a des masques énergiques et des masques bêtes, des figures fûtées et des têtes brutales. Il y a des Gascons, des Provençaux, des Picards, des Francs-Comtois, des Bretons, et on les reconnaît à je ne sais quelle nuance indiquée au bout du pinceau, avec une infaillible fidélité.

On a comparé l'œil de Meissonier à l'objectif du photographe ; mais ce qu'on n'a pas dit, c'est qu'il a aussi un instrument photographique dans l'esprit. A l'inverse de la machine, qui, semblable aux enfants terribles, vous rapporte ce qu'on ne lui demandait point, Meissonier fait un sévère triage parmi les détails, et il n'en laisse pas un qui ne contribue à la signification du tableau. Là est sa supériorité. C'est par là qu'il est inimitable.

Ce que nous aurions de la peine à dire dans une ou deux pages, Meissonier le dit quelquefois d'un trait. Voyez plutôt le *Peintre d'enseigne*. Il vient de terminer dans son arrière-cour, faute d'un atelier assez vaste, un Bacchus, à cheval sur son tonneau ; et il montre sa toile à un ancien camarade, grand fainéant, coiffé d'un feutre bicorne, qui a quitté le service, mais qui porte encore, sous sa redingote longue, à poches béantes, la culotte de peau du régiment. « Hein ! dit le peintre, que penses-tu de ce morceau ? » Le camarade, regardant la toile d'un air important, mâchonne entre ses dents un épi de blé, qui le dispense d'exprimer son avis, autrement que par un murmure inintelligible. Cet épi de blé me paraît un trait de génie, car il caractérise à lui seul la vie du flâneur qui veut se donner un air distrait et préoccupé, et qui fait encore des promenades *extra muros*, en mémoire de « la permission de dix heures ».

Le sentiment de la perspective est la seule chose qui souvent fasse défaut à Meissonier. Tantôt il exagère l'éloignement des objets ou des figures, comme il l'a fait dans ses *Joueurs de boule*, petit morceau délicieux, où le joueur qui va lancer sa boule paraît être placé à un kilomètre du cochonnet; tantôt il confond les premiers plans avec les derniers, comme dans le *Portrait du sergent*, autre peinture surprenante par le choix des modèles, qui tous ont vécu vers 1776, par le naturel des attitudes et le pittoresque des uniformes, restitués avec une érudition désespérante. Il faut ajouter, pour être vrai, que l'exécution de Meissonier n'a plus aujourd'hui la facilité apparente qu'elle avait autrefois, et que les anciennes qualités de sa touche ne se retrouvent guère que dans les œuvres de ses élèves : Meissonier fils et Detaille.

Une chose à remarquer, c'est que la vérité photographique commence à passer de mode. Les choses dont l'esprit se fatigue le plus vite sont justement celles qui ne le font pas travailler. Il n'est que l'âme du peintre pour intéresser toujours la nôtre. C'est parce qu'il y a compromis son cœur, que M. Hébert nous attire à sa peinture et nous captive. C'est par là qu'il nous rend aimable sa *Pastorella*, pauvre jeune pastoure, qui cache sa mélancolie maladive dans l'ombre d'un bocage plein d'idéal, et qui paraît si frêle sous le tartan rayé dont elle enveloppe sa douleur ! Quand la fièvre s'attaque à ces fortes races de la campagne romaine, elle leur enlève la rudesse native, elle les assimile aux natures les plus délicates, par la tristesse et par le pressentiment de la mort que trahit leur incurable pâleur.

M. Hébert est un peintre qui produit peu et

dont le talent semble atteint de langueur; mais ce talent révèle un artiste qui l'est jusqu'au bout des ongles. Il faut être artiste dans l'âme pour avoir peint la belle *Nymphe des bois*, qui n'a pour tout vêtement que le mystère dont elle s'entoure, et qui a bruni, chose étrange, en pleine forêt, comme la nymphe des prés brunit au soleil. Son beau corps n'a rien perdu de la plénitude de ses formes à demi divines; il n'a été altéré, celui-là, par aucune maladie, par aucun déchirement du cœur, et cependant il semble que l'âme de cette dryade, isolée dans les bois sourds, ait été attendrie par je ne sais quels rêves agrestes, qu'elle ait ressenti un frisson d'amour.

Mais quelle variété dans les tempéraments! Quelle différence d'un esprit à l'autre, et combien l'art est subjectif! Cette même nature des paysans sabins, qui se voile de mélancolie aux yeux d'Hébert, Bonnat ne l'a jamais vue que saine, forte et souriante. Il saisit en flagrant délit la coquetterie et le *scherzo* des fillettes qui montrent leurs dents blanches en folâtrant dans les bras de leur jeune mère. Chez lui, toute figure est bien portante. Ses tons sont aussi francs, aussi crus que ceux de la *Pastorella* sont rompus et délicats. Sa peinture est substantielle, corsée, grasse, autant que celle d'Hébert est fine, passée et voilée.

Oui, il existe cent manières de voir et de sentir les mêmes choses, cent manières de les bien peindre, et, de plus, cent manières d'être vrai en les peignant, tant il y a de facettes à ce prisme merveilleux qui colore la vérité dans l'art. Que de fois on nous a représenté l'Espagne et les Espagnols! Et pourtant, je trouve quelque chose de nouveau dans le *Départ des mariés* de M. Vibert, je veux dire une fraîcheur, une richesse de coloris, une gaieté de visages, auxquelles on ne nous avait pas habitués, et un entrain qui contredit un peu nos idées sur la gravité espagnole. Jamais, du reste, on n'a poussé aussi loin la recherche du caractère et les curiosités de la ressemblance individuelle. On passerait en revue toutes les populations des pays basques, de l'ancienne et de la nouvelle Castille, de l'Aragon, de la Catalogne, de l'Andalousie, de l'Estramadure, sans rencontrer un autre homme absolument semblable à tel ou tel personnage de M. Vibert, tant il a su, après avoir choisi curieusement chacun de ses modèles, pénétrer dans son moral, entrer dans sa peau, *intus et in cute*.

A mesure qu'on fouille dans les intimités de la vie, l'esprit devient plus nécessaire au peintre. M. Vibert en a beaucoup, mais il s'abstient d'en mettre trop. L'essentiel, en effet, dans la peinture de genre, n'est pas tant de montrer son esprit que de mettre le nôtre sur la voie et de faire croire au spectateur que c'est lui qui est spirituel. M. Worms a compris ce rôle à merveille. Une *Nouvelle à sensation*, le *Tambour de ville* sont des morceaux piquants, agréables, et d'une vérité dans laquelle chacun de nous met du sien. Ce sont des Meissonier plus libres, plus faciles, moins tendus. Je me suis arrêté un quart d'heure à regarder son *Départ pour la revue,* un petit chef-d'œuvre d'observation. C'est un officier de dragons, grand et droit, qui commence à parader dans son salon, devant madame son épouse, par laquelle il est complimenté sur sa bonne mine. Les manches à gigots de la dame, le mobilier du salon, les flambeaux de la cheminée (bronzes de Thomire) et le caractère des physionomies me transportent aux dernières années de la Restauration, à ce temps où il y avait encore du royalisme dans les allures et les habitudes civiles et militaires, et où le bon genre pour les officiers était d'aller prendre leurs rafraîchissements au café Bombarda, rue de Rivoli, vis-à-vis du pavillon Marsan, à ce café que Victor Hugo a si bien ressuscité dans les *Misérables*.

Chaque époque a son tour d'esprit, ses modes morales, et c'est à cela que regardent les vrais artistes; c'est cela qu'ils doivent évoquer. Charles Comte, Anatole Vély, Vetter, Firmin Girard, Jules Goupil, me semblent avoir saisi la physionomie morale dont je parle, dans les époques de Louis XI, des Valois, de Louis XIII et du Directoire.

Le premier s'est fait un nom dans cette variété de l'ethnographie qui s'attache à l'historique des mœurs dans notre pays, plutôt qu'à leur actualité chez les divers peuples. Vous demandez ce qu'est la *Récréation de Louis XI?* elle consiste dans le spectacle de deux petits cochons savants, que l'on fait danser, l'épée au côté, un béguin sur la hure, pour amuser le vieux roi, émacié et moribond, pendant qu'un bohémien bat la mesure avec un galoubet et un tambour. Le malade ébauche la grimace d'un sourire, le médecin prend un air de pitié, et deux moines qui, tout à l'henre, réciteront l'office des morts, regardent du coin de l'œil ce menuet grotesque. Les hallebardiers pouffent de rire, et la femme du bohémien, une gipsy basanée, aux hardes voyantes, cache sous ses jupons les acteurs vêtus de soie, qui vont bientôt doubler les premiers rôles. On ne peut faire mieux.

La photographie a popularisé ce charmant tableau, si délicat d'intention, si bien touché, si attachant, que M. Anatole Vély appelle le *Premier pas*, et qui est un vivant symbole des frémissements qui agitent le cœur d'une jeune fille au moment de franchir ce petit ruisseau rocailleux, mais limpide encore, qui sépare la vie en deux. Ici, les galants costumes de Henri II, portés par un beau jeune homme et par une jeune personne qui craint de mouiller sa traîne de soie, ne font que recouvrir l'histoire de la jeunesse dans tous les pays et dans tous les temps. J'admire aussi les *Fiancés* de Firmin Girard. Ce tableau qui est, par-dessus le marché, un prodige d'exécution, fait revivre à nos yeux une famille contemporaine de Bassompierre, une de ces familles de province qui n'ont rien à voir avec les gravelures que nous a contées la mauvaise langue de Tallemant des Réaux, une de ces familles où tout se passait avec dignité, avec décence, où la tendresse s'avouait timidement au détour des chastes allées, où l'amour, même *accepté*, comme dit Molière, avait quelque chose d'empesé comme la collerette de la damoiselle, comme la manchette du gentilhomme.

Les *raffinés* de Louis XIII ont un autre caractère et ne sont rien moins que naïfs. Celui qu'a peint, avec tant de finesse et de goût, M. Vetter, est un homme de cour. La nuance en est bien sentie. Toute cette époque, d'ailleurs, est parfaitement connue du peintre, témoin son *Mazarin*, qui, en jetant un dernier coup d'œil attristé sur sa galerie de tableaux, soupire le *linquenda tellus et domus*. Quant à M. Jules Goupil, d'après le caractère qu'il donne à ses figures, on dirait qu'il a vécu sous le Directoire, dans un temps où la beauté s'était démocratisée en traversant la Révolution.

On aurait sans doute mauvaise grâce à ne pas encourager ceux qui lisent de préférence notre histoire pour y trouver des sujets de peinture et y choisir des anecdotes selon leur esprit, des personnages selon leur goût. Mais chacun a le sien, et pour mon compte, si je pouvais me composer une galerie, sauf à la pleurer un jour comme Mazarin, je serais attiré vers les peintres qui me transportent, par exemple, à Pompéia, le jour où s'y promène, sur la voie des Tombeaux, la fille de Diomède avec ses suivantes, ou qui me font assister à un de ces *bains d'été* qu'il n'est permis de voir qu'en peinture, d'autant que les nus de Gustave Boulanger sont mieux peints que ceux de Gérôme, moins agatisés, plus palpitants. J'aurais aussi un faible pour les Vestales de M. Hector Leroux et pour le *Miracle chez la bonne déesse*, tableau à la fois antique et intime, plein de solennité et de tendresse, peinture silencieuse, pâle, et touchante dans sa pâleur. J'emploierais mon argent mignon à me procurer les *Pèlerins* de Santai, une peinture de Sain, retour de Naples, le *Cardinal bénissant*, par Lebel, un *Couvent* de Gide, et, en général, ce qui rappelle l'Italie.

Dieu me préserve, pourtant, d'enlever aux autres le plaisir qu'ils éprouvent à voyager dans le Finistère avec Jules Breton, à regarder ses études pour le *Grand Pardon*, qui fit tant d'effet, il y a neuf ans; à suivre de l'œil sa *Glaneuse*, robuste, fière et triste, qui porte sa gerbe sur l'épaule avec la dignité d'une déesse déchue, vouée par le Destin au plus misérable des travaux rustiques, et condamnée à traverser l'existence pour n'en connaître que l'amertume, pour n'en boire que la lie! Il y a des figures qui sont à elles seules un poème. Je dis cela aussi pour la *Fleur de mer* de Feyen-Perrin, qui met de l'âme dans tous ses ouvrages et qui nous montre les spectacles les plus vulgaires à travers une légère gaze de poésie, pourvu qu'il s'y trouve des femmes, car il aime à les peindre, riches ou pauvres, Parisiennes au bord de l'Océan, ou Cancalaises revenant de la pêche; il aime, dis-je, à les peindre, et toujours secrètement émues, les yeux pleins de rêves.

Tout autre est son frère, Eugène Feyen. Celui-là ne paraît pas avoir l'âme bien sensible, ni le cœur troublé; mais en revanche, ce qu'il a vu, il le raconte à ravir avec une vérité incomparable et d'une touche superfine. Ses *Glaneuses de la mer*, qui cherchent des huîtres à la marée basse, n'inspirent ni un sentiment de compassion, ni une velléité de tendresse, ni un désir.

Aussi bien le peintre nous les représente à une si grande distance, que si nous voulions aller vers elles, en marchant sur la grève humide, elles auraient disparu derrière une falaise avant que nous pussions les rejoindre. Mais quelle indicible finesse en chacune de ces figurines, qui se précisent, bien qu'elles soient plongées dans le vague de l'air ! Plus l'artiste en diminue la proportion, plus elles sont délicatement finies, justes de mouvement, avenantes par la grâce sous-entendue et devinée de leurs jolis minois, aperçus dans l'éloignement, et par leurs jambes nues dont elles ignorent l'élégance. C'est une perle sans prix que le tableau des *Glaneuses de la mer* : on peut le couvrir de billets de banque à plusieurs couches : on ne le paiera point ce qu'il vaut.

Quelle que soit notre admiration pour les vieux Hollandais, nous devons convenir que plusieurs des nôtres les ont bien souvent égalés, sinon dépassés, et que la *Tentation* de M. Louis Leloir, par exemple, ne le cède en rien aux peintures qu'en aurait pu faire, même un Metsu, même un Terburg, sans compter que nos Français savent mettre dans leurs sujets familiers ou anecdotiques, un appoint d'esprit qui n'y gâte rien, lorsqu'il est discrètement ajouté. Heureux après tout, les peintres de genre ! Ils sont aimés, vantés, cotés à la bourse de la rue Drouot, cousus d'or, pour la plupart, et comblés d'honneurs, tandis que les artistes assez naïfs pour attacher encore du prix à l'expression des pensées qui comportent le style, font péniblement et obscurément leur chemin, et n'arrivent que bien tard, quand ils arrivent ! Soit dit à l'adresse des ministres qui, au lieu de compenser les rigueurs de la fortune par de hautes marques de considération, laisseraient aller l'eau à la rivière, commettant ainsi ce genre d'injustice auquel les Italiens font allusion, lorsqu'ils disent dans leur charmante langue : *Piove sul bagnato :* « Il pleut sur le mouillé ! »

IV

Un jour que nous nous promenions avec un Napolitain, dans les rues de Naples, nous fûmes attirés d'assez loin par un bruit étrange, désagréable au possible, qui partait d'un ancien monastère, et qui devenait horrible à mesure que nous approchions. Cent instruments divers, violons, flûtes, clarinettes et basses, cors et trombones, ophicléides et timbales, et vingt pianos brochant sur le tout, remplissaient l'air de sons discordants, grinçaient, criaient, pleuraient, ronflaient, éclataient « à écorcher le tympan d'un quinze-vingts », comme dit Rousseau. « Juste ciel! dis-je à mon compagnon, quel est cet affreux charivari ! — C'est notre Conservatoire de musique, me répondit tranquillement le Napolitain. Cela peut vous étonner, mais il est facile de s'en rendre compte. Pensionnaires et professeurs, commençants et virtuoses, réunis dans le même local, montent à la fois leurs instruments, essayent à la fois leurs embouchures, accordent leurs pianos, s'exercent à la vocalise, étudient le solfège, décrochent leurs notes, chantent leurs cavatines, et c'est de là que vient cet épouvantable tohu-bohu de sons qui vous déchire les oreilles... Mais, voyez ce que c'est que l'habitude, les professeurs et les élèves du Conservatoire vivent très bien au milieu de ces grincements, de ces cris, de ces pleurs, de ces roulades, de ces tapages. Chacun est à sa musique, chacun n'entend que ce qu'il veut écouter, et finalement tout va pour le mieux... »

Oui, tel est l'empire de l'habitude, que nous ne sentons plus ce qu'il y a de sauvage à rassembler et à juxtaposer, dans une suite de salles contiguës, trois mille objets d'art qui, jouant chacun leur air, exécutent trois mille musiques à la fois ! Sans doute, tant d'ouvrages ne sont pas entassés brutalement. Ils sont rangés avec ordre, avec une certaine symétrie, mais cet ordre est tout simplement un ordre optique, cette symétrie est celle qu'indiquent les dimensions matérielles de la toile ou du papier, la forme des cadres, la hauteur des marbres, de sorte que ces arrangements méthodiques, amenés par le nombre des centimètres et par le besoin d'une pondération rudimentaire, produisent, en fin de compte, un dédale inextricable, une bigarrure fatigante pour les yeux, fatigante pour l'attention, accablante pour l'esprit.

Le public, il est vrai, ou du moins le gros du public, qui vient là uniquement pour son plaisir, ne souffre pas de ce qui nous offusque, de ce qui nous blesse. Il regarde comme la chose du monde la plus naturelle ce capharnaüm systématique, ce chaos régulier, parce qu'il lui est permis, après tout, d'en laisser et d'en prendre ce qu'il lui plaît, de s'arrêter où il veut, de négliger ce qui ne l'amuse pas, de passer outre quand bon lui semble. Mais l'écrivain qui est chargé, comme nous le sommes, d'exprimer son sentiment sur cette vaste exhibition, de signaler les plus remarquables de tant d'ouvrages, déjà triés sur le volet, et dont pas un n'est indigne de ses compliments ou de sa colère, celui-là, dis-je, est obligé de tout regarder en conscience, de faire mentalement des comparaisons entre les objets les plus éloignés, de multiplier les études et les analyses. Il doit donc se résigner à une lassitude extrême, aux douleurs du torticolis, à la courbature des membres et à la courbature du cerveau. Ces fatigues, ces douleurs et ces deux genres de courbatures seront notre excuse auprès des lecteurs, auprès des artistes, si nous n'avons pas encore parlé, faute de les avoir vues, de certaines toiles qui cependant nous crevaient les yeux, et si des peintres distingués et connus ont été jusqu'à présent passés sous silence, qui auraient dû être salués par nous dès le premier jour.

Nous avons d'autant plus besoin d'être pardonné que quelques-uns de nos oublis, s'ils n'étaient pas réparés, seraient impardonnables et même inconcevables. MM. Mazerolles, Ranvier, Baader, Barrias, Eugène Thirion, Lecomte-du-Nouy, Émile Lévy, Aubert, Joseph Blanc, Cormon, Eugène Delacroix (si digne par la fierté de son dessin de porter le nom qu'a illustré un grand coloriste) pourraient nous dire, — et ils auraient bien raison — : « Puisque vous avez tant de goût, tant de partialité pour la peinture de style, comment se peut-il que la nôtre n'ait pas plus tôt attiré votre attention, car enfin nous avons cherché et préféré, dans l'art, ce que vous y cherchez, ce que vous y préférez vous-même : la draperie et le nu ! »

Ils sont, en effet, dignes d'éloges, à des titres divers, les ouvrages de tous les artistes que nous venons de nommer. Il s'y trouve de belles parties de nu, des formes châtiées, une recherche intéressante de ce qui n'est pas la réalité de tous les jours. La *Filleule des Fées*, composée par Mazerolles, avec pompe, avec richesse, pour la manufacture des Gobelins, a déjà l'air d'une noble tapisserie qui aurait été commandée par Colbert à l'intention de Louis XIV. L'*Écho* de M. Ranvier est une figure pleine de grâce, qui fut remarquée au Salon, il y a cinq ans, comme l'œuvre d'un artiste amoureux du style, et dont la délicatesse est raffinée. Il y a une grande tournure et comme un ressouvenir des fresques les plus héroïques dans la *Délivrance* de Joseph Blanc, tableau clair et fier, qui représente Roger à cheval, sauvant l'Andromède du romantisme, la belle Angélique. Les petites figures de lutteurs, groupées autour de la fontaine qu'on appelle à Rome *Meta sudans*, ces figures si finement dessinées par M. Émile Lévy, et si finement modelées, pour la plupart en plein soleil, ont toutes, vieilles ou jeunes, une physionomie juive, et nous transportent à Jérusalem plutôt qu'à Rome, où le cirque était rempli d'esclaves de tous les pays : Africains, Grecs, Daces, Pannoniens, Sarmates, Gaulois et autres. Du reste, les proportions de la scène ont été bien choisies, et je regrette à ce propos que la *Cryptie* de M. Baader ait été peinte de grandeur plus que naturelle, car son robuste talent s'y est un peu délayé et affaibli. Sur une toile moindre, il aurait pu nous montrer l'ilote qui va défendre la vie de sa femme et de son enfant contre les massacreurs spartiates, pénétrant armés dans la crypte qui est la demeure de l'esclave et qui va devenir sa tombe.

Bien choisir les proportions d'un tableau, c'est une des premières lois de l'art, et les artistes doivent y songer d'autant plus que, dans la mesure de leur toile, se trouve souvent la mesure de leurs forces. Il y a, dans la *Salpêtrière* de M. Tony Robert-Fleury, des figures de folles, admirables d'expression et belles encore malgré l'égarement de leur esprit, malgré leurs désespoirs imaginaires. Mais, en réduisant les dimensions d'un spectacle si bien présenté, d'ailleurs, et si bien senti, l'auteur en eût augmenté l'intérêt, doublé la valeur. On en pourrait dire autant de l'*Entrée de Mahomet II à Constantinople*, car en donnant à son tableau une immensité inutile, M. Benjamin Constant a dû mettre, sur le premier plan, des colosses dont les formes se débrouillent malaisément, il a dû éparpiller l'éclat de ses couleurs, au lieu de le concentrer. Il faudrait une reculée de 15 mètres, au moins, pour embrasser l'ensemble de cette vaste peinture où brille le coloris d'Eugène Delacroix, tempéré par celui de Gros, et dont chaque figure, prise à part, est malheureusement plus belle que le tout. Chez les grands maîtres, au contraire, le tout l'emporte sur les parties. Je recommande cette observation à un jeune coloriste plein de sève, plein d'avenir, M. Fernand Cormon, déjà rompu aux décorations murales. Ce sont les élèves qui excellent ordinairement dans le morceau.

Mais que d'omissions encore, que d'oublis dans le domaine de l'histoire et dans celui du genre! Comment éviter les reproches de ceux dont les ouvrages ont échappé, le premier jour, à nos regards! Que penseront de nous tant d'artistes éminents : M. Patrois, l'auteur ému et savant de *Jeanne d'Arc allant au supplice*; M. Luminais, qui peint les anciens Gaulois comme s'il eût été élevé lui-même chez les druides; M. Perrault, qu'on pourrait prendre pour un Bonnat plus doux, en voyant son *Miroir naturel*; M. Protais, qui a son habit couvert de chevrons, comme il sied au peintre ordinaire de nos troupiers; M. Bouvier, qui a eu l'idée poétique de représenter le *Printemps* sous les formes d'une jeune fille apparaissant, fleur vivante, sur l'arbre encore dépouillé, mais déjà bourgeonnant, de l'Hiver; M. Olivié, si énergiquement expressif dans le tableau de la *Question*, où l'on voit des juges imbéciles et barbares torturer un accusé nu, suspendu et râlant, pour lui arracher des aveux; M. Lecomte-du-Nouy, auquel il faudrait consacrer plusieurs pages si l'on voulait apprécier tous les tableaux que lui ont inspirés la Grèce antique et l'antique Égypte; et M. James Bertrand, qui met tant de délicatesse à peindre ses héroïnes de prédilection, la *Madeleine* de l'Évangile, la *Marguerite* de *Faust*, et cette belle *Virginie* que les flots ont jetée sur le rivage, et qui conserve sa grâce, sa pudeur au sein de la mort ; et M. Van Marcke, qui a hérité de Troyon la principauté des pâturages ; et M. Servin, que personne ne surpasse dans l'art de rendre les animaux en plein paysage ; et M. de Vuillefroy, qui a brossé en grand des troupeaux de bœufs morvandais ; et M. Washington, successeur de Fromentin ; et tant d'aimables peintres de genre, pétris de talent, Mouchot, Lewis Brown, Max Claude, Fichel, Gustave Jundt, Caraud, Duverger, Berne-Bellecour ! Ce dernier, qu'on a si souvent accusé du péché de photographie, n'a certainement trouvé dans aucun objectif son remarquable tableau du *Désarçonné*.

Venons au portrait. Il est naturel de penser qu'au sein d'une école où la peinture s'est perfectionnée dans le sens de l'imitation, le portrait sera devenu une des branches les plus florissantes de l'art. Il en est ainsi, en effet ; mais ce n'est pas seulement parce qu'on a poussé aussi loin que possible la peinture imitative ; car il ne suffit pas d'imiter la forme, de la serrer de près, de la modeler juste et ferme, il faut encore en démêler le caractère et la mettre en relief en élaguant ce qui est inutile, en écartant les détails encombrants, qui empêcheraient de voir l'essentiel, en ayant soin de supprimer ce qui est insignifiant, et, à plus forte raison, ce qui contredirait la physionomie dominante. S'il arrive si souvent que le portrait photographique d'un homme ou d'une femme ne lui ressemble pas, c'est que l'instrument est incapable de choisir, et qu'il ne nous donne que la ressemblance momentanée, au lieu de la ressemblance générale, qui est la seule vraie, tandis que le peintre cherche et trouve, ou bien devine, le moment où son modèle se ressemble le plus à lui-même, et qu'il parvient ainsi à résumer, dans le récit d'un jour, le récit de toute une vie.

Il est pourtant des circonstances qui tiennent une si grande place dans l'existence de tel personnage promis à l'histoire, que le peintre peut y rattacher l'expression d'un portrait, au détriment, s'il le faut, de l'expression ordinaire. Tous ceux qui ont connu M. Thiers savent combien il était vif, pétulant, ferme sur les étriers, et que même, dans les revers qui lui étaient personnels, il réagissait contre la mauvaise fortune par sa bonne humeur, s'échappant en saillies heureuses, toujours spirituelles, rarement amères. Ce n'est pas là, cependant, ce que Bonnat a mis en lumière dans son excellent portrait de M. Thiers. Il l'a vu et il a choisi de le peindre en un de ces moments terribles où, tout entier aux malheurs de son pays, il sentait peser sur sa tête le fardeau d'une responsabilité formidable, et s'arrêtait debout, immobile, l'œil fixé sur cette personne morale qui est la patrie. En exprimant ce regard intérieur, cette douleur contenue, cette préoccupation profonde et tragique, Bonnat est arrivé à faire une œuvre vraiment historique, un chef-d'œuvre.

Et il est à remarquer aussi qu'il a tempéré pour cette fois sa manière abondante, pâteuse, juteuse, pour en adopter une plus tranquille et plus discrète, ne mettant quelques épaisseurs que sur les clairs les plus vifs, quelques traînées légères sur les luisants de l'ongle et le bout des doigts. La main gauche appuyée sur la hanche, le bras droit pendant de tout son poids, M. Thiers est momentanément silencieux, mais il parlera tout à l'heure, car il est vivant et parlant.

Quand un portrait n'est peint que jusqu'aux genoux, l'on conçoit encore que le fond en soit vague et qu'un simple frottis, surtout s'il est d'un ton sombre, en fasse tous les frais. Mais lorsqu'un modèle est en pied, comme Mme Pasca, on doit savoir où il est, et on doit nous le dire, ou du moins nous l'indiquer. Il y a comme une affectation de négligence à laisser vide un bon tiers de la toile, et à nous représenter une artiste aussi distinguée, dans sa toilette à traîne de soie blanche, coupée de fourrures noires, sans nous faire savoir si elle passe le long d'un mur de prison, ou si elle a derrière elle une tenture incolore, ou si elle se détache avec tant de précision sur une fumée noirâtre. Même brouillard dans le portrait d'une dame, vêtue de sa robe de faille bleu clair. Bonnat y est revenu, plus résolûment que jamais, aux empâtements qu'il affectionne, mais il faut convenir que ces épaisseurs brutales, dont les grumeaux viendraient au moulage, ne sont pas pour ajouter de la noblesse au modèle et du prix à la peinture, car cet étalage de pâte, ces clairs de la soie, rehaussés d'une couleur grasse et, pour ainsi dire, fromageuse, sont l'opposé de la délicatesse qu'on désire naturellement dans un portrait de femme.

Plus réservée et plus fine, l'exécution d'un autre portrait de Bonnat, celui d'une Mme F.-B. en robe de satin noir, semble être un compromis entre le faire habituel du peintre et celui de Cabanel. Par la suavité, par la distinction de sa manière et par un sentiment inné de l'élégance, Cabanel était prédestiné à réussir particulièrement dans les portraits de femmes. Les modèles qui vont le mieux à sa palette et à son esprit sont les dames du monde, celles dont la principale occupation est de conserver leur beauté en nature, et de la voir célébrer en peinture. C'est pour lui un jeu et un bonheur que d'assortir la souplesse de son pinceau à la grâce de ses modèles. Un portrait qui demanderait des plans accentués, un dessin incisif, de l'énergie, de la fierté, une de ces physionomies qu'il faut enlever à l'emporte-pièce, ne serait pas son fait. Sa peinture coulante, sans rugosité, sans heurt, semble inventée tout exprès pour effleurer l'expression du regard, glisser, comme le *cold-cream*, sur les finesses de l'épiderme, passer légèrement sur les lèvres d'une bouche qui parle peu, modeler de beaux bras et des mains fines, en opposant à la clarté des chairs les tons étouffés du velours.

Les dames qui ont posé devant Cabanel ne nous sont connues que par des initiales, et bien que leur nom ne soit pas un mystère, nous ne voulons pas le savoir. Don César aurait pu se mettre à la porte de Cabanel,

> Pour regarder entrer et sortir les duchesses.

Celle-ci, représentée avec ses deux enfants, forme un tableau singulier, dans lequel, à l'inverse de ce qu'on voit ordinairement, le centre, rendu sombre par la masse d'une robe noire, est entouré de parties lumineuses, de façon qu'au lieu de se concentrer, l'œuvre se disperse. Celle-là porte avec une certaine coquetterie une tunique de soie vert d'eau, qui trouve sa couleur complémentaire dans un coussin rose; l'on dirait à sa pâleur qu'elle est un peu fatiguée, non pas de la vie, mais par les bonheurs de la vie. Une autre, que le livret appelle la duchesse de V., est une image vivante de la Rêverie, dans une nature aristocratique. L'expression de ses traits, sur lesquels a passé une grande émotion, est celle de la dignité attendrie.

A côté, mais au-dessous de Cabanel, entre lui et Bouguereau, tient une place honorable leur élève, M. Cot, sans avoir ni la distinction du premier, ni la haute main du second. Par un certain côté bourgeois, ses portraits doivent plaire aux uns autant que déplaire aux autres. Celui de la maréchale de Mac-Mahon est bien, mais c'est tout. Pour avoir le portrait fin, charmant, attrayant, d'une jolie femme, je m'adresserais volontiers à M. Parrot, ou à M. Giacometti, ou à M. Eugène Thiron, ou à M. Émile Lévy, et, s'il s'agissait d'une tête à caractère, j'irais trouver M. Jules Goupil, en le priant d'observer, toutefois, qu'il faut un fond quelconque à une figure en toilette, parce que l'absence de fond donne à un portrait l'air d'une simple étude. Que si une dame avait la fantaisie de se faire peindre en Égyptienne, après un bal travesti où elle aurait attiré les regards, je lui indiquerais Landelle, mon ancien camarade à l'atelier de Paul Delaroche, en l'autorisant à se dire envoyée par un ami.

Pour ce qui est des portraits d'hommes, il est assez singulier que les femmes y soient si habiles alors que leur délicatesse devrait les rendre plus propres à peindre des personnes de leur sexe. La vérité est que Mlle Nélie Jacquemart a d'autant plus de talent, qu'elle s'attaque à des natures plus viriles, et que son portrait de M. Dufaure est à la fois un des meilleurs de l'Exposition universelle et un de ses meilleurs, à elle. Cette fois, il est vrai, le modèle se chargeait d'avoir du caractère à haute dose, un caractère qu'il était facile d'accuser, puisqu'il s'accusait lui-même si fortement. On rencontre quelquefois des hommes qui cachent un fonds de sensibilité sous une écorce rude, des hommes dont la bienveillance même est bourrue. Aussi quand une bonne parole s'échappe de leur bouche, on y est plus sensible qu'on ne le serait aux compliments les plus empressés de tout autre. M. Dufaure est représenté ici tel qu'il est, presque toujours pensif, absorbé, l'œil couvert par un sourcil en broussaille, les lèvres gonflées par une moue qui tient le visiteur à distance, la cravate négligée, les mains croisées sur les genoux, mains sillonnées de rides, et encore ternies par la poussière des dossiers du palais ou des papiers d'État. On peut écrire sur ce portrait le *ne varietur*.

Ce sont des femmes aussi, — Mme Henriette Browne et Mme Félicie Schneider, — qui ont fait les portraits remarquables de M. Surville et de M. Mercier. Celui-là est frappant; celui-ci est exécuté d'une touche libre mais voulue, avec des hachures adroitement perdues, qui, à travers la peau, laissent transparaître le sang et transpirer la vie. Cependant, les ouvrages dont je parle n'ont pas encore le degré de force et d'intensité dans le vrai, auquel ont su atteindre des peintres tels que Jules Lefebvre et Schutzenberger. Le premier, dans le portrait de M. Léonce Reynaud, a mis un caractère surprenant, un relief de ronde-bosse, un accent merveilleux de vérité et de vie, auquel contribuent singulièrement quelques rouéries de métier. La toile n'étant que légèrement frottée dans les demi-teintes, le menu grain du tissu sert à exprimer les racines de la barbe récemment rasée. Le second est allé aussi loin que possible dans le portrait de son père, vieillard chauve, à l'œil vitreux et perçant, aux rides de marbre, qui, suivant l'expression romantique, doit avoir l'âme chevillée dans le corps, et à qui l'Éternel aurait pu dire : « Je te ferai devenir une nation » (style biblique).

D'autres qualités distinguent les portraits de Henner. Ils sont, comme ses figures mythologiques, plongés dans un bain d'air tiède, et vivants par la pensée. Nous avons dit quelques mots de ceux qui ont été exposés par Élie Delaunay pour la plus grande joie des amateurs de peinture ; mais nous n'avons pas encore parlé de Carolus Duran, peintre inégal, capable de s'élever au chef-d'œuvre et de descendre aux vulgarités d'une pochade comme celle de l'*Enfant bleu*. Faute d'avoir employé sans doute de saines couleurs, ou d'avoir peint sur une toile de bonne imprimure, il a dû voir lui-même que ses portraits fameux de sa femme et de Mme Feydeau avaient poussé au noir, et que certains tons d'un jaune précieux paraissaient maintenant tournés et délavés. Quand il s'abandonne aux crâneries de sa manière, parfois lâchée et strapassée, Carolus Duran a l'air d'un artiste qui ne veut pas ou qui ne sait pas finir. Mais s'il prend la peine d'aller jusqu'au bout, de serrer son exécution, de calculer son effet, il lui arrive de produire des morceaux excellents, par exemple la figure d'une comtesse anonyme, sur un fond noir de tapisserie fanée, et de racheter par là ce qu'il y a d'insuffisance dans le portrait de M. Émile de Girardin, portrait dont la toile est inutilement vide et le faire sensiblement creux. Passe encore de négliger un fond de mer dont les eaux planes s'étendent à perte de vue, parce qu'un sacrifice pareil profite au portrait de Mlle Croizette, se détachant en pleine vigueur sur la plage, dans son costume noir d'amazone. Mais la négligence, aujourd'hui, n'est pas la tendance générale de l'École française, et il faut l'en féliciter, malgré la protestation des *impressionnistes*.

Puisque l'occasion s'en présente, nous dirons, de ces jeunes révolutionnaires, qu'ils n'ont pas tout à fait tort, car c'est une idée juste que celle de noter rapidement devant la nature les impressions qu'on éprouve là où elle nous offre un spectacle imprévu et piquant, n'eût-elle que pour un instant intrigué nos regards. On est sûr, en agissant ainsi, de mettre le doigt sur l'essentiel, de s'habituer à sacrifier l'accessoire au principal, à prendre le résumé des effets, l'abrégé des choses, et, pour ainsi dire, l'algèbre des formes. Mais ce qui est bien entendu pour une étude, ne saurait constituer un tableau, et l'erreur des *impressionnistes* est justement de nous donner pour des tableaux, des œuvres hâtives qui ne sont que des études.

Les plus malins de la troupe, au surplus, n'ont pas pris le change, et M. Bastien-Lepage, qui appartient, si je ne me trompe, à ce groupe de novateurs, s'est habilement défendu d'obéir aux principes de la jeune École, lorsqu'il a peint le portrait si profondément sincère et si naïf de son grand-père, où, en enlevant clair sur clair, il a chargé le fini, au lieu d'ébaucher la charge.

Sans aller à aucun excès et en se tenant dans un milieu raisonnable, M. Dubufe père s'est fait un nom comme portraitiste, et par la célébrité de ses modèles, il a doublé la renommée de ses portraits. A parler franchement, quand il exposa ceux du prince Demidoff, en veston de velours noir, et de M. Mosselmaun (appuyé sur le dossier de sa chaise et fumant un cigare), Dubufe s'était élevé plus haut qu'il n'est aujourd'hui. Lefuel, Augier, Gounod, Alexandre Dumas sont sans aucun doute fort ressemblants et d'une vérité qui de loin nous appelle. Toutefois, à y regarder de bien près, Lefuel est plus fin, Augier moins ravagé, Gounod plus éclairé dans les yeux et Dumas plus futé. Quant au portrait de Philippe Rousseau, il est admirable de tout point. Rousseau n'a guère mieux peint la nature morte que Dubufe n'a peint ici la nature vivante, et c'est beaucoup dire!

Là ne finit point la série des portraits les plus notables de l'Exposition universelle. Il faut parler encore des deux princesses polonaises que Gigoux a peintes dans le même cadre, d'une façon tout à fait magistrale et avec un sentiment profond des lois pittoresques. Gigoux n'est pas seulement un maître peintre ; il est aussi un maître professeur, car il a formé de nombreux élèves qui tous sont marquants. A son École semblent se rattacher ceux qui écrivent les principaux plans avec fermeté, tout en enveloppant la forme, sans jamais entrer dans le menu du détail, comme le fait, par exemple, M. Gaillard. Ce graveur, devenu peintre, me rappelle de Laberge par la résolution qu'il a prise de tout dire, de ne rien omettre dans les choses que son œil aperçoit, d'être véridique à outrance, de compter les poils, de s'arrêter aux moindres gerçures de la lèvre, aux moindres plis de la peau, de revenir enfin, mais avec supériorité, à la manière du fameux Denner; je dis avec supériorité, parce que M. Gaillard, remontant aux artistes du quinzième siècle, Antonello de Messine et Pier della

Francesca, met, dans ses effigies burinées au pinceau, je ne sais quelle saveur de goût florentin qui est une équivalence du style.

Il convient, enfin, de mentionner avec honneur les portraits de Tony Robert-Fleury et du compositeur Lenepveu, par Machard ; ceux des peintres Cambon et Bonnegrâce, par eux-mêmes ; celui de M. Bourée, l'ancien ambassadeur, par M. Quesnet ; celui de feu Martinet, que ressuscite la peinture de M. Pierre Dupuis ; surtout ceux de Paul Dubois, statuaire, dont les tableaux auront un jour autant de valeur que ses sculptures.

Qu'il nous soit permis, maintenant, de nous reposer un peu sous les arbres !

L'immense domaine du paysage se divise en deux provinces, dont l'une appartient aux poètes, et l'autre est explorée par des géographes. Dans la première se rencontrent les maîtres les plus illustres du passé, même ceux des Écoles vouées au naturalisme : le vieux van Eyck, si curieux dans ses jardins imaginaires ; Breughel de Velours, qui peignit tant de fois le paradis terrestre ; Elzeimer, si touchant, si étrange ; Paul Bril, si sauvage ; Poelenburg, qui inventait des eaux si mystérieuses pour y faire baigner les nymphes. de Diane; Alexandre Kiérincx, qui nous reporte aux premiers moments de la terre heureuse; Fouquières, qui aimait tant les solitudes obscures des grands bois, et le majestueux Poussin, et le pathétique Ruisdael, et le sublime Rembrandt, et le sublime Claude.

Tous ces artistes avaient *un petit coup de hache dans la tête*, comme disait Diderot. Ils n'ont pas dressé un procès-verbal de la nature : ils l'ont décrite en la transformant, en la colorant, chacun selon son cœur. Ils n'allaient pas dans la campagne pour y peindre des vues, comme font la plupart de nos paysagistes, — et je ne parle pas des moins habiles, — Hanoteau, Camille Bernier, Berchère, Ségé, Busson, Gosselin, Brissot de Warville, Harpignies, Émile Breton, Isenbart, Watelin, Mesgrigny, Armand Beauvais, Flahaut, Paul Robinet, Cassagne, Lansyer, Veyrassat, Masure, qui nous racontent avec une tranquille fidélité leurs promenades à travers les champs et les bois ou sur les grèves de la Méditerranée.

Si le paysage est purement descriptif, rien ne nous presse d'aller voir au Champ de Mars ce que nous pouvons admirer dans la nature, sous le soleil du bon Dieu. Parmi nos peintres, il est vrai, plus d'un se distingue par le choix du site, et, par exemple, MM. de Curzon, Ségé, Bernier, Berchère, Amédée Rosier, ont cherché en Grèce, en Égypte, à Venise, en Bretagne ou ailleurs, des effets rares qu'ils ont rendus avec un rare talent. D'autres, comme Émile Vernier, Lavieille, Groiselliez, Moullion, semblent avoir ressenti, devant la campagne, une certaine mélancolie, un secret ennui, ou bien un effluve du printemps, un souffle d'amour, et leur peinture nous en fait discrètement la confidence. Il en est qui, se reposant sur la nature du soin d'exprimer quelques-uns des vagues sentiments de l'âme universelle, se contentent, comme Hanoteau, de l'imiter avec une vérité prestigieuse et prodigieuse. Personne, assurément, parmi les plus fameux Hollandais, n'eût poussé à une telle énergie le rendu des arbres, des animaux, et des fabriques, des coups de soleil qui tombent sur le toit mal tenu d'un moulin en brique, sur les poules de la basse-cour, sur la croupe d'un cheval blanc, sans toucher à un petit troupeau de cochons qui sont éclairés, dans la pénombre, par le brillant de leurs soies. Cependant, il est à noter que les plus connus, les plus célèbres de nos paysagistes sont encore ceux qui ont pris pour compagne la poésie : Corot, Rousseau, Daubigny, sans parler des fondateurs de l'École moderne, Cabat, Diaz, Jules Dupré. N'est-ce pas aussi parmi les poètes qu'il faut ranger M. Léon Pelouse, depuis qu'il a mis en lumière cette *Coupe de bois*, tant admirée et si admirable, dans laquelle on voit éclater, derrière les branches dénudées, un magnifique ciel rose, formant un triomphe de couleur aux approches de l'hiver?

Français, qui fait de si merveilleuses études, ne les a jamais exposées : il ne montre au public que des tableaux qui ont traversé son esprit ou qui sont le reflet de ses souvenirs. Très habile à dessiner des figures nues, il les introduit dans son paysage, avec une haute intention de style, et il dégage de la nature un certain idéal, après l'avoir pénétrée dans le fin fond du réel. Ils s'appellent *Daphnis et Chloé*, ces deux jeunes amoureux sans le savoir, qui jouent innocemment au bord d'un ruisseau, dans la clairière d'un grand bois; mais le climat de ce paysage est-il bien celui de Mitylène? J'ai peur que ces beaux adolescents ne prennent froid sous le ciel de la Gaule.

Je rencontrai un jour Français, qui lisait, en se promenant, l'*Odyssée*. « Cela est bien, lui dis-je, et, après tout, il n'est pas inutile, même à un paysagiste, de lire Homère, Théocrite, Longus, car l'impression optique et la topographie ne font pas à elles seules un paysage de maître, vous le savez mieux qu'un autre. Il y faut aussi cette muette éloquence à laquelle songeait le poète antique, lorsqu'il laissa tomber ces mots mystérieux et si mal compris : *Sunt lacrymæ rerum* : « Il y a des larmes dans les choses ! » Oui, si Poussin et Claude, Rembrandt et Ruisdael sont encore les princes du paysage, c'est qu'ils ont représenté, non pas tant ce qu'ils avaient vu que ce qu'ils avaient senti. Ces grands artistes nous font voir leur âme par les fenêtres de la nôtre.

DESSINS ET GRAVURES

GRAVURE EN MÉDAILLES

Il y a un redoublement d'intérêt à parcourir les salles où sont exposés les dessins de l'École française, aujourd'hui que le dessin est justement le côté faible de notre École, aujourd'hui qu'elle a autant de goût, autant de passion pour la couleur qu'elle en avait peu, dans le temps où dominait l'influence d'Ingres, alors que les ouvrages d'Eugène Delacroix étaient une exception éclatante, une hérésie condamnée par les orthodoxes, un beau scandale. La photographie, qui aurait dû nous enseigner à dessiner, en nous faisant voir comment dessine la nature, nous a, au contraire, habitués à désapprendre le dessin, en favorisant la paresse du peintre, qui, dispensé de perdre son temps à poursuivre la forme, s'est jeté plus librement dans l'étude de la couleur, dans la recherche de l'effet.

Cette tendance de l'École pourrait être combattue, à mon sens, par la résolution que l'on prendrait de revenir, au moins pour un temps, à des procédés plus simples, tels que la détrempe, le pastel, l'aquarelle, parce qu'il deviendrait alors moins facile à un artiste de sauver, par le prestige de la palette, ce qui lui manquerait du côté de l'invention, de l'expression et du dessin. En diminuant l'importance exagérée qu'on attache maintenant à l'exécution, aux victoires de l'adresse, au triomphe du couteau, à la supériorité des *trucs,* on forcerait bien les jeunes peintres à montrer ce qu'ils savent et ce qu'ils ne savent point, à payer argent comptant, et, pour parler net, à épouser la peinture au lieu de lui faire la cour.

Mais ce n'est pas, bien entendu, un simple écrivain, dont le principal mérite est d'être désintéressé dans la question, qui peut se flatter d'amener une telle réforme en la conseillant.

C'est aux professeurs de l'École des beaux-arts qu'il appartiendrait de prendre cette initiative, ou bien à quelqu'un de ces hommes forts, convaincus, doués d'une volonté robuste, capables de s'imposer à la jeunesse par la double autorité du caractère et du talent, et d'ouvrir une école indépendante, si tant est que cela fût possible aujourd'hui que l'enseignement des beaux-arts est accaparé par l'État. Ingres disait : « J'écrirai sur ma porte : *École de dessin*, et je ferai des peintres. » Au temps où nous sommes, loin de se faire gloire d'enseigner le dessin, on semble en avoir quelque honte, car l'École de dessin et de mathématiques, fondée par Bachelier, il y a plus d'un siècle, a changé son nom par décision de M. Brunet, ministre de l'nstruction publique, de l'ordre moral, et s'appelle maintenant « École des arts décoratifs, » comme si l'on y apprenait la céramique, la tapisserie, l'ébénisterie, la reliure, et comme si c'était une marque d'infériorité que d'enseigner ce qui aurait suffi à la gloire d'un Michel-Ange !

Il y a fort peu de dessins au palais du Champ de Mars, — je parle des dessins au crayon, au fusain, à la mine de plomb, — et, en affectant de les placer parmi tant d'aquarelles brillantes, tant de pastels hauts en couleurs, on a insisté, volontairement ou non, sur l'austérité de tout ce qui n'offre au regard que du noir et du blanc. On s'est bien gardé, au surplus, de faire les honneurs de la cimaise aux études et aux cartons des peintures exécutées par M. Matout dans un des plafonds du Louvre, par M. Laugée à Sainte-Clotilde et à la Trinité, par M. Faivre-Duffer à Saint-Laurent. Toutefois, il y a bien des qualités dans ces dessins, et je remarque particulièrement, dans ceux de M. Matout, des figures de l'invention la plus heureuse, par exemple, celles qui sont groupées autour du Bacchus indien, et des attitudes imprévues qui, loin d'avoir été puisées dans les estampes connues et dans le domaine du poncif, ont été trouvées par l'esprit au sein de la nature. Je fais allusion à une bacchante qui a campé fièrement sur sa tête un Amour souriant, dont les pieds reposent sur les épaules de la ménade. Mais à des qualités de ce genre, on n'y tient guère à présent et l'on y regarde peu : c'est le train du jour.

On préfère les aquarelles, et il faut bien convenir, du reste, que ce genre de peinture n'a jamais été poussé à un tel degré de vigueur, d'intensité et d'éclat. Les Anglais eux-mêmes, qui ont rendu célèbre la peinture à l'eau, doivent se déclarer vaincus quand ils sont en présence des aquarelles de Louis Leloir. Ce peintre porte dans le fini un luxe infini. Sa palette est un écrin. Ses couleurs sont des topazes et des émeraudes en fusion, des rubis et des saphirs à l'état liquide; mais ses jaunes étincelants, ses rouges purs, ses bleus renouvelés par la chimie, ses verts profonds, il sait les rompre quand il faut, et les faner, de sorte que son coloris est à la fois violent et harmonieux, comme celui des porcelaines chinoises et japonaises. Malgré l'éclat éblouissant des tapis, des étoffes, des tentures, des soies, des satins, des faïences, c'est la figure humaine qui l'emporte sur ces voyants accessoires, et l'œil charmé s'arrête à l'expression de grâce, de somnolence, de rêverie, d'une femme élégante, étendue sur son divan, occupée à ne rien faire, ou à jouer avec des souris blanches qui grimpent sur les coussins.

Les splendides oripeaux d'une *Danseuse* ou d'une *Joueuse de flûte* n'empêchent pas de les admirer. Le tendre de leurs carnations, la fraîcheur qu'y entretient la poudre de riz, le carmin de leurs lèvres, le regard noyé de celle-ci, le sein bruni de celle-là sont encore, chose incroyable, ce qu'on voit le plus, ce qu'on voit le mieux dans ces lavis étonnants. Voilà un peintre qui a reculé les bornes de son art.

Plusieurs des aquarelles exquises de M. Leloir appartiennent à Mme Nathaniel de Rothschild, qui est elle-même, en fait d'aquarelles, placée au premier rang. Telles vues prises à Scafati, aux environs de Naples, ou à Vitré (Ille-et-Vilaine), sont en leur genre des morceaux incomparables. Par la richesse inouïe de ses tons qui réunissent au plus haut degré la solidité à la transparence, l'auteur de ces aquarelles sait donner de la saveur à toutes les surfaces, à des murs effrités, à des loques qui pendent au soleil, à des contrevents délabrés, aux toits rouges, aux suintements verts, et le tout compose un spectacle à souhait, non pas seulement pour le plaisir, mais pour le ravissement des yeux.

Plus réservé dans ses effets qui ne dépassent pas les limites de la vérité bien vue, Français a exposé des gouaches succulentes qui ne valent pas moins que sa peinture. Il les soutient, il est vrai, par un dessin savant, précis et voulu, et la couleur ne joue chez lui que le second rôle. Il en est de même des aquarelles de M. Eugène Lambert. Là, le premier rôle est joué par l'esprit. On ne saurait en avoir plus que n'en a ce peintre ordinaire des races félines, lorsqu'il s'agit de représenter ses modèles favoris, livrés à leurs minauderies, à leurs agissements diplomatiques, ou bien lorsqu'ils sortent furieux, indignés, miaulant de rage, du panier où on les a expédiés par la petite vitesse ! (*Envoi de M. Lambert.*) Ce sont là vraiment des sujets pour lesquels la peinture à l'eau est plus convenable que la peinture à l'huile, de même qu'en typographie, la gaillarde sied mieux au feuilleton que le petit-romain.

Il va sans dire que les aquarelles de Vibert, de Worms, de Brillouin, de Lewis-Brown, de Leman, de Berne-Bellecour, ont autant de charme, de piquant et d'intérêt que leurs tableaux, avec cet avantage que la pointe d'esprit qu'ils y mettent devient plus amusante sous la manœuvre rapide du pinceau trempé dans le verre.

Les femmes aujourd'hui excellent à peindre dans tous les genres. Celles-ci, notamment Mme Becq de Fouquières, manient le pastel avec une liberté, une sûreté qui étonnent. Celles-là, Mlle Ranvaud, Mme Camille Isbert, Mlle Bost, réussissent dans la miniature, pas autant toutefois qu'y réussissait jadis Mme de Mirbel. Les autres, en employant l'aquarelle au rendu de la nature morte, y font voir une vigueur tout à fait inattendue et une exécution magistrale. Je ne crois pas aller trop loin en disant que les grenades, les giroflées, les chrysanthèmes et autres fleurs que Mme Madeleine Lemaire a peintes haut la main, sont le dernier mot du genre, tant son aquarelle est franche, vive, enlevée, brillante, triomphante.

Ces qualités imprévues nous ont fait regarder avec attention le portrait de Mme Madeleine Lemaire, dessiné au pastel par M. Saintin, peintre précieux et délicat, très habile à écrire les duos d'amoureux, à exprimer, au bout du pinceau ou du crayon de couleur, les promesses qu'on ébauche, les déclarations qu'on effleure, les amours qui se laissent deviner et que l'on devine. Mais la délicatesse de Saintin le cède encore à celle que

Vidal a subtilisée dans une suite de pastels vaporeux dont les sujets sont tirés des poésies de Thomas Moore, intitulées les *Amours des Anges*. C'est d'un crayon superfin que Vidal représente les tendresses, les bouderies, les vagues ennuis des esprits célestes, leurs passions éthérées, le baiser qui réveille Lélia, le serrement de main qui magnétise Namar.

Au milieu des aquarellistes en renom qui cherchent à exprimer dans leurs lavis des vérités intéressantes et à les assaisonner de tons fins, il s'en trouve deux qui se placent tout à fait hors ligne : l'un, qui s'appelle Ehrmann, par un style auguste et fier; l'autre, qui est Gustave Moreau, par le sentiment exalté d'une poésie fantastique et légendaire. Ingres aurait signé avec bonheur l'*Ariane abandonnée*, de M. Ehrmann, et son *Andromède*. Le dessin en est digne des plus beaux vases grecs, et la couleur y est montée au degré de bravoure et d'éclat que devait facilement atteindre un artiste passé maître dans les décorations céramiques. Mais les aquarelles de Gustave Moreau n'ont d'analogues chez aucun peuple. Il est impossible de ne pas regarder longtemps, très longtemps, la *Salomé*, qui, au moment où elle danse devant Hérode, voit apparaître, au sein d'une miraculeuse lumière, la tête ensanglantée et rayonnante de saint Jean-Baptiste. Ce que le peintre a dépensé là d'imagination, de riches couleurs, de patience, est vraiment indicible. Le *Phaéton* et la *Péri* sont deux peintures singulièrement dignes d'admiration, et qui, exécutées en émail, feraient tout pâlir.

Les charmantes aquarelles de Berchère, qui nous font recommencer par le souvenir notre voyage en Égypte, avec lui et Fromentin, son compagnon de cabine; celles de Jules Didier, si riches de tons rares, et qui nous ramènent dans les États romains, parmi les muletiers, les bœufs et les ruines; les hardis fusains d'Allongé, ceux d'Appian, où domine le pittoresque, ceux de Bellel, qui ont parfois une tournure épique, les dessins de Bida, qu'il nous serait difficile d'apprécier et de louer sans tomber dans des redites; enfin le portrait du cardinal Trevisianti, excellemment dessiné par M. Firmin Delangle, dans le goût et le sentiment des croquis d'Ingres... tels sont, à mon sens, — sauf erreur ou omission — les ouvrages auxquels il faut s'arrêter quand on visite l'exposition des « peintures diverses et dessins » au Champ de Mars, et que nous ne pouvions passer sous silence avant de parcourir les salles consacrées à tous les genres de gravures, burin, eau-forte, gravure sur bois, et à cette variété de la sculpture qui est la glyptique, c'est-à-dire la gravure en médailles et en pierres fines.

Il nous en coûte beaucoup de l'avouer: la gravure au burin, la gravure classique, perd chaque jour du terrain, non pas sous le rapport du talent, car il serait bien malaisé de pratiquer cet art mieux que ne le font Bertinot, Salmon, Blanchard, Huot, Dubouchet, Waltner, Danguin, A. Didier, Jacquet, Morse..., mais eu égard à l'importance qu'on y attache, depuis que la photographie a prouvé combien les estampes les plus célèbres, à commencer par celles des Mantuans d'après Michel-Ange, à finir par celles de Boucher-Desnoyers d'après Raphaël, étaient loin de nous conserver fidèlement le caractère des originaux. Nous savons maintenant combien ont été affaiblis, altérés, quelquefois même défigurés, sur le cuivre des plus fameux graveurs — en exceptant, si l'on veut, Marc Antoine — les ouvrages de Mantegna, d'Albert Durer et d'Holbein (quand ils n'étaient pas gravés par ces maîtres eux-mêmes), les fresques de la Sixtine, les Loges et les Chambres de Raphaël, les peintures de Léonard, de Corrége, de Titien, de Giorgione, de Véronèse, alors qu'on les supposait traduites par un burin véridique, reproduites chacune dans leur style et dans leur effet.

L'insuffisance du dessin sur toutes ou presque toutes les anciennes planches, lorsqu'elles n'avaient pas été gravées, par exception, sous les yeux du peintre, comme l'ont été les estampes de Bolswert, de Lucas Vosterman, de Pontius, a éclaté au grand jour dès qu'on a vu revenir de Rome, de Florence, de Venise, de Madrid, d'Anvers, d'Amsterdam, les photographies de Braun, d'Alinari, de Naija et des autres. Les renseignements authentiques fournis par un procédé infaillible, une fois comparés avec des estampes qu'on avait regardées durant des siècles comme des chefs-d'œuvre, ont fait baisser fatalement notre estime pour la gravure ancienne, et de plus, cette comparaison a mis en évidence la choquante disproportion qu'il y avait, la plupart du temps, entre la faiblesse du résultat obtenu et l'énormité du labeur accompli. Pourquoi passer, en effet, des années et des années à labourer péniblement une planche, à discipliner ses tailles, à les combiner, à les croiser et les recroiser, à les empâter de points ronds ou aigus, à en boucher les losanges, à les rentrer ici, de toute l'épaisseur du burin, à les tranquilliser là, par un fin glacis de pointe sèche ; pourquoi, dis-je, prendre tant et tant de peine si, en fin de compte, le modèle ne nous est pas transmis avec une fidélité sans reproche, avec une ressemblance parfaite de sentiment et de manière ?

C'est en vertu de ces observations que l'importance de la gravure au burin a diminué sensiblement, et que l'on a été conduit à demander aux graveurs de s'occuper un peu moins de leurs tailles et un peu plus de leur dessin.

Le premier d'entre eux qui se soit rendu à la justesse des réflexions suggérées par la photographie a été M. Gaillard, prix de Rome. Résolûment il renonça à ce que j'appelais, quand j'étudiais la gravure chez Calamatta, les tailles *militaires*. Jaloux de rendre chacun de ses modèles dans le caractère de ses formes, c'est-à-dire de mettre exactement, parfaitement à leur place le clair et l'ombre, il a serré tellement ses travaux que les traits de sa pointe, devenus invisibles à force d'être rapprochés, ont présenté au regard l'équivalence d'une estompe, de manière que sa gravure a été réduite à n'offrir qu'un dessin sur cuivre. C'est ainsi que M. Gaillard a gravé des Vierges de Botticelli et de Raphaël, le *Crépuscule* de Michel-Ange, l'*Homme à l'œillet* de Van Eyck, l'*OEdipe* d'Ingres. Il est vrai que ces maîtres ont été traduits par le jeune graveur avec une vérité saisissante, et qui les eût eux-mêmes ravis, non-seulement dans l'ensemble, mais dans les plus fins détails.

Malgré cette protestation qui n'a pas été sans faire du bruit parmi les artistes, l'administration des beaux-arts et la Société française de gravure ont vaillamment soutenu la cause des buristes en leur commandant des planches comme celles que leur auraient autrefois commandées ou achetées Colbert, le duc d'Antin, M. de Marigny, le duc d'Angivillers. Mais la petite armée de nos jeunes graveurs, après avoir rajeuni l'eau-forte, s'y est adonnée avec plus d'ardeur que jamais, préférant la liberté de ses morsures à la solennité du burin et à ses allures compassées.

L'eau-forte ! elle a produit depuis quelques années des merveilles. Léopold Flameng, bien qu'il fût sorti, avec Desvachez, de l'école classique fondée à Bruxelles par Calamatta, mon ancien maître, a été tout de suite un de nos plus brillants aquafortistes. Heureusement doué des vertus propres au graveur, la compréhension, la sensibilité, la souplesse, il a su interpréter tour à tour le pinceau flou de Prud'hon, le dessin incisif d'Holbein, la précision, la dignité du style d'Ingres, la touche spirituelle de La Tour, la manière profonde et mystérieuse de Rembrandt. Sa pointe a été aussi sincère avec Chardin qu'élégante avec Watteau. En passant du noir au blanc par des oppositions brusquées ou par de fines transitions, il n'a pas moins bien rendu les portraits de Bonnat que ceux de Carolus Duran. Il faut ajouter que sa copie en fac-similé de la *Pièce de cent florins* restera comme un tour de force, comme une œuvre de pénétration, de finesse et de patience, qui ne sera jamais dépassée.

L'art de faire mordre est la première qualité d'un *aquafortiste*. Flameng y excelle et jamais il ne lui arrive de ne pas arrêter à temps l'action de l'acide. La justesse de cette opération manque parfois aux plus habiles. Jules Jacquemart, qui est au premier rang de ceux-là, me semble avoir laissé mordre un peu trop son superbe Rembrandt de la galerie San Donato, à moins qu'il ne faille accuser l'imprimeur de n'avoir pas suffisamment essuyé la planche. Il en est résulté un passage subit de la lumière à l'ombre, qui a rendu la tête relativement trop blanche. Les autres gravures de Jacquemart, celles surtout d'après Van Goyen, Isaac Ostade, Berghem, sont des morceaux dont les belles épreuves se vendront, un jour, un grand prix. Quant aux *Gemmes et Joyaux*, l'on sait que Jacquemart n'a pas son pareil dans le rendu des substances. Sous sa pointe, le cristal est diaphane, le porphyre est dur, l'émail est lisse, les camées se colorent, les armes étincellent, le cuir résiste, la porcelaine résonne, les laques ont tout le poli de leurs surfaces, tout le luisant de leur vernis.

Que de talent, que d'adresse, que d'esprit dans les ouvrages de nos graveurs à l'eau forte, de Rajon, de Gilbert, de Courtry, de Monziès, de Milius, de Le Rat, de Greux. Chacun de ces artistes a sa manière d'être charmant. Rajon reproduit dans le menu les petites peintures de Meissonier; il est vigoureux, mordant; il cherche à racheter par les agréments du travail l'insipidité d'une surface sans intérêt. Dans le *Mariage protestant* et la *Lecture de la Bible*, d'après Brion, il s'est attaché surtout à saisir le caractère des physionomies. Varié autant qu'il faut l'être, il a gravé précieusement Alma Tádéma, et avec une froideur voulue le portrait de Bracquemond, qui s'est représenté lui-même pensif et austère comme un Érasme. Mais la planche la plus originale de son œuvre est un portrait de Darwin, dessiné sans doute par Rajon lui-même. Darwin a la tête chauve, le sourcil hérissé, des yeux petits, au regard perçant, et une grande barbe blanche, inculte, mêlée de poils noirs, dont le fouillis semble une image des pensées touffues qui agitent le célèbre naturaliste.

M. Gilbert, qui crayonne à ses heures des lithographies savoureuses, a exposé un petit chef-d'œuvre d'eau-forte, discrètement reprise au burin, dans un portrait de femme, d'après Henner. La manière de M. Courtry est tantôt grasse, tantôt serrée, tantôt vibrante, selon qu'il s'attaque à Troyon, à Van-Marcke, à Gérôme, à Eugène Delacroix ou au peintre hongrois Muncaksy. En copiant le portrait de Coquelin aîné par Vibert, M. Monziès y a mis un luxe de travaux en sens divers, un mouvement de pointe, une variété de tons qui ont égalé la saveur de la peinture copiée, mais la grande étude d'une femme en costume du Directoire, d'après Goupil, présente un défaut assez commun chez les graveurs, et que je relève aussi dans une gravure du même tableau, d'ailleurs très-habilement conduite par M. Potémont ; ce défaut consiste à laisser blanche la tête d'un personnage, alors que ses vêtements, son chapeau et le fond sont surchargés de travaux. Des portraits ainsi interprétés rappellent la face enfarinée de Déburau.

L'eau-forte n'est jamais mieux venue que lorsqu'on l'applique aux tableaux des coloristes. M. Milius s'en est servi avec beaucoup d'art et de verve, pour reproduire le *Fauconnier* de Fromentin, les jolis *Chats* de Lambert, et des peintures de Goya, exprimant les originaux par les libres jeux de la pointe et par le ménagement brusque des blancs du papier. Maniée par M. Greux, l'eau-forte, si elle n'avait pas un peu trop mordu, pouvait rendre à merveille le *Maître d'école* d'Ostade et le Salomon Ruisdael de la galerie San Donato, ce délicieux paysage, si blond, si humide, si hollandais! En revanche, il y a telle estampe de M. Greux, le *Carrosse italien*, par exemple, qui est un morceau supérieurement exécuté, plein d'esprit dans le rendu des bois sculptés, des dorures fanées, des armoiries, des cuirs, des franges et des houppes de ce vieux carrosse.

Parmi les œuvres des aquafortistes, on distingue aussi les réjouissantes et régalantes gravures de M. Boilvin d'après les dessins de son invention sur les aventures de Gargantua, de Pantagruel, de Panurge; des paysages de Corot, de Diaz, de Jules Dupré, de Daubigny, très-bien gravés par M. Chauvel; des portraits exprimés avec justesse et finesse par M. Le Rat, des vues de villes et de villages par M. Félix Buhot, qui s'efforce d'obtenir à peu de frais l'effet de ses modèles, chose malaisée sur une petite planche, parce que l'œil y est sollicité à voir tout de près.

Pour ce qui est des *architectures*, comme l'on dit, on ne saurait trouver mieux que l'*Église Saint-Pierre à Caen*, par M. Delauney, la *Salute* de Venise, d'après Canaletto, par M. Brunet Debaines, le *Château de Chambord*, par M. de Rochebrune, qui, pour doubler l'éclat de ses lumières, approfondit ses morsures ou rentre ses tailles parfois jusqu'à l'excès. Ces graveurs savent animer la pierre, ronger les marbres, accuser les mousses et les lichens qui tachent les murs, les acanthes rompues, les cannelures émoussées, les fragments de frises, et leurs ruines, perdues dans le mystère des ombres, en deviennent augustes.

Ce n'est pas seulement à propos de gravures que nous devrions parler d'Edmond Hédouin, car ce peintre aimable invente lui-même ses estampes et grave lui-même ses dessins. Que de jolies choses il nous a racontées, au crayon et à la pointe, dans les vignettes qu'il a composées pour le *Voyage autour de ma chambre*, pour le *Voyage sentimental*, si bien traduit à nouveau par son frère Alfred Hédouin, et pour l'édition de *Manon Lescaut* donnée par Jouaust — un éditeur qui est en possession de bien faire et de faire toujours mieux. — Il y a plaisir à voir et à revoir, dans ces vignettes, les scènes touchantes ou tragiques du roman de l'abbé Prévost, et celles que Sterne a si bien racontées, lui aussi, qu'il nous en a faits, pour ainsi dire, les témoins, car elles nous sont présentées par le peintre-graveur avec un naturel plein de grâce ; elles sont comprises dans l'esprit du dix-huitième siècle, et rehaussées par l'intérêt du costume et le choix des fonds.

Il est des peintures dont l'interprétation se fait mieux sur la pierre du lithographe que sur le cuivre du graveur. Il est très-difficile d'employer avec succès la précision du burin ou les fines morsures de l'eau-forte à rendre la manière fondue de Prud'hon, les juteux empâtements de Bonnat, les vagues horizons de Corot, ses frottis légers, le fini trompeur de ses ébauches, tout ce qui, dans l'exécution du peintre, est flou, gras ou indécis. Voilà pourquoi MM. Sirouy, Gilbert, Émile Vernier ont choisi la lithographie, dans laquelle ils sont passés maîtres, pour traduire ; le premier, un ravissant Prud'hon qui appartient à M. Marcille, *Vénus et Adonis* ; le second, l'*Italienne*, de Bonnat, et la *Famille de Satyres* par M. Priou ; le troisième, les meilleurs paysages de Corot, dont il a redit la fraîcheur et les suavités, le tendre et le blond. Une chose à remarquer, cependant, c'est que la peinture d'un artiste qui, en ses bons jours, eut un dessin voulu et savant, une exécution ferme et résolue, ait si bien été reportée sur la pierre lithographique par M. Charles Bour. On ne saurait, je crois, mener plus loin le rendu des pelages, ni mieux exprimer le caractère des animaux en fureur, les terrains écorchés, les herbes humides et les teintes profondes d'un ciel orageux, que ne l'a fait M. Bour dans les belles estampes qui représentent un combat de taureaux et une vache attaquée par des loups, deux tableaux renommés de Brascassat.

Hélas ! la lithographie des peintres, cet art deux fois précieux, qui, sous la main de Carle et d'Horace Vernet, de Charlet, de Géricault, de Gigoux, de Bonington, de Gavarni, avait été le journalisme du crayon, cet art qui était si parisien, bien que Senefelder l'eût inventé à Munich, il est aujourd'hui abandonné, je ne sais pourquoi, ou plutôt je sais bien pourquoi, c'est parce qu'il y avait alors beaucoup de dessinateurs intrépides, et qu'il y en a maintenant fort peu. Plus de ces improvisations brillantes qui enchantaient chaque matin les Athéniens de Paris. Plus de ces croquis spirituels et rapides, où le peintre écrivait sa pensée à mesure qu'il la concevait, et lithographiait son dessin en dessinant sa lithographie. Ces indications de l'esprit, ces sentiments effleurés ont disparu !

Un autre art est aussi bien délaissé de nos jours, un grand art en petit, la gravure en médailles, qui a pour but de conserver aux âges futurs les images jugées dignes de ne pas périr, le souvenir des événements mémorables, les effigies des personnages qui ont marqué dans leurs temps, qui ont mérité la gloire, qui ont donné leur nom à quelque vertu. Sous prétexte que ces images, ces effigies et la mémoire de ces événements seront suffisamment conservées par des procédés que l'antiquité n'avait point connus : l'imprimerie, la gravure des estampes et la photographie, on se croit permis maintenant de regarder avec indifférence les médailles et les pierres gravées, ces ouvrages qui sont susceptibles de recevoir des empreintes sublimes ! J'ai entendu des artistes exprimer l'opinion que la gravure en médailles tomberait un jour en désuétude ; et l'Académie des beaux-arts semble avoir accrédité cette opinion, en nommant plus d'une fois un graveur en taille-douce à la place laissée vacante par un graveur en médailles. Et cela se passe en France! dans le pays où ont vu le jour les œuvres immortelles de Varin, de Guillaume et d'Abraham Dupré, qui florissaient sous Henri IV et Louis XIII, de Duvivier, d'Augustin Dupré, qui grava les monnaies de la Révolution, de David d'Angers.

Mais cette indifférence, partagée par l'État lui-même — qui pourtant devrait encourager la gravure en médailles, puisque les monnaies ne sont autre chose que des médailles assez peu saillantes pour être empilées — n'a pas empêché nos graveurs d'envoyer à l'Exposition universelle des morceaux admirables, des compositions épiques, des portraits d'une beauté impérissable. Oui, nous avons encore des maîtres dans la glyptique, et c'est un devoir pour nous d'imprimer tous leurs noms.

M. Oudiné, qui eut le prix de Rome en 1831, s'est illustré, non-seulement par ses ouvrages dont quelques-uns sont excellents, mais par ses élèves Ponscarme et Chaplain. Rompu à toutes les difficultés de son métier et de son art, Ponscarme a gravé des médailles, dont quelques-unes se peuvent comparer à celles de Pisanello et des Padouans, les portraits de feu Naudet, de feu Lavallée, de Jules Simon, de Louis Blanc, de Schœlcher, de M. Rameau, vice-président de la Chambre, et de M. Brame. Les antiques Cabires de la Samothrace ne connaissaient pas mieux que lui l'art de fondre et de battre les métaux. Il est professeur et maître. Ses monnaies pour la principauté de Monaco ont de l'originalité et du caractère; sa République aux tempes ailées est une figure trouvée d'inspiration. M. Chaplain, ancien prix de Rome, se distingue surtout par la recherche du style dans les figures de ses compositions allégoriques ou commémoratives. C'est lui qui a gravé, entre autres types, avec beaucoup de goût et d'un dessin élégant, la médaille d'honneur des Salons, où l'on voit un jeune homme conduit par la Gloire, et la médaille qui rappelle l'emploi des aérostats dans le siége de Paris.

M. Alphée Dubois, formé à l'école sévère de

Duret, a exposé des œuvres d'une invention ingénieuse et précieusement exécutées, notamment la médaille qui consacre la découverte des protubérances solaires, dont le revers porte les têtes superposées des astronomes français et anglais, Janssen et Lockyers, et le coin gravé à l'occasion du passage de Vénus sur le soleil. Il y a du savoir, de la finesse, de la dignité dans les épreuves, envoyées par M. Merley, des médailles qu'il a composées pour le ministère des beaux-arts, et son fragment de la cour du Louvre est un tour de force pour l'intelligence, si difficile, des saillies proportionnelles. Il y a de la distinction, de l'esprit, de la grâce, dans les coins gravés par M. Tasset, en particulier dans ceux qui lui ont été commandés pour le gouvernement du Canada. Nous y avons admiré surtout une figure ailée, d'un mouvement heureux, d'un beau jet. Enfin, trois prix de Rome, MM. Degeorge, statuaire, Lagrange et Dupuis, ont exposé des morceaux bien conçus et bien sentis; le premier a gravé des allégories et des jetons, le second, la Musique, l'Agriculture et le fameux Milon de Crotone, de Puget, interprété en bas-relief avec un rare talent; le troisième, des portraits pleins de caractère. Quant à la gravure en pierres fines, elle est représentée par les camées ou les intailles de MM. Galbrunner, François, Heller et Vaudet. A tous ces noms, pour n'omettre personne, il faut ajouter celui de M. Borrel.

Ici se termine tout ce que nous avions à dire, sur l'École française, touchant l'Exposition universelle.

Quelle que soit la valeur de tant d'objets, inventés ou perfectionnés par l'industrie humaine, pour le confort de la vie, pour le bien-être du corps, nous ne pouvons nous défendre, en finissant, de cette réflexion : que l'existence serait bien triste, après tout, bien prosaïque, si nous étions privés des illusions qui nous font oublier ou supporter le réel ; si on nous supprimait ces heureux mensonges de la peinture, souvent plus vrais que la vérité même, et ces chiffons de papier, imprimés de noir et de blanc, qui sont autant d'ouvertures sur la campagne infinie, sur l'histoire, sur toutes choses ; si nous n'avions plus ces médailles qui sont des quintessences de l'art et du beau ; si nous n'avions plus ces palpables divinités que la sculpture fait descendre de l'Olympe dans nos jardins et qui semblent fixées par une pensée éternelle dans un mouvement immobile ; si nous n'avions pas enfin cette impalpable musique, qui a la puissance d'évoquer tant d'images fugitives, et qui, tantôt lucide comme la parole, tantôt vague comme un songe, remue en nous tout un monde de pensées, de sentiments, de souvenirs.

COUP D'ŒIL

sur

L'EUROPE ARTISTE

Ceux qui professent que l'art est simplement un fruit du climat, que les trois degrés d'élévation du pôle, dont parle Pascal, ont une influence décisive, non-seulement sur la vérité morale, mais sur le sentiment du beau, ceux-là peuvent s'assurer, en parcourant les sections étrangères de l'Exposition universelle, que s'il y a du vrai dans leur doctrine, il y a aussi bien du faux.

Sans doute on doit convenir qu'il y a sur la terre des zones privilégiées; que le génie de l'art, dans son vol autour du monde, ne s'élève guère au-dessus du 50e degré de latitude nord, et ne descend pas au-dessous du 20e; qu'il n'a ainsi jamais atteint l'équateur. A partir de l'Inde, qui fut son berceau, ce génie a traversé les contrées moyennes de l'Asie ; puis il a visité successivement l'Égypte, la Grèce, l'Italie, l'Espagne, une partie de la Germanie et des Gaules, et en décrivant la même ceinture autour du globe, il a touché au Mexique, d'un côté, de l'autre, à la Chine et au Japon. S'il est acclimaté dans le nord de la France, s'il a poussé une pointe dans les Pays-Bas, c'est là un phénomène d'importation morale, semblable à celui qui fait germer des poussières fécondantes portées par le vent, loin de la plante qui les avait produites. Mais quels que soient les progrès de la civilisation future, quelle que soit la force d'expansion dont elle est douée, il est permis de croire que jamais il n'y aura d'école de peinture et de sculpture, ni chez les Esquimaux, ni chez les Madécasses, ni chez les Patagons. Rien du moins jusqu'à présent ne fait pressentir l'expatriation des arts du dessin dans de nouvelles zones.

On peut donc regarder comme certain que la faveur du climat est une des conditions nécessaires à la floraison des beaux-arts ; mais il faut avouer aussi que cette condition est insuffisante, et il ne faut, pour s'en convaincre, qu'une promenade à travers l'Exposition universelle. Là, des peuples entiers confessent leur décadence, qui autrefois tenaient le haut bout. Le climat de l'Égypte n'a pas changé ; pourtant on n'y bâtit plus de monuments comme les Pyramides, ni de temples comme à Thèbes. La terre pharaonique ne nous envoie plus, ni des sculptures semblables à la statue de Chéfren, ni des peintures équivalentes à celles des hypogées, ni des figures finement gravées en relief dans le creux du granit, comme celles qui décorent tant de murailles, tant de sarcophages, ni des bijoux comparables à ceux que portait la mère d'Amosis, il y a trois mille six cents ans. L'Égypte, enfin, ne produit plus rien de pareil à ce que nous voyons dans le musée rétrospectif du Trocadéro.

Les Grecs vivent toujours sous le même ciel que leurs aïeux ; ils habitent la même terre, échancrée de toutes parts et pénétrée par la mer ; ils n'ont ni plus froid ni plus chaud que les Hellènes d'autrefois, et cependant leurs peintres, au nombre de onze, sont venus prendre à Paris les leçons de Cabanel ou de Gérôme, et de leurs sculpteurs, au nombre de cinq, les uns sont élèves de Duret, les autres se sont formés en Italie, car, à l'inverse de ce qui se passait jadis, les Athéniens vont se faire enseigner, à Rome, l'art que les anciens Romains allaient apprendre à Athènes. La contribution de l'Italie et celle de l'Espagne prouvent aussi, et surabondamment, qu'il faut à une nation, pour que l'art fleurisse dans son sein, autre chose que les influences favorables de la température.

Le temps et la race sont encore des conditions essentielles pour l'épanouissement des arts : la race d'abord, — car un jeune homme qui serait né en Russie de sang italien, aurait beaucoup moins de peine à devenir sculpteur qu'un jeune homme de sang russe, né à Florence, — ensuite la durée. Il s'est écoulé des siècles avant que la sculpture grecque, qui avait commencé par d'informes ébauches, arrivât à son apogée sous la main de Phidias. Voilà ce qui explique pourquoi chez les peuples qui n'ont point ou qui n'ont plus d'école, l'art met tant de temps à se dégager de ses langes.

La Grèce, qui, vers le milieu du quinzième siècle, avait disparu comme étouffée sous la domination turque, ne s'est réveillée qu'après la bataille de Navarin. Il y a donc aujourd'hui cinquante ans que ce peuple eut un premier mouvement de résurrection et qu'il eut de nouveau conscience de lui-même. Mais, cette fois, l'excellence de la race a pu abréger le temps. Durant ce court intervalle, car c'est bien peu de chose qu'un demi-siècle dans la vie d'un peuple, Athènes, qui n'était plus qu'une agglomération de misérables cabanes et d'auges à pourceaux, quand le roi Othon vint prendre possession de sa royauté, dans une des deux seules maisons que renfermât la ville de Périclès, Athènes s'est couverte d'édifices en marbre, elle a bâti des écoles, des hôtels, des palais, une académie, des musées, un magnifique observatoire; elle a percé des rues spacieuses, de grands boulevards; elle a relevé les ruines du temple de la Victoire Aptère; elle a des sculpteurs.

Quelques-uns, il est vrai, nous l'avons dit, ont appris leur art à Paris ou à Rome; mais il n'en est pas moins surprenant qu'une école ait pris racine sur un sol aussi récemment défriché. Le modèle en petit du fronton de l'Académie par M. Drossis, et celui des *Luttes olympiques* par M. Vroutos, sont des ouvrages importants qui annoncent un prochain développement de la nouvelle sculpture hellénique, encore voisine de son enfance. Mais le morceau le plus remarquable de l'exposition grecque est sans contredit le *Génie de Copernic* par M. Vroutos. Sans doute l'invention de ce marbre est hardie jusqu'à la témérité, pour ne rien dire de plus. Le génie du grand astronome descendu des cieux, la tête en bas, les pieds en l'air, et s'appuyant sur le globe terrestre, exprime par son geste que la terre tourne autour du soleil. Une telle conception est antisculpturale, évidemment; ce n'est pas en marbre qu'il est permis, qu'il est possible de représenter des figures volantes, puisqu'elles ont besoin que leur vol soit soutenu par un énorme tenon qui contredit, qui dément toute idée de légèreté et d'essor ; mais l'exécution de cette folle pensée est très-louable pour sa finesse, pour le rendu délicat des formes choisies, et l'on peut prédire que le talent de M. Vroutos, mieux dirigé, sera un talent chaleureux, expressif, comme il est déjà dans le buste d'*Achille* et dans celui de Canaris.

En ce genre, M. Kossos a exposé des œuvres dignes d'éloges et d'attention, mais ses bustes me paraissent valoir moins que ses bas-reliefs et ses médaillons ; le *Satyre* de M. Chalepas, motif emprunté de la statuaire romaine, est un groupe aimable, dont l'exécution laisse quelque chose à désirer. Il en est de même des marbres de MM. Philipolis et Fitali. Critiquer ces ouvrages serait facile : il est plus généreux d'en encourager les auteurs.

L'Italie qui avait hérité de la Grèce le privilége du grand art, l'a depuis longtemps perdu, et en fait de peinture, elle en est maintenant à se constituer une sorte d'école hollandaise. Qui jamais aurait pu prévoir que dans la patrie de Léonard et de Michel-Ange, les artistes les plus distingués, le plus en vogue, du moins, seraient des peintres de genre, pimpants et coquets, ultra-maniérés, des imitateurs de Fortuny ! On pouvait s'attendre qu'une école ressuscitée recommencerait par le commencement ; qu'elle serait de nouveau naïve comme au quatorzième siècle : c'est le contraire qui arrive. Elle débute comme les autres finissent. Les enfants aiment les fruits verts : ici, l'on aime les fruits gâtés, les pommes archimûres, les poires blettes ; on a du goût pour tout ce qui se produit dans les écoles quand elles sont vieillies, fatiguées, usées. Ainsi s'explique l'influence exercée sur les Italiens par l'Espagnol Mariano Fortuny, dont nous parlerons tout à l'heure, et dont la peinture a réussi par la nouveauté, alors qu'elle n'en avait que les apparences.

Décidément donc, c'est de l'Italie que nous viennent, ou plutôt que nous reviennent le joli, le coquet, le précieux, l'amour de l'intimité, le culte du détail. MM. Marchetti et Jacovacci à Rome, Simonetti et Volpe à Naples, Michetti dans les Abbruzes, Gioli à Florence, le chevalier Bianchi à Milan, Favretto et Nono à Venise, Pastoris et Quadrone à Turin, se rattachent de près ou de loin à ce qu'on appelle le *Fortunisme*, car il faut bien créer des mots, quand on veut laisser croire qu'on a créé des choses. Tous ces artistes apportent dans l'art anecdotique et familier un talent preste et souple, de la grâce, de la finesse, de l'expression, et semblent avoir voulu prouver que nous n'avions pas en France le monopole de ces qualités. Les uns, comme Jacovacci, ont tempéré la manière de Fortuny; les autres, comme Gignous, de Milan, y ont ajouté, pour surcroît d'assaisonnement, la fantaisie et l'intensité des colorations japonaises. Il en est qui se contentent de la vérité, et, sous ce rapport, la *Dernière messe* de M. de Nigris est un morceau frappant, parce qu'il est pris sur le fait, et voyant, parce qu'il est peint à Naples, au soleil.

Mais la vérité dont je parle n'est pas seulement une vérité photographique, c'est une vérité qui a traversé l'esprit d'un artiste. Soit dit à l'intention de M. de Nittis, un des chefs que reconnaissent les *impressionnistes*, pour parler encore le langage du jour. Lorsqu'il se promène à Paris, dans les rues ou sur les quais, à Londres, dans les parcs, ou à Trafalgar square, ou à Piccadilly, M. de Nittis, doué d'un talent hardi et jaloux d'innover, ne prend pas la peine de choisir. Tout lui est bon : le môme qui passe, l'enfant au cerceau, la petite dame qui relève son jupon sur le pavé humide, faisant miroir, le flâneur qui achète un journal au kiosque, le bibliophile qui lit un bouquin sur le parapet, pour se dispenser d'en demander le prix, le sergent de ville enfin, ou le policeman, tout, dis-je, lui paraît digne d'être fixé sur la toile, et tel quel. Ses tableaux donnent l'idée d'un groupe d'objets et de figures, disposé par le hasard, saisi par la photographie instantanée, et placé dans un cadre qu'on pourrait élargir ou rétrécir à volonté. Ce qui étonne, c'est que les premiers plans sont quelque peu bousillés, tandis que les figures qui s'éloignent sont plus finies, contrairement à cette loi de la peinture qui veut que les choses avancent par la précision et reculent par le vague.

Telles sont les véritables nouveautés que présente l'exposition italienne. Quant aux autres peintres, ils n'ont pas visé à nous surprendre ; ils cultivent un art qui nous est connu : M. Simoni, quand il représente Brutus après la bataille de Philippes ; M. Altamura, quand il fait de Jésus-Christ le Dieu d'un évangile arabe ; M. Ussi, quand il peint Bianca Capello essayant d'empoisonner le cardinal de Médicis. Mais en dehors de ces tableaux, conçus avec dignité, il n'y a plus guère que des paysages, des marines, des scènes familières, des morceaux ethnographiques.

En ce dernier genre, l'Italie a son Fromentin, qui est Pasini. Ce que le premier faisait en Algérie, le second l'a fait en Perse. L'un et l'autre, ils ont un héros de prédilection : le cavalier arabe, ou plutôt le cheval arabe et son cavalier, car l'animal, chez eux, joue le premier rôle. Il est au moins aussi intéressant que son maître. Il se conforme à ses pensées; il en est l'expression et le mouvement. Pasini et Fromentin dessinent à peu près de même, sauf que le dessin de Pasini est mieux su, et celui de Fromentin mieux senti. Quant à la couleur, Pasini la resserre, lui aussi, dans de petits cadres où il la fait pétiller, étinceler, chatoyer sur les riches harnais de ses montures, sur la soie des femmes du harem qui passent, sur les cafetans brodés, sur les armes de luxe, sur le plumage des oiseaux qui viennent s'abattre à deux pas d'une cavalerie fringante. Et lorsqu'il se trouve devant le grand mur d'une mosquée, sous prétexte d'en rendre la vue supportable, il le convertit en une vaste palette où les couleurs du prisme se heurtent et se réconcilient, se choquent et fraternisent, ici, fanées, salies et amorties, là, violentes encore, mais fondues dans une harmonie qui est aigrie par leurs dissonances. J'ai vu, de mes yeux vu, le *Faubourg de Constantinople* peint par Pasini, et la vive sensation que j'éprouvai en voyant cette foule grouillante, dont les couleurs remuaient au soleil, fut cependant moins vive qu'elle ne l'est devant la toile de l'artiste. La nature a été vaincue cette fois par la peinture.

Le soleil est un personnage en Orient, et son intervention est inévitable dans tous les récits du peintre. L'homme, quand il est au repos, n'y est qu'un objet, lumineux ou sombre, une forme dont l'intérêt est purement optique. C'est ce qu'a compris M. Massarani, le peintre de la *Vie orientale*, tableau inondé de lumière, rafraîchi par les ombres qu'y produit une architecture égayée de reflets. Si nous étions chargé d'apprécier en détail les écoles étrangères, si notre prétention ne se bornait pas ici à prendre des vues d'ensemble, nous consacrerions plusieurs pages d'écriture aux *Émigrants* de M. Induno; à la *Revue de l'héritage*, par M. Pagliano; au tableau si mordant, si plein de physionomie et de caractère, de M. Battaglia : *Carmine Giordano* faisant répéter la pastorale aux Dominicains; à la marine si dramatique de M. Alason; aux paysages de M. Joris, qui, par parenthèse, surpasse les Anglais dans ses aquarelles, enfin à ce que M. Moradei appelle : *Comment cela finira-t-il?* Un robuste gars, aux yeux intelligents et humides, adresse des propos galants à une jeune fille, qui tourne la tête pour cacher un sourire accentué, exprimant à merveille... comment cela finira.

Un mot sur la sculpture italienne. Il nous semble qu'elle était mieux comprise, il y a neuf ans. Plus que jamais, les tendances générales de l'école sont de rechercher le joli et de perfectionner le travail du ciseau, pour rendre péniblement, mais avec une adresse incroyable, inimaginable, ce qu'un peintre rendrait facilement en quelques coups de pinceau. On peut faire du joli, même en sculpture; mais il faut alors y employer la terre cuite, qui est, pour ainsi parler, l'eau-forte du sculpteur. On peut aussi, et l'on doit s'attacher aux finesses de l'exécution, mais pour ajouter à la beauté des nus, et non pour donner tant d'importance aux accessoires. Ne cessons de répéter qu'il ne faut pas faire dans un art ce qui peut être mieux fait dans un autre.

Voyez, à ce propos, le *Jenner essayant le vaccin sur son fils*. Il y a du caractère et du talent, à haute dose, dans cette sculpture de M. Monteverde; mais n'est-il pas sensible qu'un pareil groupe aurait conservé toute sa valeur en peinture, et qu'il en perd la moitié dans le marbre? A vingt pas, la silhouette ne se débrouille pas, ne se laisse pas comprendre. Elle forme un paquet, une masse lourde dans laquelle les lignes s'emmêlent et s'enchevêtrent : sous l'aisselle de Jenner, on voit se dresser un pied; le dos de l'enfant, ce dos modelé à ravir, se confond avec le genou de son père, parce qu'il est de la même valeur, de la même blancheur, et, il faut être à deux pas de la statue, pour se reconnaître dans ce bloc de formes ramassées, pour apprécier ce qu'il y a d'excellent dans l'exécution, et surtout dans le sentiment de ce morceau, déjà fameux.

Ici, du moins, le travail est sobre et l'artiste l'emporte sur le praticien. Ailleurs, il en est autrement. La belle *Cléopâtre* de M. Braga n'est égyptienne que par sa coiffure ; la *Péri* de M. Tabacchi a bien peu la physionomie orientale, mais en revanche le maniement de l'outil y est surprenant, et sous ce rapport, la *Chevelure de Bérénice*, par M. Borghi, est un prodige. Il est vrai que l'exécution, cette fois, si elle est puérile dans le rendu de la chevelure, d'une chevelure frisée, est exquise dans le nu. Le corps de la statue est d'une beauté si parfaite, qu'on la croirait moulée sur la plus belle jeune fille de toute l'Italie. Dans ce pays où la sculpture est une plante indigène, on recherche le beau des formes plutôt que le caractère, et rarement on les trouve réunis comme ils le sont dans l'*Esclave* de M. Boninsegna, qui, à l'inverse des statuaires antiques, a mis l'expression dans la moue du visage, au lieu de la mettre dans le choix des formes nues et de leur mouvement.

L'esprit dans la statuaire n'est tolérable que pour des figurines ; le rire y est déplacé, témoin les deux bustes si vivants de M. J. Dupré ; et rien n'y est plus mal venu que les statuettes agrandies, quelle qu'en soit la grâce, par exemple, l'*Amour nous aveugle*, l'*Aurore dans la vie*, groupe et statue ainsi nommés par M. Barcaglia, et le *Colin-Maillard* de M. Barzaghi, de Milan, et en général tout ce qui est familier ou accidentel, comme l'enfant qu'on nettoie (*you dirty boy*) de M. Focardi. L'École italienne, en résumé, a un autre but à se proposer que de délicater le marbre et d'enjoliver le joli. Elle peut remonter au premier rang ou au moins nous le disputer, si elle s'attache à des données plus hautes et plus fières, si elle fait les honneurs du marbre à des figures comme le *Canaris à Scio*, qu'a sculpté, d'un ciseau si mâle, M. Civiletti, de Palerme, et surtout si elle veut bien prendre la peine de regarder un peu plus aux œuvres des maîtres et aux tombeaux des Médicis.

Nous parlions tout à l'heure de l'influence que Fortuny a exercée sur les Italiens. Cette influence s'est étendue à l'Espagne, bien que Fortuny ait beaucoup moins habité l'Espagne que l'Italie. A parler franchement, c'est un phénomène que j'ai quelque peine à comprendre. Ce qu'offraient de piquant les premiers ouvrages de ce peintre brillant et brillanté, et ce qui paraissait nouveau, se trouvait depuis longtemps dans les tableaux d'Isabey, avec cette différence que les figures de ce pétillant coloriste n'avaient aucune précision et que la physionomie n'en était que spirituellement indiquée. Je me représente Fortuny comme ayant mêlé ensemble, en les corrigeant l'une par l'autre, la liberté facile d'Isabey et l'exactitude rigoureuse de Meissonier. Celui-ci avait exhumé le vestiaire et le mobilier du dix-huitième siècle, toute la défroque élégante des marquis de Louis XV, qui avait été copiée par les marquis espagnols.

Fortuny, à l'exemple de Meissonier, voulut ajouter à ses tableaux l'attrait d'un costume qui était devenu à la mode, justement parce qu'il était depuis longtemps démodé, et qui d'ailleurs était aussi peu familier aux Romains, qu'il l'était devenu chez nous par l'usage et par l'abus qu'on en faisait. Avec ces éléments, joints à une grande recherche de tons rares et de fins détails, sans parler de son esprit, Fortuny trouva le moyen de prendre position dans la ville éternelle, qui le croirait? Ces mêmes Romains qui avaient chaque jour devant les yeux des monuments empreints de grandeur, tant de fresques imposantes, fameuses, sublimes, furent séduits par la grâce de ces petites femmes minaudières, madrilènes ou autres, qui ont un minois chiffonné comme leur costume, et qui, entre le pot au rose et la boîte à mouches, sourient à des céladons poudrés, surannés et en jabot; c'est là ce qui fit tourner la tête aux Romains, si peu faits cependant pour apprécier les tons superfins, les touches exquises du *Mariage dans la vicaria*. Personne ne fit à Rome cette observation qui se présentait si naturellement : que, pour gagner les batailles de la peinture, il faut masser les harmonies, et non pas disperser les tons en tirailleurs.

Il n'y a donc pas lieu de s'étonner que les Espagnols aient subi volontiers l'influence de Fortuny lorsqu'ils ont su qu'elle était subie à Rome. Toutefois, il ne manquait pas d'exemples, dans la patrie de Velazquez, d'une peinture plus ferme, plus solide, plus saine et tout aussi brillante. Le beau-frère de Fortuny, Raimundo de Madrazo, est un coloriste par tempérament; il est peintre, je ne dis pas dans l'âme, mais dans le sang. Ses petites toiles représentant le jardin de l'Alcazar, la cour Saint-Michel à Séville, sont comme des joyaux qu'on regarderait en pleine lumière. Ses portraits de femme et celui de Coquelin cadet sont des morceaux de haut goût, qui respirent le bonheur de la vie, la sérénité de l'esprit, la gaieté d'un coloris frais et riche, éclatant sur la soie des rubans, sur le satin des jupons, sans être soutenu par aucun parti d'ombre.

Peindre en plein air tout ce qu'on peint, enlever le clair sur le clair, telle est la manière qui a succédé en Espagne aux fonds sinistres de Zurbaran, aux figures que le terrible Ribera baignait dans l'encre ou plongeait d'avance en enfer. Je cherche la raison de ce renoncement au noir, et voici comment je me l'explique. La cause en est, si je ne me trompe, dans l'envahissement d'une sorte de panthéisme qui a mis la nature au même plan que l'humanité. Les fonds sombres relèvent du spiritualisme; ils signifient le sacrifice du paysage, des choses réputées inférieures et des choses inertes, à la figure de l'homme et à son âme. Dans un portrait de Rembrandt, l'expression est réservée à la tête du modèle et à ses mains. Dans la mise en scène de ses drames bibliques ou évangéliques, la toile de fond et les accessoires sont noyés dans les teintes demi-obscures, ou condamnés à disparaître étouffés par l'ombre. Aujourd'hui que l'âme est en baisse, la figure humaine est devenue un objet comme un autre, une valeur de ton. Elle n'a pas plus d'attrait ni plus d'importance que la nature environnante. Tant pis pour elle si elle ne se détache pas, avec autant de force qu'autrefois, sur le paysage, sur le ciel, sur la prairie blonde, sur le jardin clair, ou sur les arabesques d'une jolie tenture, car toutes ces choses prétendent avoir des droits égaux à notre estime et à nos regards. Mais comme il est impossible aux plus malins d'enlever le blanc sur le blanc, on a imaginé, pour « changer tout cela », qu'au lieu de détacher la figure sur le fond, il valait autant détacher le fond sur la figure. Cette joyeuse interversion a été un des fruits du réalisme.

L'Espagne ayant, comme la France, une Académie à Rome, où elle entretient des pensionnaires, cette circonstance est cause que la peinture d'histoire n'est pas entièrement morte. Elle vit encore tant bien que mal dans les ouvrages de MM. Éduardo Rosalès et Plasencia, qui ont pris l'un et l'autre pour sujet la mort de Lucrèce ; et elle fait bonne figure dans le grand et noble tableau de M. Pradilla, *Doña Juana la Loca* (Jeanne la Folle), suivant le cercueil de son mari avec une douleur qui n'est pas encore de la folie.

Les paysages très-fins, très-finis et scintillants de M. Rico, qui a, lui aussi, de la prédilection pour les maisons blanches et les murs blancs, sont les meilleurs qui nous soient venus de l'Espagne. Nous avons pris plaisir à les regarder longtemps, ainsi que les *Intérieurs* de M. Pablo

Gonzalvo, qui nous a surtout impressionné en réveillant dans notre mémoire l'image de la mystérieuse basilique de Saint-Marc, à Venise, où l'opulence des mosaïques, des marbres et des ors se cache dans une demi-ombre solennelle, et où la lumière fait silence.

De Fortuny relèvent MM. Gonzalès, Sala, Santa-Cruz, et si je n'ajoute pas à ces noms celui de Zamacoïs, c'est que ce peintre charmant et spirituel, mort avant l'âge, n'a pas donné dans les erreurs du *fortunisme*, et qu'il n'a imité personne, pas même Meissonier, lorsqu'il a peint ce tableau si spirituel, si bien touché : le *Favori du roi*, qui a suggéré à Gérôme celui de l'Éminence grise, et qui représente un bouffon richement vêtu et richement grotesque, qui, descendant avec majesté les degrés du palais, est salué avec le plus profond respect par les gens de cour.

En Angleterre, comme en Espagne, on peut observer une tendance générale à peindre en plein air de préférence, et à mettre clair sur clair. Les peintres les plus renommés en ont la préoccupation, et cela ressemble par moments à une gageure. Le *Whist à trois*, de Millais, est un prétexte pour faire le portrait de miss Armstrong et des dames Secker et Blennerhasset. De ces trois personnes, deux se détachent sur un fond de paravent, assez soutenu de ton pour faire valoir leurs carnations et la soie de leurs robes gris-perle ; mais la troisième perd sa silhouette sur un bout de jardin et un buisson de fleurs, sans qu'on sache bien si ces fleurs et ce jardin sont une réalité, ou bien s'ils sont représentés sur une tenture à demi masquée par le paravent.

A M. Millais, comme à l'ensemble de l'École anglaise, — je dis l'ensemble car je fais plusieurs exceptions, une entre autres, pour Mme Butler, qui a peint le *Retour d'Inkermann*, — il manque une qualité essentielle, la science du dessin. On essaie, il est vrai, de dissimuler cette faiblesse sous des couleurs séduisantes ; mais un portrait, une figure veulent des têtes et des corps dont on sente la construction, des mains qui ne soient pas dessinées à peu près et, pour ainsi dire, au jugé. Passe encore d'être indulgent quand il s'agit du paysage, et il faut dire que M. Millais y excelle. Celui qu'il a peint dans les montagnes d'Écosse a été pour nous une belle surprise. On y voit l'arc-en-ciel vibrer sur les bruyères éloignées auxquelles l'œil est conduit par des bandes successives de terrains hérissés d'ajoncs et imbibés d'eau. Ce morceau est d'une vérité si imprévue et en même temps si criante qu'il ferait envie aux plus habiles paysagistes de l'Europe.

Il semble que, sous le climat brumeux de la Grande-Bretagne, les colorations les plus vives devraient s'estomper, se fondre dans le gris, ou du moins perdre quelque chose de leur intensité locale. Tout au contraire, la couleur dans l'École anglaise a toujours une certaine parenté avec l'enluminure ; elle a une franchise acide. Chaque ton conserve sa qualité propre et résiste à l'influence des teintes voisines. Cela donne à à leur paysage du montant et une certaine aigreur qui plaît aux spectateurs blasés. Du reste, les Anglais l'ont si bien senti eux-mêmes que, non contents de vernir leurs tableaux à l'huile, ils les mettent sous verre, comme pour glacer une seconde fois leur peinture et en tempérer ainsi les crudités.

A ces traits caractéristiques il faut ajouter celui-ci : que très-rarement les Anglais font de l'art purement imitatif; leurs paysages sont presque toujours expressifs. Quand M. Morris peint des *Faucheurs* à l'ouvrage au milieu des hautes herbes de la prairie, baignés dans la lumière, trempés de sueur ; quand M. Morgan représente des *Moissonneurs* qui reviennent se coucher à la ferme, au moment où le soleil se couche sous un rideau de nuages, il entre une secrète intention de tendresse et de poésie humaine dans leurs paysages, qui ne sont pas faits pour l'arbre seulement, mais pour l'homme, car on sent bien que le panthéisme n'a pas pénétré en Angleterre. Ces *Faucheurs* intéressent ; ils n'ont rien de la gaieté méridionale ; ils sont actifs et résignés, zélés et tristes. Ce moissonneur, qui rentre le soir avec sa famille, donne un baiser à son enfant qui lui sourit dans les bras de la moissonneuse. Au bord d'un étang où se réfléchit un vieil édifice inhabité, une femme attend sous un arbre celui qu'elle aime : *Il ne viendra pas*, dit le peintre. Le *Retour du travail*, par M. Aumonier, le *Parc de Saint-James*, par feu Pinwell, l'*Appel des travailleurs*, par M. W. Macbeth, la *Pastorale* de M. Boughton, respirent une compassion profonde pour cette population de déshérités, que la misère a pénétrés jusqu'aux os, pour des glaneuses qui traversent un ruisseau au lever de la lune, pour les enfants du Lincolnshire qui entendent la cloche des manufactures, tandis qu'on aperçoit, par une échappée de vue, la campagne où ils iraient battre les buissons et cueillir des mûres. D'autres enfants, un peu plus heureux, traversent un bois aux premiers jours d'avril, mais la neige, une neige attardée, tombe sur leurs joues roses et sur les primevères. M. Boughton appelle *Neige au printemps* l'image de cette inclémence de la nature. Dans un autre effet de neige, M. Mac Whirter représente un pauvre âne *oublié*, qui va périr de froid et de faim au milieu d'une solitude couverte d'un linceul blanc.

Il y a, comme on le voit, un fond de sentimentalisme dans toute la peinture anglaise, et nos voisins n'en ont pas la moindre honte. Le mot *sensible* n'est pas chez eux le synonyme de ridicule, comme chez nous, qui sommes, il est vrai, des esprits forts. Ils ne se défendent pas d'être touchés, ni de trouver dans la nature des allusions à la vie.

Il va sans dire que ces expressions naïvement

sentimentales persistent surtout dans la peinture de genre, de laquelle on peut avoir une idée juste quand on a lu les romans de Dickens. Même tendance à rechercher le détail, à exprimer le cœur par le menu, à caractériser le héros par la signification des petites choses, bien vues, d'ailleurs, et bien rendues. Luck Fildes, F. Holl, J. Sant, Henry Wallis, Calderon, Yeames, Leslie, tels sont les noms que nous avons inscrits, sans ordre, sur notre calepin de notes. Il faut y ajouter le nom de feu sir Edwin Landseer, chez qui le sentimentalisme est poussé jusqu'à l'exagération, dans ses figures d'animaux, et qui, en peignant d'une manière molle, cotonneuse, le *Singe malade*, et la tendresse maternelle, larmoyante, de la guenon, semble avoir voulu donner raison à Darwin et nous inspirer de la sympathie pour nos ancêtres.

Que les oubliés nous pardonnent. De ce nombre, en tout cas, ne peuvent être, ni M. Marcus Stone, n'eût-il fait que cette aimable toile : *Milady est veuve et sans enfants;* ni M. Orchardson, qui, depuis 1867, a conservé entière son originalité, et n'a rien perdu du charme attaché à ses peintures spirituelles et claires;

ni Mme Staples, dont je voudrais posséder le tableau qu'elle nomme *l'Hésitation*, où un jardinier, du temps de Rousseau, propose je ne sais quoi (le mariage, sans doute) à une jeune bouquetière, assise sur une brouette chargée de fleurs, et trop hésitante pour n'être pas déjà décidée ; ni enfin les aquarellistes Walter Crane, Linton, Collier, E. Buckman, E. K. Johnson, miss Clara Montalba, et C. Green, duquel on peut dire que la composition du *Derby Day* est admirable autant de fois qu'il s'y trouve de figures. Ce n'est pas tout : bien que nous ayons parlé plusieurs fois de M. Alma Tadema, que nous avions cru Hollandais, nous devons bien des hommages et bien des honneurs à ce peintre amoureux, comme nous, de l'antiquité égyptienne, grecque et romaine, et dont les tableaux représentant la Dernière plaie d'Égypte, la Danse pyrrhique, une Audience chez Agrippa, seraient sans prix, si le style des figures y égalait la science archéologique du peintre, je veux dire si l'on ne devinait des *gentlemen* et des *ladies* dans ses modèles vêtus à la romaine ou à la grecque.

A mon sens, la plus étonnante peinture qui

nous soit venue de Londres, est celle de Burnes Jones, *Merlin et Viviane.* Il y a là une quintescence d'idéal, une poésie sublimée qui m'appréhende au cœur. La Viviane du peintre semble évoquée par une sorte d'incantation : on dirait d'une figure de Mantegna qui serait retouchée et amoureusement enveloppée par le pinceau d'un Prud'hon. Le spectateur est séduit par la charmeuse, et c'est elle qui enchante l'enchanteur.

Qu'il y ait de beaux portraits dans l'École anglaise, cela n'est pas surprenant, puisque l'Angleterre est le pays de l'individualisme et de l'originalité. Toute île est un individu sur le globe, et son isolement l'empêche d'être familiarisée avec les idées générales, et d'être accessible au sentiment des formes génériques, deux choses qui sont essentiellement continentales. On peut être assuré que le style ne sera jamais insulaire, et que l'art dans une île sera *local.* Cela se vérifie de tout point en Angleterre. Le portrait y est en grand honneur, et tous les artistes célèbres y ont excellé : Reynolds, Gainsborough, Oppie, Ramsay, Lawrence... Aujourd'hui encore, les morceaux les plus saillants de l'exposition britannique sont des portraits : le *Garde royal* tout de rouge habillé, par Millais ; *Le duc de Cleveland* et *Robert Browning*, par Watts ; *M. Kennedy*, par John Pettie, qui adoucit la manière franche et brutale de Hals en la modérant par celle de Van Dyck ; *M. Sale, membre de l'Académie royale*, par Ouless ; le portrait peint par M. Leighton du capitaine Burton, homme énergique, indomptable, dont la tête a été ridée par la lutte, cicatrisée par le courage. Et ce qui prouve bien mon dire, au surplus, c'est que le chef-d'œuvre de l'École anglaise, la peinture qui a valu à M. Herkomer la médaille d'honneur, est un groupe de portraits : je parle des *Invalides de Chelsea*. Non, jamais on ne trouvera, ni dans l'art ni dans la nature, une pareille réunion d'individus, tous marqués à l'empreinte d'un indélébile caractère, aussi différents que possible, tous vivants et parlants, mais tous parlant anglais. Ces curieuses physionomies sont sans doute pour beaucoup dans le succès du peintre ; mais le peintre a sa part, lui aussi, dans l'impression que nous fait cette réunion de figures introuvables, dont chacune est frappée comme une médaille et qui toutes forment le tableau de M. Herkomer.

Le peintre du *Capitaine Burton*, M. Leighton, est, par-dessus le marché, un sculpteur, et c'est lui qui a exposé l'*Athlète combattant un Python*, statue en bronze, dont le mouvement rappelle un des fils de *Laocoon* dans le groupe antique, mais avec plus d'énergie dans la poursuite du modelé, dans l'expression des muscles contractés, des membres tendus. La sculpture étant, par excellence, un art qui veut le style, ne saurait prospérer en Angleterre. Nulle part les divins ouvrages de Phidias ne seraient plus déplacés, plus inutiles qu'ils ne le sont au British-Museum, sous un climat brumeux, où ils gèlent depuis soixante ans, sans inspirer personne. Ce qui attire les sculpteurs anglais, alors que les marbres d'Elgin devraient leur crever les yeux, ce sont les œuvres de nos statuaires. L'*Abandonné* de feu Fuller est une sculpture recommandable, étudiée, châtiée, mais qui dérive du *Soldat de Marathon*. Le superbe *Étalon* de M. Boehm est aussi une réminiscence évidente des *Chevaux de Marly*, par Guillaume Coustou, et la statue que le même artiste a coulée en bronze, de Thomas

Carlyle, de cet écrivain hérissé et mal peigné, dont l'esprit et la chevelure ressemblent à une forêt vierge, est un souvenir du *Voltaire* de Houdon, qui avait su du moins convertir en draperie la robe de chambre dans laquelle il avait enveloppé le vieux patriarche de Ferney. Le *Lutteur* de M. Stephens est une bonne étude de boxeur, ou, pour parler plus noblement, de pugile; malheureusement ce pugile s'exerce, non pas à Olympie, mais dans un *hall* de Hay Market. A ces morceaux il faut ajouter les portraits en pied de Burke et de Goldsmith, qui sont vêtus de fracs et de culottes collantes, et un buste bien travaillé, bien individuel, du professeur Faraday.

Il y a fort peu de distance de la Grande-Bretagne à la Belgique. Cependant, le bras de mer qui sépare ces deux pays a l'immensité d'un océan. La Belgique et la Hollande ont vu naître et fleurir dans leur sein des écoles dont les chefs comptent parmi les étoiles de la peinture. Toutefois, si les Flandres ont eu leur grand peintre dans Rubens, si la Hollande a eu le sien dans Rembrandt, il faut convenir qu'en dehors de ces artistes de haute lignée qui ont remplacé le style par le génie, les écoles dont nous parlons ont été réfractaires au grand art, en ce sens qu'au lieu de s'élever à la vérité typique, ils n'ont saisi, comme l'Angleterre, que la vérité locale, la vérité habillée, la vérité intime et familière.

Ce serait tomber dans des redites fatigantes que d'apprécier encore une fois tous les maîtres charmants que la Belgique a enfantés depuis la révolution qui l'a constituée en nation indépendante. Alfred Stevens, Wilhems, Wauters, Verlat, sont, pour tous les Français qui visitent annuellement nos salons, de vieilles connaissances et, sinon des amis de cœur, des amis de pensée. Leur esprit, d'ailleurs, ressemble au nôtre, leurs palettes ont les mêmes tons, légèrements nuancés par la curiosité japonaise, et ceux d'entre eux qui ont une physionomie distincte ne l'ont guère que dans les détails, dans quelques roueries d'exécution; encore les ont-ils empruntés de nos réalistes. Il n'y a, de Paris à Bruxelles, que quelques heures de chemin de fer, et c'est là un obstacle à l'originalité.

Les tableaux de genre et les paysages qui abondent dans l'École belge, auraient pu tout aussi bien être peints place Pigalle ou dans le quartier du Luxembourg. La saveur des vergers de Mme Collart, des bois et des prairies de MM. Xavier de Cock et Lamorinière, le charme pittoresque des marines de Clays, d'Artan, de Bouvier, de Hamman, la fidélité intéressante des *vues* de Van Moer, de Mols, de feu Boulenger, les portraits de M. de Winne, où je retrouve quelque chose des délicatesses de Jalabert, tout cela n'a rien d'assez particulier pour qu'on fasse une distinction profonde entre l'Ecole belge et l'Ecole française. L'une est aujourd'hui la succursale de l'autre. Il n'est guère que Leys et son école qui aient donné un caractère bien flamand à l'École flamande moderne, et, puisque le nom de Leys vient sous ma plume, j'en prendrai occasion de signaler comme des morceaux pleins de goût, de finesse et d'élégance, les peintures de genre historique dont M. Lagye, un des meilleurs élèves de Leys, a décoré l'hôtel hospitalier de M. Florent Ioostens à Anvers.

Ce que je dis de la Belgique est vrai des Pays-Bas, mais sur une moindre échelle. Les peintres hollandais s'en tiennent presque tous au paysage et à la marine; ils se reposent sur la nature du soin de nous émouvoir ou de nous bercer par ses aspects mélancoliques, ses tristes dunes, ses ciels aux nuages ambulants. Ils font le portrait du paysage, les uns avec calme et sincérité, comme Klinkenberg, Henkes, Roelofs, Apol, les autres avec sentiment, avec tendresse, tels que Mauve, Maris, Mesdag. Les peintres de figures sont rares en Hollande. M. Van Haanen va étudier les siennes à Venise, mais un homme plein de cœur, un artiste ému et touchant, Israels, le peintre des *Pauvres de la plage*, de la *Fête de Jeanne*, de *Seule au monde*, ajoute au génie de l'ancienne École hollandaise quelque chose qui, parmi les vieux maîtres de cette École, ne s'est trouvé que dans la grande âme de Rembrandt.

Nous n'avons pas, malheureusement, de bien longues pages à consacrer aux artistes exposants du Danemark, de la Suède, de la Norwége, de la Russie. Le génie de l'art est trop frileux pour se plaire dans ces parages. De temps à autre, pourtant, il y fait quelques apparitions. Après avoir engendré le sculpteur Thorwaldsen et le peintre Cartens, le Danemark, préoccupé de son indépendance constamment menacée, a laissé dormir les arts du dessin, qui, du reste, n'avaient guère fleuri qu'en vertu de l'influence exercée par un statuaire illustre, vivant à Rome. Lorsque nous fûmes envoyé à Copenhague par M. Dufaure, alors ministre de l'intérieur et des beaux-arts, on procédait à la vente des objets d'art qui avaient composé l'atelier de Thorwaldsen. On avait rassemblé dans de vastes chambres les modèles en plâtre de ses statues colossales et des mausolées qu'il a élevés dans la basilique de Saint-Pierre, à Rome, ses bronzes, ses dessins, ses estampes, ses livres. La ville était en émoi ; mais, dès que s'éteignit le feu des enchères, tout rentra dans le calme, et quand je cherchai s'il y avait dans la cité danoise quelques autres produits de l'art national, je trouvai si peu de choses que ce n'est pas la peine d'en parler.

Aujourd'hui, après la guerre, où ils furent abandonnés, comme nous l'avons été nous-mêmes, les Danois ont encore des artistes, mais ils n'ont plus d'art. Je dis des artistes et je les nomme : M. Bloch, auteur estimable du *Roi prisonnier*, grande page un peu vide ; M. Kroeyer, qui a peint avec ressort un effet de forge ; M. Bache, auteur inégal des *Élans tués* et d'une

Chasse au sanglier; M. Lund, dont le talent, exercé à Rome, s'y dégourdit plus aisément que dans son pays, témoin le *Garde suisse au Vatican*, morceau bien observé, et traité avec un entrain relatif, pas tout à fait *gagliardamente*, comme disent les Italiens.

Patrie plus heureuse, plus tranquille, moins attaquable, la Suède-Norwége a donné plus d'impulsion que le Danemark aux arts de la paix. La sculpture y est rare, et il est bien difficile qu'il en soit autrement. C'est à peine si l'on y peut citer deux ou trois statues en marbre ou en plâtre, entre autres le *Viking prisonnier* de M. Borjesson, bonne étude d'atelier, et deux bustes de M. Fallstedt. Encore ces ouvrages ont-ils été exécutés à Paris, de même que l'*Enfant* de M. Berg, le *Méléagre* de M. Magelssen, et le *Vase* de M. Carlsson ont été modelés à Rome. Les dessins d'architecture ne sont pas non plus bien nombreux, et il ne s'en trouve pas d'autres à l'exposition suédoise que ceux de M. Mandelgren, dont nous avons cité l'ouvrage, de M. Smedberg, architecte à Malmo, et de M. Thrap-Meyer, qui est venu de Christiania pour installer au Trocadéro et au Champ-de-Mars la section de la Norwége.

Mais la peinture a plus d'adeptes dans les deux pays et y figure mieux que ses sœurs. Je soupçonne qu'un élève de Rembrandt, qui s'appelait Bernard Kiehl, aura fait souche en Suède, et qu'une tradition rembranesque s'y est perpétuée jusqu'à M. Heyerdahl, car je crois retrouver, dans l'*Adam et Ève* de cet artiste, une réminiscence, à travers les âges, du grand maître hollandais. La laideur de nos premiers parents a été tempérée dans le tableau du peintre norwégien, mais leurs formes nues, modelées attentivement d'après une nature sans choix, un peu moins vulgaire, toutefois, que celle de Rembrandt, sont enveloppées comme les siennes dans la poésie du clair-obscur. C'est par la lumière qu'est exprimée la colère de l'Éternel, et par le sombre qu'est indiqué le malheur du genre humain. Faute d'avoir été baignées et voilées dans la pénombre, les figures de M. Borg, (l'*État d'innocence*) laissent désirer un peu de style, en l'absence de ce qui en serait un équivalent.

Ainsi qu'on devait s'y attendre, c'est surtout dans le genre et le paysage que les artistes de la Suède-Norwége se sont le plus exercés, notamment M. Hagborg, qui, habitant la France, a fait, comme Fortin et Legentile, de la peinture bretonnante ; M. Salmson, qui a peint en grand, avec netteté et fermeté, une *Picarde* dans le goût de Jules Breton ; M. Lerche, qu'on pourrait prendre pour un Belge, d'après le caractère de son *Réfectoire* et de sa *Chronique scandaleuse*; Mlle Schielderup, élève de nos Parisiens, et Mme Zetterström, dont le tableau sans nom au livret, que j'appellerai *Bonheur en famille*, me rappelle, par le sentiment des figures rustiques gracieusement groupées autour d'un enfant, les jolis dessins que Leprince rapporta de Russie, au siècle dernier.

Veut-on des portraits ? M. Peterssen y est habile. Veut-on des paysages ? On a exposé ici les excellentes toiles, si lumineuses, si vibrantes, de M. Walhberg, tant de fois récompensé dans nos salons, les paysages fins et froids de M. Lindman, ceux de M. Bergh, professeur à Stockholm, qui s'attache à la vérité plus qu'à l'effet, les *Vues* de MM. Jacobsen, Munthe et Gegerfelt.

Parmi ces peintures, qui ne sont pas absolument indigènes, puisqu'elles ont été conçues, la plupart, à Düsseldorf, à Munich, à Paris, il en est deux qui tranchent sur les autres : la *Marguerite*, de M. Hellqvist, grande page un peu trop vide, mais dont l'unique personnage est une figure bien sentie, et le *Corps de Charles XII porté par ses officiers*, œuvre frappante, aussi pittoresque par l'agencement des lignes que solide dans l'exécution, est la meilleure, à mon sens, de l'exposition suédoise.

Que dire de la Russie ?

Là, non plus, nous ne chercherons pas une école de sculpture. Un pays glacé où tout le monde a peur du nu, même les statues, est un mauvais pays pour les sculpteurs. S'il en est jusqu'à trois que nous pourrions compter : M. Runeberg, M. Antokolski, M. Tchijoff, ils ont travaillé leurs marbres, le premier en France, les deux autres en Italie. Les trois groupes de *Psyché*, qu'a exposés M. Runeberg, sont des sculptures froidement gracieuses, dont la sagesse a ses origines dans Thorwaldsen, et le joli, dans Canova. Le *Socrate expirant* de M. Antokolski est une figure bien travaillée, mais mal conçue, une figure qui, au lieu d'être idéalisée par le style, est enlaidie par la mort. Nos lecteurs savent combien nous semble déplacé l'emploi du marbre pour les scènes de genre, comme le *Colin-maillard*. Les praticiens de Milan et ceux de Rome excellent à rendre la puérilité de cette statuaire, dans le succès de laquelle leur contingent est pour moitié. Passe encore de plaisanter en bronze : **M. Tchijoff** y réussit.

En ce qui touche la peinture russe, elle se fait à Paris, quand elle est bonne, et à Rome, quand elle a du style. Si l'on prend les choses au relatif, c'était une justice, ou au moins une convenance internationale, de donner une médaille d'honneur à **M. Siemiradski** pour les *Torches vivantes de Néron*, car s'il est vrai que cette grande composition a bien des défauts qui sautent aux yeux, qu'elle est sans unité, sans foyer, qu'elle est décousue par l'éparpillement de la lumière, et encombrée d'accessoires, il s'y trouve des qualités heureuses d'invention, de curieux épisodes dans les groupes de sénateurs, de courtisans et d'affranchis, qui semblent trouver d'un grand goût le spectacle que leur a ménagé l'artiste-empereur, et qui, pour en jouir à l'unisson, prennent des figures de circonstance. Le côté faible du tableau est justement celui qui devait en être le plus émouvant. Je parle des perches, rangées en perspective, auxquelles on a lié les chrétiens vivants que l'on va brûler. Callot, suivant la remarque de Paul Mantz, avait usé déjà de ce procédé, dans une petite eau-forte qui représente les missionnaires crucifiés au Japon ; mais, dans l'estampe du graveur lorrain, tout est clair, tout se précise. Ici, l'effet est manqué. Les torches vivantes se dessinent mal, ne se comprennent pas. Au lieu de concentrer la lumière, le peintre russe l'a dispersée, vive et brillante, sur les spectateurs, beaucoup moins intéressants que les victimes.

Les proportions exagérées qu'à données M. Siemiradski aux sujets anecdotiques qu'il appelle le *Naufragé mendiant*, la *Coupe et la femme*, — sujets que M. Alma Tadema eût traités sur une toile de chevalet, — montrent que l'éducation pittoresque de l'artiste russe a été insuffisante, comme l'est d'ailleurs, si souvent, celle de nos peintres français.

Après lui, viennent M. Bronnikoff, dont la peinture lisse et vitreuse, rappelant les successeurs de Girodet, refroidit l'expression dans le *Dernier repas des martyrs*, et M. Gerson, qui était venu de Varsovie prendre les leçons de Léon Cogniet, et dont le tableau de *Copernic* révèle un partisan attardé de Paul Delaroche. Il faut noter ensuite des peintres qui ont exposé déjà dans la section allemande, comme M. Bochmann, et ceux qui auraient pu exposer dans la nôtre, comme M. Harlamoff, qui, malgré les études qu'il a faites à l'Ermitage, est certainement plus Français que Moscovite. On admire deux portraits de lui qui sont excellents, celui de M. Viardot qui est touché franchement et ferme, et celui de madame Viardot, qui est exécuté dans une des manières de Rembrandt, la plus délicate, la plus mystérieuse.

Quant aux paysagistes, aux peintres de genre, ils sont plus Russes que les autres et aussi nationaux qu'il convient de l'être quand on fait profession de s'attacher aux vérités locales. Ils s'appellent Kouïndji, Aivazovski, Lindsholm, Orlovski — ce sont les paysagistes; — Kramskoï, Basile Peroff, Répine, Jouravieff, Korzouchine, Savitzki, — ce sont les peintres de genre. Nos confrères ont pris soin de les apprécier en détail : nous nous sommes proposé d'examiner plutôt les beaux-arts de l'Europe à vue de pays.

Quand on passe de la Russie à l'Allemagne, on prend pied sur une terre où l'art n'est pas dépaysé, ou l'on entend retentir le grand nom d'Albert Dürer, mais rien de bien nouveau ne prolongera nos promenades dans les salles de l'exposition allemande.

Et d'abord, pour s'assurer de l'existence d'une école, il faut s'informer si l'on y fait de la sculpture, car sur des terrains ingrats il peut encore venir des peintres. Ce sont les sculpteurs, surtout, qui ont besoin d'un certain degré de latitude, et c'est en Allemagne qu'ils trouvent leur minimum de chaleur. Il y a onze ans, ils étaient en nombre dans notre Exposition universelle : cette fois, ils n'ont envoyé que sept groupes en marbre ou en bronze, cinq figures, trois ou quatre statuettes et huit bustes. Que si nous regardons à la qualité des œuvres, il nous semble qu'elle n'a ni augmenté ni décru. M. Drake, qui obtint la médaille d'honneur en 1867, ne l'eût pas emporté certainement sur M. Reinhold Begas, qui deux fois s'est attaqué à ce qu'il y a de plus difficile en sculpture : un enlèvement. Ici Mercure enlève Psyché ; là un soldat romain enlève une Sabine. Il n'est en effet rien de plus malaisé pour un statuaire que la composition d'un groupe, non pas seulement sous le rapport esthétique, mais eu égard au plaisir des yeux, surtout quand il s'agit de dégager d'un énorme bloc des figures d'un mouvement violent. L'agencement des lignes doit avoir, en dépit de la passion exprimée, un heureux balancement; la silhouette, même la plus animée, doit rester facile à comprendre et annoncer de loin l'action représentée. Un Dieu qui va s'élancer dans les airs en enlevant une jeune femme, c'est déjà comme une figure volante, c'est-à-dire qu'elle tombe aux dernières limites de l'audace compatible avec la pesanteur du marbre (je ne dis pas du bronze), et pourtant ce groupe se soutient, se débrouille et laisse à notre esprit rassuré le loisir d'admirer la diligence du ciseau, la délicatesse du travail.

Une difficulté du même genre se présentait pour l'*Enlèvement d'une Sabine*, mais ici le héros qui enlève, s'appuie solidement sur le sol et renferme dans son équilibre la figure enlevée. Le groupe de M. Bégas me rappelle celui qui a été longtemps aux Tuileries : Énée portant son père sur ses épaules et suivi d'Ascagne, avec cette différence que le groupe de Lepautre pyramide naturellement et sans recherche, tandis que le groupe de Reinhold Bégas forme les lignes anguleuses d'un trapèze coupé par une diagonale, et cela parce que le sculpteur n'a pas voulu sacrifier l'expression énergique de la lutte, à l'avantage d'une silhouette bien combinée. J'y vois pour mon compte une preuve de plus, que l'expression ne saurait être la première qualité d'une sculpture, et que le frémissement des formes, le sentiment passionné de la vie, le rendu des muscles qui se contractent, des membres qui se raidissent, ne doivent pas être poursuivis aux dépens de la beauté.

Les autres statues de l'exposition allemande ne sont pas à la hauteur des œuvres de Reinhold Bégas : ni l'Adam gracieux mais efféminé de M. Hildebrand ; ni le *Satyre* de M. Hartzer qui ne s'est pas défendu de ce qu'on appelle le poncif ; ni l'*Amour impertinent* de M. Kopf, qui est un morceau d'ailleurs fort estimable ; ni le groupe de *Satyre et Bacchus* qu'un autre M. Begas, frère sans doute de Reinhold, a envoyé de Rome, et qui est un ouvrage rendu agréable par le contraste des deux natures. Les statuettes sont assez faibles. En revanche, les bustes de madame Hopfen et de M. de Marées, par les deux Begas, sont accentués, fouillés, d'une vérité cherchée et voulue. Celui de Menzel, lourdement coupé à la hauteur du nombril, a beaucoup d'individualité dans la tête et dans la main, ce qui revient à dire que la vie y est exprimée. Elle l'est aussi dans le portrait de Justus von Liebig, par M. Wagmüller, de Munich, dont l'œuvre capitale est un monument funéraire conçu avec un sentiment de tristesse d'autant plus touchant qu'il est contenu ; ce monument est celui de Gabriela Wagmüller, femme de l'artiste.

Les peintures étrangères, d'un transport plus facile que les sculptures, nous sont plus connues. On a tout dit en France sur M. Menzel, qui est un peintre de race, aussi habile à enlever un grand tableau avec maëstrie, comme son *Usine*, — où éclate un feu de forge, au milieu de nombreuses figures, accrochées par les éclaboussures de la lumière orangée, — qu'à dessiner des illustrations de livres, pour lesquelles il peut être considéré comme un Meissonier allemand, avec plus d'entrain. On a tout dit sur Knaus, on a tout dit sur Meyerheim. La gravure et la photographie ont popularisé les curieux et attachants tableaux du premier : *Une bonne affaire*, la *Délibération des paysans*, et les toiles amusantes du second (charlatans et montreurs de bêtes) qui gagnent à être gravées parce qu'il y a dans l'invention plus d'esprit que d'assurance dans l'exécution.

On a parlé bien souvent aussi des frères André et Oswald Achenbach, excellents paysagistes qui pourraient affronter les rivalités les plus redoutables; on a décrit, on a vanté les paysages de Lessing et de Gude, les paysanneries, si bien observées, de Schlosser, qui travaillait pour nous, il y a dix ans, à la *Gazette des Beaux-Arts*. Il convient donc de s'occuper des peintres nouveau venus. M. Lenbach en est un. Ses portraits ont fait sensation, et cela devait être.

L'art de pénétrer par la physionomie dans l'âme du modèle, de voir le dedans à force d'observer le dehors, telle est la qualité dominante de M. Lenbach. Après avoir étudié tous les maîtres, les vieux routiers comme Rembrandt, les improvisations prestigieuses de Rubens, les peintures soufflées de Velazquez, il s'en tient au procédé le plus simple. Sa toile est à peine couverte, mais autant sa peinture est mince, autant son expression est profonde. Ses portraits du baron Liphart et du docteur Dœllinger nous ont longtemps retenu. Nous l'avons été, mais un peu moins, devant ceux de la princesse Wittgenstein par M. Crola, de Dusseldorf, et d'une dame, par M. Graef, de Berlin.

Le talent de particulariser les physionomies semblait avoir été poussé au dernier point par les Albert Dürer, les Cranach, les Holbein : de nos jours, ce talent va tout aussi loin en Allemagne et l'on peut dire qu'il y est cultivé de préférence à tout autre, quelquefois à outrance, comme il l'est chez nous par le peintre graveur François Gaillard. Les *Paysans politiquant* de M. Leibl valent bien ceux de Knaus, et sont aussi étonnants, par ce côté intime, que les Espagnols de Vibert. J'en dis autant des personnages mis en scène par M. Bockelmann dans la *Banque populaire en faillite*. Mais les artistes allemands ont plus de goût que les nôtres pour les modèles franchement laids ; il faut même dire que les peintres, en général, ne reculent plus devant aucune laideur, et qu'ils sont après tout dans leur droit, en tant que la laideur est expressive. De là vient en partie que l'originalité, qui était le caractère distinctif de l'Allemagne, tend à disparaître. Ce résultat, du reste, est inévitable quand les peuples ont des moyens faciles de communication, et sont si souvent provoqués à se rendre visite.

Cà et là, on reconnaît dans l'École allemande l'influence de nos peintres, celle par exemple de Paul Delaroche et de Gallait sur M. Becker; de Meissonier et de Firmin Girard sur M. Werner; de Bonnat sur M. Gentz et M. Seel, qui ont peint comme lui, et peut-être en même temps que lui, les *Arabes du Caire*. M. Nikotowski, de Dusseldorf, a certainement pensé à Vibert, comme M. Burnier à Corot.

Un artiste qui ne me rappelle personne, c'est M. Schennis; sa *Solitude* m'est allée au cœur : elle est peuplée de rêves et de pensées.

Les sujets mythologiques, antiques, et ceux qui veulent de l'imagination, de l'idéal et du style, sont fort négligés dans ce pays, à en juger du moins par le contingent de l'Allemagne au Champ-de-Mars. M. Bœcklin, un des nouveaux qu'il faut accueillir et saluer, a osé peindre des centaures et des nymphes. Son *Idylle marine* est empreinte d'une poésie farouche, qui tient de la réalité et du songe. M. Kullé a exposé un motif de frise sur fond d'or : les *Disciples de Platon*, composition digne et marmoréenne, qui remonte jusqu'à David, et qui, au milieu d'une école vouée au naturalisme, paraît ultra-classique.

En somme l'Allemagne, dans aucune branche de l'art, n'est égale à la France, même en tenant compte des tableaux militaires que les peintres allemands ont eu le bon goût de ne pas nous envoyer, mais qui n'auraient pas été supérieurs, on peut le croire, à ceux qu'auraient exposés de Neuville, Detaille, si une réciprocité de délicatesse n'avait fait écarter leurs œuvres de l'exposition française.

Ce n'est pas faute de sympathie que nous parlerons peu de la Suisse. Les montagnes sublimes, qui protégent ce peuple fier et libre, sont aussi un obstacle à la venue du grand art, qui ne saurait naître viable dans un pays aussi petitement fragmenté. Quel est le canton qui aurait l'idée de bâtir un Vatican ou un Louvre, pour le donner à peindre, à orner de bas-reliefs, à décorer de statues? Il n'est guère que Berne et Genève qui pussent nourrir une pareille ambition ; mais l'une de ces villes est trop allemande, et l'autre trop française, pour qu'elles voient éclore un art original, un art helvétique.

Un instant, la nature exceptionnelle de la contrée inspira deux peintres d'un certain renom, Calame, Diday, et après eux, Zimmermann. Mais on reconnut bientôt que les Alpes n'étaient pas des montagnes à l'échelle de l'homme, je veux dire que l'on ne pouvait les représenter, dans leur grandeur relative, sans réduire la figure humaine aux proportions d'une fourmi. Les peintres suisses, je parle des paysagistes, se sont donc résignés à sortir de leur pays. Bodmer est allé s'établir à Barbizon, c'est-à-dire au cœur même de notre école de paysage ; Baudit est dans les Landes ; Castan a préféré au lac Léman les bords de la Creuse, sans doute en mémoire de George Sand, ce grand peintre de la campagne. Bocion, comme s'il était las des ravissantes beautés de la nature autour de Lausanne, a fait une excursion en Savoie, et Adolphe Potter a pris possession de la Camargue. Enfin, les Girardet ont quitté le canton de Neufchâtel pour aller dans le Maroc retrouver la piste d'Eugène Delacroix et de Regnault, et M. Fröhlicher, si habile, lui aussi, a planté son chevalet aux environs de Munich.

Mais il n'y a pas seulement des paysagistes en Suisse. M. Vautier, qui a exposé le *Dîner de circonstance*, est pour ce pays ce qu'est pour l'Allemagne M. Knaus, et ce n'est pas peu dire. Quoique nous soyons las de distribuer des éloges, nous en donnerons encore à M. Simon Durand, peintre de genre, élève de Menn (lequel brille dans la section suisse par son absence). Si bien organisée que soit une exposition universelle, beaucoup de choses, même remarquables, y peuvent échapper au spectateur ahuri, au critique fatigué. C'est là ce qui nous est arrivé sans doute : qu'on nous le pardonne !

On ne s'attendait guère en France à voir venir de Vienne une vaste et imposante machine comme l'*Entrée de Charles-Quint à Anvers*. Nous pensions ici posséder, quant à présent du moins, le monopole des décorations à grand orchestre, et cela ne fait que rendre plus vive la sensation qu'a produite l'œuvre de Makart, auquel du reste le jury international a unanimement décerné la médaille d'honneur. Neuf ou dix millions de personnes ont vu l'*Entrée de Charles-Quint*, et tous nos confrères l'ont décrite. C'est un ouvrage magnifique et touffu, conçu avec ampleur, mené avec entrain, enlevé de haute lutte et de main de maître. Charles-Quint, monté sur un cheval de brasseur, à large poitrail, et revêtu d'une cuirasse d'argent, sous son manteau impérial, fait une entrée triomphale dans la capitale des Flandres, précédé et suivi de ses hommes d'armes, au milieu d'un cortége de femmes superbes, les unes richement costumées, les autres nues, ou plutôt voilées d'une gaze qui ajoute encore à leur nudité. La toile regorge de monde. Les Anversoises, embéguinées de leurs coiffes blanches et parées de leurs plus beaux atours, se pressent aux fenêtres, sur les balcons, sur les perrons : un léger vent agite la soie des drapeaux, les pennons brodés, les bannières des gildes et des corporations religieuses, et l'empereur-roi, sur sa monture au pas lent et lourd :

> Marche tout harnaché d'ordres et de chamarres,
> Au bruit de cent clairons sonnant des tintamarres.

Toutes les conditions de la grande peinture,

surtout de la peinture décorative, se trouvaient réunies dans une pareille scène : des figures nues, des costumes opulents, des femmes et des vieillards, des jeunes filles, des enfants, des chevaux, des armures, des plumes, des linges blancs, des velours, des ors, de l'architecture, des portraits de personnages intéressants par leur célébrité. Je dis des portraits, parce qu'on distingue, sur la gauche, parmi la foule, la tête d'un artiste jeune, pensif et beau, avec ses longs cheveux qui tombent en boucles sur ses épaules : c'est Albert Dürer, qui a raconté lui-même, dans une lettre à Mélanchton, l'entrée de Charles-Quint, bien qu'il ne fût pas présent à la cérémonie, ayant été retenu au logis par ordre de sa femme, à qui portaient ombrage, sans doute, les filles du cortège.

Les éléments pittoresques de son sujet, Makart s'en est joué avec l'aisance d'un maître pour qui la peinture n'a plus de secrets et que l'on dirait même supérieur à son œuvre. Rien de stanté, rien de pénible, rien qui sente « le modèle à vingt sous l'heure ». Sans doute, l'*Entrée de Charles-Quint* a été préparée par des études plus ou moins serrées, plus ou moins faciles ; mais le peintre s'est servi de la nature sans en être l'esclave. Rompu à la connaissance de la forme humaine, parfaitement renseigné d'avance, et en s'appuyant sur un carton préalable, il a dessiné, ou, du moins, il semble avoir dessiné ses figures au bout du pinceau, et il a brossé le tout d'une main libre et sûre, d'une pâte brillante et généreuse. C'est ainsi qu'il faut s'y prendre quand on s'attaque à ces sortes de peintures qui sont les fêtes du regard, les sérénades de la couleur.

Je sais bien ce qu'on peut dire de cette grande machine : qu'elle manque d'air, qu'elle est rissolée outre mesure, en mémoire des anciens tableaux, que les *repos* y sont un peu trop sourds. Mais ces critiques me paraissent oiseuses, en présence d'un pareil ensemble de qualités fortes. Au surplus, ces qualités me frappent davantage encore dans les deux portraits de grandes dames, que M. Makart a exposés, parce que son talent s'y montre plus intime et sous un jour plus délicat. Peints dans une ville de loisir, de plaisir et de « haute vie », comme disent les Anglais, ces portraits pleins de charme ont une tournure élégante, aristocratique, et la couleur en est délicieuse. Quelqu'un me faisant observer que le costume avait autant d'importance que la tête : — « C'est vrai, lui ai-je dit, mais la toilette d'une jolie femme du monde n'est-elle pas la moitié d'elle-même ? »

De Makart à Matejko, la différence est à peu près la même que d'Eugène Delacroix à Paul Delaroche. Matejko, cependant, est plus peintre que ce dernier, moins tendu et plus chaleureux, non-seulement dans l'*Union conclue à Lublin*, tableau dont l'effet est affaibli par la dispersion des clairs et des vigueurs, mais dans le *Baptême de la cloche à Cracovie*, qui éclate en colorations flambantes, et qui, suivant le mot d'un de nos confrères, est « un véritable feu d'artifice de tons rutilants. »

Indépendamment des peintures de Matejko, Cermak et Munkacsy ont reçu l'hospitalité dans nos salons annuels. L'on y a vu le *Monténégrin blessé*, tableau saisissant, empreint de la poésie altière qu'affectionnent les peuples montagnards, et l'*Atelier de l'artiste*, où Munkacsy s'est représenté lui-même montrant ses ouvrages à une jeune femme en toilette de velours bleu. Cette fois, le peintre hongrois a pris pour sujet *Milton dictant le Paradis perdu à ses filles*.

Malgré son intimité, cette scène a quelque chose de solennel. Le spectateur partage l'émotion que lui laissent voir les filles du poëte aveugle, suspendues aux lèvres de leur père. Les beaux gris de Vélasquez forment ici la base d'un coloris facilement harmonieux et qui, du clair au noir, n'a guère d'autres variétés que les tons d'un vieux tapis de Turquie, étendu sur la table autour de laquelle se tiennent, debout ou assises, les trois filles de Milton. Ce tableau, qu'il était permis de peindre sur une toile grande, eu égard à l'immortalité du principal personnage, a valu à M. Munkacsy la médaille d'honneur.

Après les portraits de Makart, viennent ceux qu'ont signés MM. Canon, d'Angeli, et Grieperken. Il ne s'en fait pas beaucoup de meilleurs en France. Les uns et les autres ont de la distinction, et cela donne une haute idée des bonnes façons de la société viennoise, car les modèles doivent y être pour quelque chose, les femmes surtout. Les portraits qui nous ont le plus frappé sont ceux de la comtesse de Schenborn par M. Canon, de la princesse Hélène de Schleswig, et de Mme Schwabe (en noir, sur un fond de tapisserie fanée) par M. d'Angeli.

Toutes les branches de la peinture, sujets dramatiques, scènes familières ou populaires, paysages, vues de villes et de canaux, natures mortes, sont cultivées à Vienne avec une habileté dont j'ai été naïvement surpris, faute, sans doute, d'avoir voyagé en Autriche. Sans parler de M. Otto von Thoren qui, tout en devenant Parisien, n'a pas dépouillé l'artiste hongrois, il faut signaler les paysages hollandais de Jettel, et particulièrement la *Rive garnie d'arbres,* qui pourrait figurer à côté des plus belles toiles de Rousseau, et l'*Incendie d'une forêt,* beau drame de lumière par Zimmermann. Le *Curé arbitre* de M. Gabl, qui se rattache à Munkacsy, avec plus de goût pour le clair, le *Jeu du pouce dans le Tyrol,* par M. Defregger, la *Rue polonaise* de M. Kozakiewicz, les *Paysans tyroliens* du professeur de Blaas, qui me font penser au peintre suisse Vautier, la *Gare de chemin de fer*, par M. Karger, la *Maison mortuaire* de M. Kurzbauer, sont autant de morceaux pleins de physionomie, pleins d'accent et de mordant; mais ce qui nous a le plus étonné, c'est un petit tableau de M. Ebner, représentant deux gamins de Bude-Pest, assis sur une borne.

Jamais, à ma connaissance, l'observation n'a creusé plus avant dans les bas-fonds de la nature humaine. Ils sont caractérisés dans le plus vrai du vrai, ces deux mômes hongrois, au masque épais, individus archicurieux, qu'aurait célébrés le poète des *Iambes* comme des membres de la « sainte-canaille ». Ils sont, de plus, accusés d'un ton si fin et si ferme, avec des gris d'une qualité si savoureuse et si rare, que ni Chardin ni Téniers n'en ont connu de pareils.

De semblables peintures font paraître bien léchées, et d'une coquetterie un peu fade, la *Tireuse de cartes* de M. Probst et la *Double surprise* de M. Pascutti. Ce qui peut souffrir la comparaison avec les meilleurs maîtres hollandais, ce sont les toiles de M. Ribarz: une *Vue de Dordrecht*, que Van der Meer n'aurait pas mieux rendue dans ses plans, ses valeurs et ses finesses, un *Canal en Hollande*, qui est une transposition en plein air des peintures de Pierre de Hooch, et un ouvrage admirable par des tons imprévus et trouvés.

Un peu au-dessous de M. Ribarz, se placent les paysages de MM. Franz et Robert Russ, de Mlle Tina Blau, et les vues orientales et lumineuses de MM. Festzy et Meszoly. Enfin, les natures mortes de Charlemont ferment la série de nos remarques sur l'Autriche-Hongrie.

Il en est des beaux-arts comme des autres créations de l'esprit humain : ils ont leurs vicissitudes, leurs pérégrinations, leurs palingénésies. Le génie de l'art n'a pas des ailes pour rester immobile : c'est un oiseau inconstant, curieux, volage. Dans ses transmigrations, il porte la vie où était la mort, et il abandonne à la mort ou au sommeil les pays qui l'avaient possédé dans tout son éclat. Ses voyages sur la terre ressemblent aux enroulements du serpent autour du caducée de Mercure. L'axe de ses mouvements est une ligne qui coupe la terre vers le quarantième degré de latitude. Mais, pour la culture du beau, les hommes ont besoin encore d'un autre soleil que celui autour duquel gravite notre planète, il leur faut le soleil de la liberté et de la paix. Quand la Grèce fut asservie, l'art en émigra. Depuis que l'Italie a conquis son indépendance, l'art commence à y refleurir.

Jusqu'à présent, la prééminence appartient à notre pays. C'est ici que se produisent — les étrangers en conviennent eux-mêmes — les plus beaux ouvrages de l'architecture, de la peinture, de la statuaire, de la glyptique, de la gravure. Cependant, il est en Europe des symptômes auxquels il faut prendre garde, et il est fort heureux que nous ayons pu, dans une magnifique et solennelle exhibition de tous les produits du monde, établir des comparaisons, noter des différences, marquer les divers degrés de l'étiage humain. Ce que révèle à nos yeux ce concours universel, le voici : l'art se réveille en Grèce et en Italie, il se transforme en Espagne, il s'endort en Portugal; l'Angleterre le particularise curieusement, la Belgique le cultive avec succès et avec amour, et l'Allemagne en soutient l'honneur ; mais il s'attriste en Hollande, il végète en Danemark, il vit petitement en Suède, il grelotte en Russie. La Suisse n'en a que des fragments. Seule, l'Autriche-Hongrie semble avoir conçu la noble ambition de primer un jour, au moins en peinture, et la chose n'est pas impossible, s'il est vrai, comme le dit Fourier, que les attractions soient proportionnelles aux destinées.

FIN.

INDEX [1]

Achenbach (André), p. 354.
Achenbach (Oswald), p. 354.
Aivazovski, p. 349.
Aizelin, p. 170, 171, 175.
Alason, p. 319.
Albert-Lefeuvre, p. 169.
Alcamène, p. 84, 152, 171.
Allar, p. 141, 169.
Allongé, p. 289.
Alma-Tadema, p. 296, 334, 348.
Altamura, p. 317.
André del Sarte, p. 201.
Angeli (d'), p. 364.
Antonello de Messine, p. 274.
Antokolski, p. 346.
Apol, p. 341.
Appian, p. 289.
Artan, p. 340.
Aubert, p. 257.
Aumonier, p. 331.

Baader, p. 257, 259.
Bache, p. 342.
Bailly (Charles-Élie), p. 156.

Barcaglia, p. 322.
Barrias, p. 161, 173, 257.
Barthélémy, p. 90, 124, 141.
Bartholdi, p. 21, 175.
Bartolini, p. 111.
Barye, p. 20.
Barzaghi, p. 322.
Bastien-Lepage, p. 273.
Battaglia, p. 319.
Baudit, p. 358.
Baudry (Paul), p. 159.
Baujault, p. 98.
Beauvais (Armand), p. 276.
Becker, p. 356.
Becker (Georges), p. 218.
Becq de Fouquières, p. 287.
Becquet (Just), p. 169.
Begas, p. 352, 353.
Begas (Reinhold), p. 350, 351, 352.
Bellel, p. 289.
Benouville, p. 125.
Berchère, p. 276, 277, 289.
Berg, p. 343.
Bergeret, p. 231.
Bergh, p. 345.

(1) Les noms des exposants sont en caractères gras.

Berghem, p. 295.
Berne-Bellecour, p. 262, 286.
Bernier (Camille), p. 276, 277.
Bertaux (Mme), p. 97.
Bertinot, p. 290.
Bertrand (James), p. 261.
Beylard, p. 143, 144, 146, 147.
Bianchi, p. 315.
Bida, p. 289.
Blaas (de), p. 365.
Blanc (Joseph), p. 257, 258.
Blanchard, p. 143, 144, 217, 290.
Blau (Mlle Tina), p. 366.
Bloch, p. 342.
Bochmann, p. 349.
Bocion, p. 358.
Bockelmann, p. 355.
Bodmer, p. 358.
Boecklin, p. 356.
Boehm, p. 337.
Boileau, p. 26, 34, 35.
Boilvin, p. 298.
Boitte, p. 118.
Bologne (Jean de), p. 131.
Bolswert, p. 291.
Bonassieux, p. 90, 172.
Bonheur (Isidore), p. 174.
Bonington, p. 301.
Boninsegna, p. 322.
Bonnat, p. 126, 195, 196, 244, 261, 264, 265, 266, 294, 300, 356.
Bonnegrâce, p. 275.
Borg, p. 344.
Borghi, p. 321.
Borjesson, p. 343.
Borrel, p. 306.
Bost (Mlle), p. 287.

Botticelli, p. 195; 293.
Boucher, p. 184.
Boucher-Desnoyers, p. 290.
Boughton, p. 331, 332.
Bouguereau, p. 187, 195, 196, 197, 267.
Boulanger (Gustave), p. 187, 204, 208, 250.
Boulenger, p. 340.
Bour (Charles), p. 301.
Bourdais, p. 5, 11.
Bourgeois, p. 124, 143, 145.
Bourgoin, p. 72.
Bouvier, p. 261.
Bouvier, p. 340.
Bracquemond, p. 296.
Braga, p. 321.
Brascassat, p. 301.
Breton (Émile), p. 276.
Breton (Jules), p. 118, 250, 345.
Breughel de Velours, p. 275.
Bril (Paul), p. 275.
Brillouin, p. 286.
Brion, p. 296.
Brissot de Warville, p. 276.
Bronnikoff, p. 348.
Brown (Lewis), p. 262, 286.
Browne (Henriette), p. 265.
Brunet-Debaines, p. 299.
Buckman, p. 334.
Buhot (Félix), p. 298.
Burnes-Jones, p. 335.
Burnier, p. 356.
Busson, p. 276.
Butter (Mme), p. 329.

Cabanel, p. 187, 199, 200, 201, 266, 267, 310.
Cabat, p. 278.

INDEX.

Cabet, p. 120.
Caillé, p. 124.
Caïn, p. 19, 174.
Calabrèse (le), p. 225.
Calamatta, p. 292, 294.
Calame, p. 358.
Calderon, p. 333.
Callot, p. 348.
Cambon, p. 275.
Cambos, p. 121.
Camuccini, p. 206.
Canaletto, p. 299.
Canon, p. 364.
Canova, p. 346.
Captier, p. 124, 173.
Caraud, p. 262.
Caravage (le), p. 184.
Carlsson, p. 343.
Carpeaux, p. 113.
Carrache (Annibal), p. 217.
Carrier-Belleuse, p. 173.
Cartens, p. 341.
Cassagne, p. 276.
Castan, p. 358.
Cermak, p. 363.
Chalepas, p. 313.
Champagne (Philippe de), p. 185.
Chaplain, p. 303, 304.
Chapu, p. 125, 149, 156, 169.
Chardin, p. 184, 294 366.
Charlemont, p. 367.
Charlet, p. 301.
Chatrousse, p. 126, 174.
Chauvel, p. 298.
Chevanard (Paul), p. 200, 201.
Civiletti, p. 323.
Claude Lorrain, p. 276, 279.
Claude (Max), p. 262.
Clays, p. 340.

Clément (Auguste), p. 206.
Clésinger, p. 162, 175.
Cock (Xavier de), p. 340.
Cogniet (Léon), p. 349.
Collart (Mme), p. 340.
Collier, p. 343.
Collinson, p. 46.
Comte (Charles), p. 247.
Constant (Benjamin), p. 260.
Cormon (Fernand), p. 257, 260.
Corot, p. 278, 298, 300, 356.
Corrège, p. 96, 187, 291.
Cot, p. 268.
Cougny, p. 124, 173.
Courtry, p. 295, 296.
Coustou, p. 337.
Coysevox, p. 162.
Crane (Walter), p. 334.
Cranach, p. 355.
Croisy, p. 116, 117.
Crauck, p. 156.
Crola, p. 355.
Cros (Henri), p. 168.
Cugnot, p. 124, 170.
Curzon, p. 277.

Damé, p. 124, 136.
Danguin, p. 290.
Dantès, p. 92.
Daubigny, p. 192, 278, 298.
David d'Angers, p. 303.
David (Louis), p. 122, 184, 186, 203, 209, 232, 357.
Davioud, p. 5, 11.
Deffregger, p. 365.
Degeorge, p. 173, 305.
Delacroix (Eugène), p. 177, 191, 212, 227, 232, 237, 260, 280, 297, 359, 363.

INDEX.

Delacroix (Eugène) fils, p. 257.
Delangle (Firmin), p. 289.
Delaplanche, p. 18, 90, 95, 122, 142, 156, 157.
Delaroche, p. 219, 233, 235, 268, 349, 356, 363.
Delaunay (Élie), p. 187, 191, 192, 194, 271.
Delauney, p. 298.
Delorme (Philibert), p. 26.
Denner, p. 274.
Desgoffes (Blaise), p. 231.
Desiderio da Settignano, p. 111.
Detaille, p. 243, 357.
Deswachez, p. 294.
Diaz, p. 278, 298.
Diday, p. 358.
Didier (A.), p. 290.
Didier (Jules), p. 289.
Dion, p. 27.
Donatello, p. 99, 111.
Doré (Gustave), p. 142.
Doublemard, p. 174.
Drake, p. 350.
Drossis, p. 312.
Dubois (Alphée), p. 304.
Dubois (Paul), p. 90, 111, 118, 119, 159, 275.
Dubouchet, p. 290.
Dubufe (L.-E.), p. 273, 274.
Dumont, p. 131.
Dupré, p. 322.
Dupré (Abraham), p. 303.
Dupré (Augustin), p. 303.
Dupré (Guillaume), p. 303.
Dupré (Jules), p. 278, 298.
Dupuis (Pierre), p. 275, 305.
Duran (Carolus), p. 271, 294.
Durand (Simon), p. 359.

Dürer (Albert), p. 291, 350, 355, 361.
Duret, p. 141, 142, 304, 310.
Duval, p. 27.
Duverger, p. 262.
Duvivier, p. 303.
Dyck (van), p. 293, 335.

Ebner, p. 365.
Ehrmann, p. 298.
Elzeimer, p. 275.
Espagnolet (l'), p. 225.
Espérandien, p. 21.
Etex, p. 166.
Eude, p. 173.
Eyck (van), p. 275.

Falguière, p. 18, 90, 99, 111, 155.
Fallstedt, p. 343.
Faivre-Doffer, p. 283.
Favretto, p. 315.
Festzy, p. 367.
Feyen (Eugène), p. 251.
Feyen-Perrin, p. 251.
Fichel, p. 262.
Fildes (Luck), p. 333.
Fitali, p. 314.
Flahaut, p. 276.
Flameng (Léopold), p. 294.
Focardi, p. 322.
Fortin, p. 345.
Fortuny (Mariano), p. 314, 315, 323, 324, 325.
Fouquières, p. 276.
Fragonard, p. 184.
Français, p. 278, 279, 285.
François, p. 305.
Frémiet, p. 19, 20, 174.
Frohlicher, p. 359.

INDEX.

Fromentin, p. 262, 289, 297, 317, 318.
Fuller, p. 337.

Gabl, p. 365.
Gaillard, p. 274, 292, 293, 355.
Gainsborough, p. 335.
Galbrunner, p. 305.
Gallait, p. 356.
Garnier (Charles), p. 51.
Gautherin, p. 161.
Gauthier, p. 90.
Gavarni, p. 301.
Gegerfelt (de), p. 345.
Gentz, p. 356.
Géricault, p. 223, 301.
Gérôme, p. 206, 232, 235, 237, 238, 250, 310, 328.
Gerson, p. 348.
Ghiberti, p. 111.
Giacomotti, p. 268.
Gide, p. 250.
Gignous, p. 315.
Gigous, p. 274, 301.
Gilbert, p. 295, 296, 300.
Gioli, p. 315.
Giorgione, p. 291.
Girard (Firmin), p. 247, 248, 356.
Girardet (les), p. 358.
Girardon, p. 162.
Girodet, p. 348.
Glaize (Léon), p. 204, 207, 210.
Gonzalès, p, 328.
Gonzalvo (Pablo), p. 328.
Gosselin (Charles), p. 160, 276.
Goupil (Jules), p. 247, 249, 268, 297.
Goya, p. 297.
Goyen (van), p. 295.

Graef, p. 355.
Granet, p. 161.
Gravillon, p. 142.
Green (C.). p. 334.
Greux, p. 295, 297, 298.
Greuze, p. 184.
Griepenker, p. 364.
Groiselliez, p. 277.
Gros, p. 260.
Gude, p. 352.
Guilbert, p. 173.
Guillaume, p. 90, 112, 115, 156, 162, 303.
Gumery, p. 148.

Haanen (van), p. 341.
Hagborg, p. 345.
Hals, p. 336.
Hamman, p. 340.
Hanoteau, p. 276, 277.
Hardy, p. 27.
Harlamoff, p. 349.
Harpignies, p. 276.
Hartzer, p. 352.
Hébert, p. 243, 244, 245.
Hédouin (Edmond), p. 299.
Heller, p. 305.
Hellqvist, p. 345.
Henkes, p. 341.
Henner, p. 159, 187, 270, 296.
Herkomer, p. 336, 337.
Heyerdahl, p. 344.
Hildebrand, p. 352.
Hiolle, p. 19, 90, 100, 124.
Holbein, p. 291, 294, 355.
Holl (F.), p. 333.
Hooch (Pierre de), p. 366.
Hope (Thomas), p. 44.
Houdon, p. 160, 338.

Houssin, p. 174.
Huet, p. 290.

Icard, p. 142.
Induno, p. 319.
Ingres, p. 166, 177, 179, 180, 186, 232, 238, 280, 282, 288, 289, 293, 294.
Isabey, p. 323.
Isbert (Camille), p. 287.
Isenbart, p. 276.
Israels, p. 340.
Itasse, p. 174.

Jacobsen, p. 345.
Jacovacci, p. 315.
Jacquemart, p. 19, 20, 174, 295.
Jacquemart (Mlle Nélie), p. 268.
Jacquet, p. 290.
Jalabert, p. 340.
Jettel, p. 365.
Jobbé-Duval, p. 216.
Johnson, p. 334.
Joris, p. 319.
Jouravieff, p. 349.
Jouvenet, p. 184.
Jundt, p. 262.

Karger, p. 365.
Kaulbach, p. 57.
Kiehl (Bernard), p. 344.
Kiérincx, p. 276.
Klinkenberg, p. 341.
Knaus, p. 353, 355, 359.
Kopf, p. 352.
Korzouchine, p. 349.
Kossos, p. 313.

Kouïndji, p. 349.
Kozakiewicz, p. 365.
Kramskoï, p. 349.
Krantz, p. 27.
Kroeyer, p. 342.
Kullé, p. 357.
Kurzbauer, p. 365.

Laberge, p. 274.
Labrouste (Henri), p. 26.
Lafrance, p. 170.
Lagrange, p. 305.
Lagye, p. 340.
Lancret, p. 184.
Lambert (Eugène), p. 286, 297.
Lamorinière, p. 340.
Landelle, p. 268.
Landseer (Sir Edwin), p. 333.
Lanson, p. 124.
Lansyer, p. 276.
Laoust, p. 142.
La Tour, p. 294.
Laugée, p. 283.
Laurens (Jean-Paul), p. 160, 219, 220, 221.
Lavieille, p. 277.
Lavigne, p. 124, 142.
Lawrence, p. 335.
Lebel, p. 250.
Lebrun, p. 184.
Lecomte du Nouy, p. 257, 261.
Lecointe, p. 167.
Lefebvre (Jules), p. 189, 190, 270.
Lefeuvre (Albert), p. 169.
Legentile, p. 343.
Lehoux, p. 223.

INDEX.

Leibl, p. 355.
Leighton, p. 336, 337.
Léloir (Louis), p. 252, 284, 285, 291.
Lemaire (H.), p. 116.
Lemaire (Mme Madeleine), p. 287.
Leman, p. 286.
Lematte, p. 187, 204, 214.
Lenoir (Alfred), p. 162.
Léonard de Vinci, p. 111, 119, 182, 187, 195, 314.
Lepautre, p. 350.
Leprince, p. 345.
Le Rat, p. 295, 298.
Lerche, p. 345.
Leroux (Étienne), p. 90, 100, 102, 116.
Leroux (Hector), p. 187, 214, 250.
Leslie, p. 333.
Lessing, p. 352.
Lesueur, p. 184, 221.
Lenbach, p. 354.
Lévy (Émile), p. 187, 257, 259, 268.
Lévy (Henri), p. 225, 226.
Leys, p. 340.
Lindman, p. 345.
Linsholm, p. 349.
Linton, p. 334.
Loison, p. 170.
Luca della Robbia, p. 111, 123.
Lund, p. 343.
Luminais, p. 261.
Lysippe, p. 151, 152.
Lysistrate, p. 152.

Mabille, p. 90, 100, 143.

Macbeth, p. 331.
Machard, p. 187, 217, 275.
Madrazo, p. 325.
Magelssen, p. 343, 364.
Maillard, p. 187, 217.
Makart, p. 359, 361, 362, 363.
Mandelgren, p. 51, 343.
Manfredi, p. 225.
Maniglier, p. 143, 147.
Mantegna, p. 119, 182, 195, 291.
Marc-Antoine, p. 290.
Marcellin, p. 124.
Marcilly (Millet de), p. 173.
Marchetti, p. 315.
Marcke (van), p. 262, 297.
Maris, p. 341.
Marqueste, p. 134.
Marquet de Vasselot, p. 124.
Martinet, p. 161, 175.
Massarani, p. 319.
Masure, p. 276.
Matejko, p. 363.
Mathurin, p. 201.
Matout, p. 283.
Mauve, p. 341.
Mazerolles, p. 257, 258.
Meer (van der), p. 366.
Meissonier, p. 296, 232, 235, 240, 241, 242, 243, 246, 323, 324, 328, 356, 354.
Meissonier fils, p. 243.
Meistrier, p. 328.
Menn (B.), p. 359.
Menzel, p. 353.
Mercié (Antonin), p. 10, 17, 90, 109, 110, 111, 133, 135, 172.
Merley, p. 305.

Mesdag, p. 341.
Mesgrigny, p. 276.
Meszoli, p. 367.
Metsu, p. 252.
Meyerheim, p. 354.
Meynier, p. 204, 218.
Michel-Ange, p. 102, 103, 118, 142, 182, 195, 282, 290, 293, 314.
Michetti, p. 315.
Millais, p. 328, 329, 336.
Millet (Aimé), p. 19, 124, 140, 142.
Millet (François), p. 118.
Millet de Marcilly, p. 173.
Millius, p. 295, 297.
Mino da Fiesole, p. 111.
Mirbel (Mme de), p. 287.
Moer (van), p. 340.
Mols, p. 340.
Monchablon, p. 187, 209.
Montagne (Marius), p. 124, 140, 141.
Montalba (Miss Clara), p. 334.
Montegria, p. 335.
Monteverde, p. 320.
Monziès, p. 295, 297.
Moradei, p. 319.
Moreau (Gustave), p. 227, 288.
Moreau (H.), p. 145.
Moreau (Mathurin), p. 19, 103.
Moreau-Vauthier, p. 124, 141.
Morgan, p. 331.
Morice, p. 138.
Morris, p. 331.
Morse, p. 290.
Mouchot, p. 262.
Moulin (Hippolyte), p. 92, 94, 157.

Moullion, p. 277.
Muncacsy, p. 297, 363, 365.
Munthe, p. 345.

Neuville (de), p. 357.
Niccolo, p. 184.
Nigris (de), p. 316.
Nikotowski, p. 356.
Nittis (de), p. 316.
Noel (Tony), p. 90, 100, 101, 116, 137, 156, 158.
Nono, p. 315.

Oliva, p. 174.
Olivié, p. 261.
Oppie, p. 335.
Orchardson, p. 333.
Orlovski, p. 349.
Ostade (Isaac), p. 295, 298.
Oudiné, p. 303.
Ouless, p. 336.

Pagliano, p. 319.
Parrot, p. 159, 217, 268.
Pascutti, p. 366.
Pasini, p. 317, 318.
Pastoris, p. 315.
Patrois, p. 261.
Paufard, p. 169.
Pelouse (Léon), p. 278.
Peroff (Basile), p. 349.
Perraud, p. 90, 91, 92, 164.
Perrault, p. 261.
Pérugin, p. 195.
Peterssen, p. 346.
Pettie, p. 336.
Phidias, p. 84, 127, 139, 152, 311, 337.

INDEX.

Philipolis, p. 314.
Pier della Francesca, p. 275.
Pigale, p. 108.
Pinwell, p. 331.
Pisanello, p. 304.
Placensia, p. 327.
Poëlenburg, p. 275.
Polonceau, p. 32, 33.
Polyclète, p. 84, 127.
Polydore, p. 201.
Ponscarme, p. 156, 303.
Pontius, p. 291.
Potémont, p. 297.
Potter (D.), p. 358.
Poussin, p. 86, 184, 199, 210, 215, 232, 276, 279.
Pradilla, p. 327.
Praxitèle, p. 95, 127.
Primatice, p. 184.
Priou, p. 217, 300.
Probst, p. 366.
Protais, p. 261.
Prouha, p. 90, 100, 124.
Prud'hon, p. 98, 187, 232, 294, 300, 335.

Quadrone, p. 315.
Quesnet, p. 275.

Rajon, p. 295, 296.
Ramsay, p. 335.
Ranvier, p. 257, 258.
Raphaël, p. 142, 182, 184, 195, 290, 291, 293.
Regnault (Henri), p. 161, 223, 224, 359.
Rembrandt, p. 276, 279, 294, 295, 326, 340, 344, 349, 354.
Renaudot, p. 124.

Répine, p. 349.
Reynolds, p. 335.
Ribarz, p. 366.
Ribéra, p. 225, 325.
Ribot, p. 225.
Richard, p. 174.
Rico, p. 327.
Robert-Fleury (Tony), p. 204, 212, 259, 275.
Robinet (Paul), p. 276.
Rochebrune, p. 299.
Rochet, p. 140.
Roelofs, p. 341.
Roll, p. 223.
Ronot, p. 225.
Rosalès (Éduardo), p. 327.
Rosier (Amédée), p. 277.
Rosso, p. 184.
Rothschild (Mme Nathaniel de), p. 285.
Roubaud, p. 142.
Roubo, p. 26.
Rouillard, p. 19, 174.
Rousseau (Philippe), p. 231, 232, 273.
Rousseau (Théodore), p. 278, 263, 365.
Ranvaud (Mlle), p. 287.
Rubens, p. 62, 226, 338, 354.
Ruisdael, p. 276, 279, 298.
Runeberg, p. 346.
Russ (Franz), p. 366.
Russ (Robert), p. 366.

Sain, p. 250.
Saintin, p. 287.
Sale, p. 336.
Sala, p. 328.
Salmon, p. 290.

Salmson, p. 345.
Sant (J.), p. 333.
Santa-Cruz, p. 328.
Sautai, p. 250.
Savitzki, p. 349.
Schennis, p. 356.
Schielderup (Mlle), p. 345.
Schlosser, p. 352.
Schneider (Félicie), p. 269.
Schnorr, p. 57.
Schœnewerk, p. 18, 90, 96, 134.
Schutzenberger, p. 270.
Seel, p. 356.
Ségé, p. 276, 277.
Senefelder, p. 301.
Servin, p. 262.
Siemiradski, p. 347, 348.
Sigalon, p. 208.
Simonetti, p. 315.
Simoni, p. 317.
Sirory, p. 300.
Smedberg, p. 343.
Soldi, p. 167.
Staples (Mme), p. 334.
Stephens, p. 339.
Stevens (Alfred), p. 338.
Stone (Marius), p. 333.
Sund, p. 341.
Sylvestre (Noël), p. 204, 207.

Tabacchi, p. 321.
Taluet, p. 170.
Tasset, p. 305.
Téniers, p. 239, 366.
Terburg, p. 252.
Thabard, p. 90, 99, 142.
Tchijoff, p. 346, 347.
Thirion (Eugène), p. 257, 268.

Thomas (Jules), p. 173.
Thomire, p. 246.
Thoren (Otto von), p. 365.
Thorwaldsen, p. 140, 341, 342, 346.
Thrap-Meyer, p. 343.
Titien, p. 291.
Tournois, p. 90, 124, 143, 144.
Troyon, p. 262, 297.
Truphème, p. 90.

Ulmann, p. 187, 204.
Ussi, p. 317.

Valentin (le), p. 184.
Varin, p. 303.
Vaudet, p. 305.
Vautier, p. 359, 365.
Velazquez, p. 325, 354, 364.
Vély (Anatole), p. 247, 248.
Verlat, p. 339.
Vernet (Carle), p. 301.
Vernet (Horace), p. 236, 301.
Vernier (Émile), p. 277, 300.
Verocchio, p. 111.
Véronèse, p. 291.
Vetter, p. 247, 249.
Veyrassat, p. 276.
Vibert, p. 245, 246, 286, 297, 355, 356.
Vidal, p. 288.
Vinci (Léonard de), p. 111, 119, 182, 187, 195.
Viollet-le-Duc, p. 25, 39.
Vitruve, p. 24.
Vollon, p. 231, 232.
Volpe, p. 315.
Vosterman (Lucas), p. 291.

Vouet, p. 184.
Vroutos, p. 312, 313.
Vuillefroy (de), p. 262.

Wable, p. 68, 71.
Wagmuller, p. 353.
Walhberg, p. 345.
Wallis (Henry), p. 333.
Waltner, p. 290.
Washington, p. 262.
Watelin, p. 276.
Watteau, p. 184, 294.
Watts, p. 336.
Wauters, p. 339.

Werner, p. 356.
Whirter (Mac), p. 332.
Wilhems, p. 339.
William, p. 335.
Winne (de), p. 340.
Worms, p. 246, 286.

Yeames, p. 333.

Zamacoïs, p. 328.
Zetterstrom (Mme), p. 345.
Zimmermann, p. 358.
Zimmermann, p. 365.
Zurbaran, p. 325.

FIN DE L'INDEX.

Librairie RENOUARD, 6, rue de Tournon, à Paris

HENRI LOONES, SUCCESSEUR

EXTRAIT DU CATALOGUE

BEAUX-ARTS

Publication commencée en 1848, finie en 1876

HISTOIRE DES PEINTRES

DE TOUTES LES ÉCOLES

DEPUIS LA RENAISSANCE JUSQU'A NOS JOURS

Texte par M. Charles BLANC

Membre de l'Académie française et des Beaux-Arts

ET PAR DIVERS ÉCRIVAINS SPÉCIAUX

14 volumes grand in-4 jésus, papier vélin glacé, ornés de 3,180 gravures, fac-simile, marques et monogrammes, représentant les chefs-d'œuvre des maîtres, avec le catalogue de leurs œuvres, le prix des tableaux dans les ventes, etc. Prix.. **630** fr.

Quelques exemplaires ont été tirés sur papier supérieur. Prix.. **1,000** fr.

Les Écoles se vendent séparément sans augmentation de prix :

ÉCOLE FRANÇAISE,	3 vol. 740 grav.,	fac-simile, marques et monogrammes.			150 fr.
— HOLLANDAISE,	2 vol. 645 grav.,	—	—	.	100 fr.
— FLAMANDE,	1 vol. 315 grav.,	—	—	.	60 fr.
— ANGLAISE,	1 vol. 145 grav.,	—	—	.	33 fr.
— ESPAGNOLE,	1 vol. 166 grav.,	—	—	.	30 fr.
— ALLEMANDE,	1 vol. 376 grav.,	—	—	.	60 fr.

Écoles italiennes :

ÉCOLE OMBRIENNE et ROMAINE,	1 vol. 186 grav.,	—	—	.	45 fr.
— FLORENTINE,	1 vol. 175 grav.,	—	—	.	45 fr.
— VÉNITIENNE,	1 vol. 160 grav.,	—	—	.	40 fr.
— BOLONAISE,	1 vol. 110 grav.,	—	—	.	22 fr.
ÉCOLES MILANAISE, LOMBARDE, FERRARAISE, GÉNOISE et NAPOLITAINE.	1 vol. 162 grav.,	fac-simile, marques et monogrammes.			45 fr.

La liste complète des maîtres qui composent les **14** volumes sera envoyée à tous ceux qui nous en feront la demande.

ŒUVRES DE M. CHARLES BLANC
DE L'ACADÉMIE FRANÇAISE ET DES BEAUX-ARTS

GRAMMAIRE DES ARTS DU DESSIN

Architecture. — Sculpture. — Peinture. — Jardins. — Gravures en pierres fines. — Gravures en médailles. — Gravure en taille-douce. — Eau-forte. — Manière noire. — Aqua-tinte. — Gravures en bois. — Camaïeu. — Gravure en couleurs. — Lithographie. 3e *édition*, revue et augmentée d'une table analytique. 1 vol. grand in-8 jésus, orné de 800 gravures dans le texte.. 20 fr.
Demi-rel. chagrin : 24 fr. — Rel. d'amateur......... 27 fr.

L'ART DANS LA PARURE ET DANS LE VÊTEMENT

Première partie de la *Grammaire des Arts décoratifs* pour faire suite à la *Grammaire des Arts du dessin*. 1 fort vol. in-8 cavalier sur beau papier teinté, orné de nombreuses figures, dont 2 en couleurs, hors texte. Prix broché......... 10 fr.

LE TRÉSOR DE LA CURIOSITÉ

Tiré des catalogues de vente de tableaux, marbres, bronzes et autres objets d'art et de curiosité, depuis 1730 jusqu'à nos jours, avec notice sur les artistes et amateurs, nombreuses gravures, table analytique et méthodique. 2 vol. in-8. 16 fr.

INGRES, SA VIE ET SES OUVRAGES

1 beau vol. gr. in-8, orné du portrait du maître et de 12 gravures sur acier, par MM. Henriquel-Dupont, Dien, Dubouchet, Flameng, Gaillard, Gaucherel, Hausoullier et Rosotte, un fac-simile d'autographe et une gravure sur bois, d'après le buste d'Ingres, par M. Bonnassieux, de l'Institut.... 25 fr.

VOYAGE DE LA HAUTE ÉGYPTE

Observations sur les arts égyptien et arabe, avec 80 dessins, par M. F. Delangle. 1 vol. in-8 cavalier sur papier teinté. 12 fr.
— Le même, sur papier de Hollande................. 25 fr.

ŒUVRES DE M. F.-A. GRUYER
MEMBRE DE L'INSTITUT.

LES VIERGES DE RAPHAEL ET L'ICONOGRAPHIE DE LA VIERGE

3 vol. in-8.................................... 30 fr.

TOME I. — *Les Images de la Vierge en Italie, considérées en dehors des faits évangéliques depuis les temps apostoliques jusqu'à Raphaël.*
TOME II. — *La Vie évangélique de la Vierge dans l'œuvre de Raphaël et dans les œuvres de ses précurseurs.*
TOME III. — *Les Vierges de Raphaël.*

RAPHAEL ET L'ANTIQUITÉ

2 vol. in-8.................................... 15 fr.

ESSAI SUR LES FRESQUES DE RAPHAEL AU VATICAN

Les Loges. 1 vol. in-8........................ 6 fr.

LES ŒUVRES D'ART DE LA RENAISSANCE ITALIENNE

Au temple de Saint-Jean (Baptistère de Florence). 1 beau vol. in-8 cavalier avec figures.................. 10 fr.

RAPHAEL D'URBIN

Et son père GIOVANNI SANTI, par J.-D. PASSAVANT. Édition française entièrement refondue et augmentée par l'auteur et traduite avec sa collaboration, par M. J. LUNTESCHUTZ, peintre; revue et annotée par M. PAUL LACROIX. 2 forts vol. in-8, ornés du portrait de Raphaël, de la collection du prince CZARTORYSKI, d'une vue de la maison de RAPHAEL à Rome, et d'un *fac-simile* de son écriture..................................... 20 fr.

ÉCOLE HOLLANDAISE EN OLÉOGRAPHIE

Chefs-d'œuvre des peintres anciens et modernes, texte polyglotte de M. W.-J. Hofdijk. Introduction par M. Charles Blanc, membre de l'Académie française. 12 livraisons grand in-folio, papier de Hollande ; chaque livraison contient une Oléographie et une feuille de texte polyglotte (hollandais, français, anglais et allemand). Les Oléographies de 35 sur 24 sont montées sur carton de Hollande de 64 sur 48. Prix.   220 fr.

ESTHÉTIQUE GÉNÉRALE ET APPLIQUÉE

Contenant les règles de la composition dans les arts plastiques, par David Sutter. 1 beau vol. grand in-4 jésus orné de 85 magnifiques planches gravées, représentant les chefs-d'œuvre des écoles Italienne, Française, Espagnole, Flamande et Hollandaise.. 120 fr.

Ce livre, absolument indispensable aux artistes, l'est encore aux gens du monde qui veulent apprendre à étudier les œuvres d'art avec connaissance de cause.

FRANCISCO GOYA

Étude biographique et critique, suivie de l'essai d'un catalogue raisonné de son œuvre, gravé et lithographié, par Paul Lefort, in-8.. 5 fr.

REMBRANDT, SA VIE ET SES ŒUVRES

Par L. Vosmaer, 2e *édition*, entièrement refondue et augmentée. 1 volume grand in-8, avec 2 eaux-fortes.......... 20 fr.

ŒUVRES DE M. ALFRED MICHIELS

HISTOIRE DE LA PEINTURE FLAMANDE

Depuis ses débuts jusqu'en 1864. 10 vol. in-8........   50 fr.

*Cet ouvrage contient l'***Histoire de la Peinture Hollandaise** *jusqu'à la séparation des deux écoles.*

L'ARCHITECTURE ET LA PEINTURE EN EUROPE DU IVe AU XVIe SIÈCLE

1 vol. in-8.................................   7 fr. 50

VOYAGE D'UN AMATEUR EN ANGLETERRE

4e *édition* avec une préface nouvelle et des suppléments. 1 beau vol. in-8..................................   7 fr. 50

RUBENS ET L'ÉCOLE D'ANVERS

4e *édition*. 1 vol. in-18, revue et augmentée..........   4 fr.

RECHERCHES SUR LA CÉRAMIQUE

Aperçu chronologique et historique, avec marques, monogrammes et planches photoglyptiques, d'après le procédé de la maison GOUPIL, par ALPHONSE MAZE, membre de la Société de Numismatique et d'Archéologie. 1 beau vol. in-4, contenant 29 belles planches photoglyptiques, représentant 145 sujets des plus curieux dans ce genre. Prix..............   60 fr.

ŒUVRE DE M. AUGUSTE DEMMIN

HISTOIRE DE LA CÉRAMIQUE

En planches phototypiques inaltérables avec texte explicatif, l'Asie, l'Amérique, l'Afrique et l'Europe par ordre chronologique. — Poteries opaques (faïences, etc.) et kaoliniques (porcelaines). — Peintures sur lave. — Émaux sur métaux. — Vitraux et verreries. — Mosaïques. 2 vol. in-fol., riche reliure d'amateur.................................... 800 fr.

Cet ouvrage se compose de 250 planches petit in-folio, sur papier de Chine, toutes montées sur onglet, avec texte explicatif. Une double table chronologique et ethnographique rend aisées les recherches et comparaisons.

GUIDE DE L'AMATEUR DE FAIENCES ET PORCELAINES

oteries, terres cuites, peintures sur lave, émaux, pierres précieuses et dents artificielles, vitraux et verreries. 4ᵉ *édition*. 3 forts vol. in-18 jésus, de plus de 500 pages chacun, avec le portrait de l'auteur, contenant plus de 300 reproductions de poteries, 1,800 marques et monogrammes dans le texte, et trois tables de plus de 9,000 articles, dont deux des marques et monogrammes par ordre générique et alphabétique. Prix.. 24 fr.
Demi-reliure, chagrin........................... 28 fr. 50

GUIDE DES AMATEURS D'ARMES ET ARMURES ANCIENNES

Par ordre chronologique, depuis les temps les plus reculés jusqu'à nos jours. Ouvrage contenant 1700 reproductions d'armes et armures, 200 marques et monogrammes d'armuriers et deux tables dont une analytique. 1 fort volume in-18 jésus....................................... 16 fr.

HISTOIRE DE LA FAIENCE DE ROUEN

Par André POTTIER, conservateur du musée céramique de Rouen. Ouvrage posthume, publié par les soins de MM. l'abbé COLLAS, Gustave GOUELLAIN et Raymond BORDEAUX. 1 beau volume grand in-8 papier vergé, avec marques, monogrammes et accompagné d'un atlas de 60 planches imprimées en couleurs d'après les dessins de Mlle POTTIER. Prix............ 50 fr.

COURS ÉLÉMENTAIRE DE DESSIN

Appliqué à l'architecture, à la sculpture et à la peinture ainsi qu'à tous les arts industriels. Géométrie. — Perspective. — Dessin. — Sculpture. — Architecture. — Peinture. Par Antoine ETEX, statuaire, architecte et peintre. 1 volume in-8, orné de figures, avec un atlas petit in-4 de 50 planches.   10 fr.

Apprendre à dessiner par la géométrie, c'est apprendre à rectifier le jugement par les yeux, c'est apprendre à voir juste.

ENSEIGNEMENT COLLECTIF DU DESSIN

Par démonstrations orales et graphiques. Guide de la nouvelle méthode, dont le manuscrit a obtenu une médaille à l'exposition universelle de 1867, par Frédéric GILLET, professeur. 1 volume petit in-folio, orné de 40 planches lithographiques.. 10 fr.

PRÉCIS DE L'HISTOIRE DES BEAUX-ARTS

Architecture. — Sculpture. — Peinture et musique, d'après la 3e *édition* allemande, revue par M. le professeur Dr W. Lübke, traduit et augmenté par E. MOLLE. 1 vol. petit in-8, orné de 100 gravures. Prix........................ 5 fr.

MICHEL-ANGE (BUONARROTI)

Album extrait de l'*Histoire des peintres de toutes les écoles*. 1 vol. de 96 pages de texte, ornées de 29 superbes gravures, fac-simile, etc. Prix, cartonné................. 13 fr. 50

LES SCULPTEURS ITALIENS

Édition française, par Ch. Perkins, 2 beaux vol. gr. in-8, ornés de 35 gravures dans le texte, d'après ses dessins et photographies, accompagnés d'un atlas composé de 82 eaux-fortes gravées par l'auteur.................................... 45 fr.

ALBUMS DES PEINTRES DE TOUTES LES ÉCOLES

1° Fleurs et paysages. 2° Musée (le) dans un fauteuil. 3° Trésor des artistes et des amateurs. 1 vol. grand in-4 jésus. Chaque vol. contient 360 pages de texte, plus de 80 gravures et se vend séparément : riche reliure toile dorée...... 16 fr.
Les 3 albums ensemble............................. 42 fr.

Dans ces Albums se trouvent les notices et les chefs-d'œuvre de Raphaël, Léonard de Vinci, Van Eycy, Van Huysum, Rembrandt, Rubens, Decamps, Desportes, Velazquez, Murillo, Holbein, Vigée Lebrun, Constable, Turner, etc., etc.

ALBUM RELIGIEUX

Recueil de 36 belles planches tirées à part sur papier supérieur, représentant les chefs-d'œuvre des maîtres de toutes les écoles. 1 beau volume grand in-4, riche reliure toile, doré sur tranches................................... 16 fr.

CHEFS-D'ŒUVRE DE PEINTURE AU MUSÉE DU LOUVRE

École française, par Louis Bernard. 1 volume grand in-8, papier teinté, 59 gravures de page hors texte, broché. 10 fr.
Reliure d'amateur..................................... 16 fr.

ŒUVRES D'ÉMERIC-DAVID

6 vol. in-12, publiés par M. Paul Lacroix,
PRIX DE CHAQUE VOL. BROCHÉ. **3 fr. 50**

HISTOIRE DE LA PEINTURE AU MOYEN AGE

Suivie de l'Histoire de la gravure, du Discours sur l'influence des arts du dessin, et du Musée olympique ; avec une Notice sur l'auteur.

RECHERCHES SUR L'ART STATUAIRE

Considéré chez les anciens et chez les modernes. Ouvrage couronné par l'Institut national en l'an IX.

HISTOIRE DE LA SCULPTURE ANTIQUE

Précédée d'une Notice sur la vie et les ouvrages de l'auteur, par le baron de Walckenaer.

HISTOIRE DE LA SCULPTURE FRANÇAISE

Avec des Notes et Observations, par Du Seigneur, statuaire.

VIES DES ARTISTES ANCIENS ET MODERNES

Architectes, sculpteurs, peintres, verriers, archéologues, etc.

NOTICES HISTORIQUES SUR LES CHEFS-D'ŒUVRE DE LA PEINTURE MODERNE

Et sur les maîtres de toutes les Écoles.

HISTOIRE DE L'ART PENDANT LA RÉVOLUTION

Considérée principalement dans les estampes; ouvrage posthume de J. Renouvier. 2 vol. in-8.............. 15 fr.

HISTOIRE DE LA PEINTURE EN ITALIE

Par J. Coindet. *Nouvelle édition.* 1 vol. in-18 jésus.... 4 fr.

HISTOIRE DE LA PEINTURE AU PAYS DE LIÈGE

Depuis l'introduction du christianisme jusqu'à la révolution liégeoise et la réunion de la principauté à la France, par Jules Helbig. 1 vol. gr. in-8, orné de planches tirées hors texte. 10 fr.

GUIDE THÉORIQUE ET PRATIQUE

De l'amateur de tableaux, étude sur les imitateurs et les copistes des maîtres de toutes les Écoles dont les œuvres forment la base ordinaire des galeries ; par Théodore Lejeune, artiste peintre. 3 vol. in-8 jésus, ornés de plus de 2,000 monogrammes.................................... 45 fr.

ŒUVRES DE M. JULES DUMESNIL

HISTOIRE DES PLUS CÉLÈBRES AMATEURS FRANÇAIS

Et de leurs relations avec les artistes. 3 vol. in-8.. 22 fr. 50
Tome I. — *P.-J. Mariette* (1694-1774).
Tome II. — *J.-B. Colbert* (1625-1683).
Tome III. — *J.-B.-L.-G. Seroux d'Agincourt. Thomas-Aignan Desfriches* (1715-1814).

HISTOIRE DES PLUS CÉLÈBRES AMATEURS

Espagnols, anglais, flamands, hollandais et allemands, et de leurs relations avec les artistes. 1 fort vol. in-8......... 7 fr. 50

HISTOIRE DES PLUS CÉLÈBRES AMATEURS ITALIENS

Et de leurs relations avec les artistes (1478-1665). 1 fort vol. in-8.................................... 7 fr. 50

HISTOIRE DE LA VIE ET DU PONTIFICAT DE SIXTE-QUINT.

1 vol. in-8.................................... 7 fr. 50
Le même, édition in-18 angl.................... 3 fr. 50

HISTOIRE DE JULES II

Sa vie et son pontificat. 1 vol. in-8............. 7 fr. 50

VOYAGEURS FRANÇAIS EN ITALIE

Depuis le XVIe siècle jusqu'à nos jours. 1 vol. in-12... 3 fr. 50

MANUEL DE L'HISTOIRE DE LA PEINTURE

ÉCOLES ALLEMANDE, FLAMANDE ET HOLLANDAISE
PAR G.-F. WAGEN

Avec un grand nombre d'illustrations. 3 vol in-18 jésus. 21 fr.

HISTOIRE DES ÉVENTAILS

CHEZ TOUS LES PEUPLES ET A TOUTES LES ÉPOQUES
PAR S. BLONDEL

1 beau vol. in-8, papier teinté, illustré de 50 gravures et suivi de notices sur l'écaille, la nacre et l'ivoire......... 10 fr.

PUBLICATIONS GÉOGRAPHIQUES

ABRÉGÉ DE GÉOGRAPHIE (1869-1873)

Rédigé sur un nouveau plan, d'après les nouveaux traités de paix et les découvertes les plus récentes ; précédé d'un examen raisonné de l'état actuel des connaissances géographiques, et des difficultés qu'offre la description de la Terre ; d'un aperçu sur la géographie astronomique, physique et politique ; de définitions géographiques ; d'observations critiques sur la population du globe ; de la classification de ses habitants, d'après les langues, les religions et la civilisation, etc.; suivi d'une table alphabétique contenant 40,000 mots, et pouvant tenir lieu de **Dictionnaire géographique**, ouvrage destiné à la jeunesse, comme à tous ceux qui s'occupent de politique et de recherches historiques et statistiques, par Adrien BALBI, ouvrage approuvé par l'Université. 5e *édition*, revue et considérablement augmentée par Henri CHOTARD, doyen de la Faculté des lettres de Clermont-Ferrand. 2 vol. gr. in-8 de plus de 1700 pages, sur 2 colonnes. Prix : 24 fr. Avec un Atlas cartonné de 12 cartes in-4, gravées sur acier, d'après les dessins de Desbuissons. Prix............ 30 fr.

Les 2 vol. reliés en un seul avec l'Atlas. Prix............ 34 fr.

ÉLÉMENTS DE GÉOGRAPHIE GÉNÉRALE

Ou description abrégée de la Terre d'après ses divisions politiques coordonnées avec ses divisions naturelles, par Adrien BALBI, revus et corrigés par M. Henri CHOTARD, 4e *édition* (1875), ouvrage adopté pour les bibliothèques des lycées et les distributions de prix. 1 vol. in-16 de 540 pages avec 12 cartes petit in-4, gravées spécialement pour cet ouvrage. — Prix : cartonné.. 5 fr.

DICTIONNAIRE GÉOGRAPHIQUE ET STATISTIQUE

Rédigé sur un plan entièrement nouveau, par Adrien GUIBERT, comprenant : la GÉOGRAPHIE POLITIQUE, — la GÉOGRAPHIE PHYSIQUE, — la STATISTIQUE de l'industrie, du commerce et de l'agriculture, enfin la description ou mention de tous les lieux qui présentent un intérêt historique, pittoresque ou artistique quelconque. *Ouvrage autorisé par le Conseil de l'Université, et admis pour les Bibliothèques des Lycées et Collèges ; augmenté des TABLEAUX DE LA POPULATION de la France par départements et arrondissements, d'après le recensement de 1861 et de la Constitution de 1852.* 1 fort vol. grand in-8 de 2,000 pages à 3 colonnes. — Nouveau tirage (1863) augmenté d'un supplément de plus de 20,000 lignes. — Prix : broché, 15 francs ; demi-reliure chagrin... 19 fr.

LA CLEF DE LA SCIENCE

Ou les phénomènes de la nature expliqués par le docteur BREWER, 5ᵉ *édition*, revue, transformée et considérablement augmentée, par M. l'abbé MOIGNO. 1 fort vol. in-18 jésus de 750 pages, avec figures. Prix broché : 4 fr. 50. — Franco de port par la poste.................................... 5 fr.

Reliure demi-chagrin, 6 fr. Franco de port par la poste. 6 50

Cet excellent ouvrage, véritable vade-mecum de la science vulgarisée, s'adresse à toutes les classes de lecteurs sans exception : le professeur, le père de famille, le jeune homme, la jeune fille y trouveront, dans un langage clair et précis, les renseignements les plus utiles et les plus intéressants sur tous les phénomènes au milieu desquels nous vivons. Un index alphabétique de 37 pages termine ce livre, dont le succès est attesté par la vente de plus de 100,000 exemplaires des précédentes éditions.

CORBEIL. Typ. et stér. CRÉTÉ.

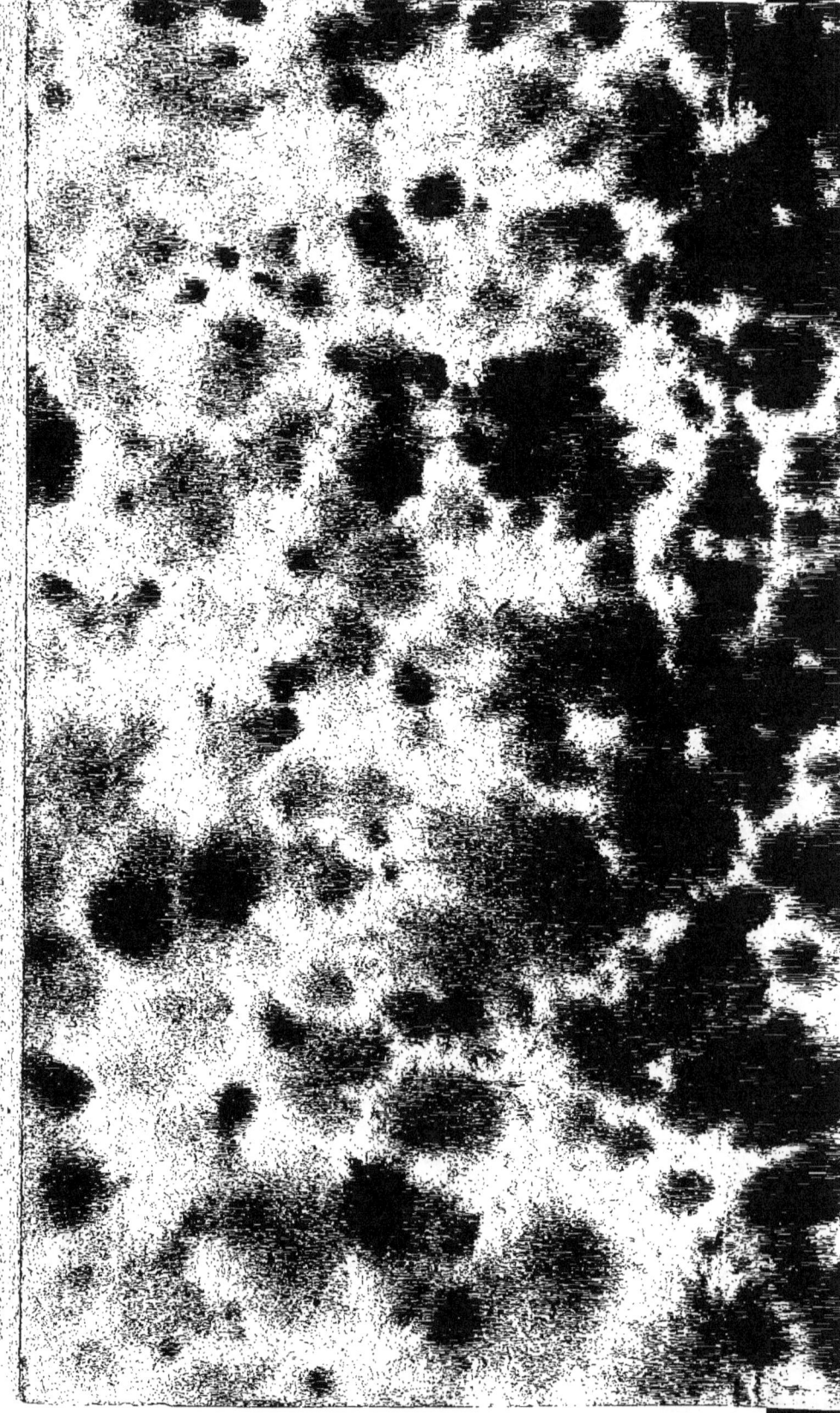

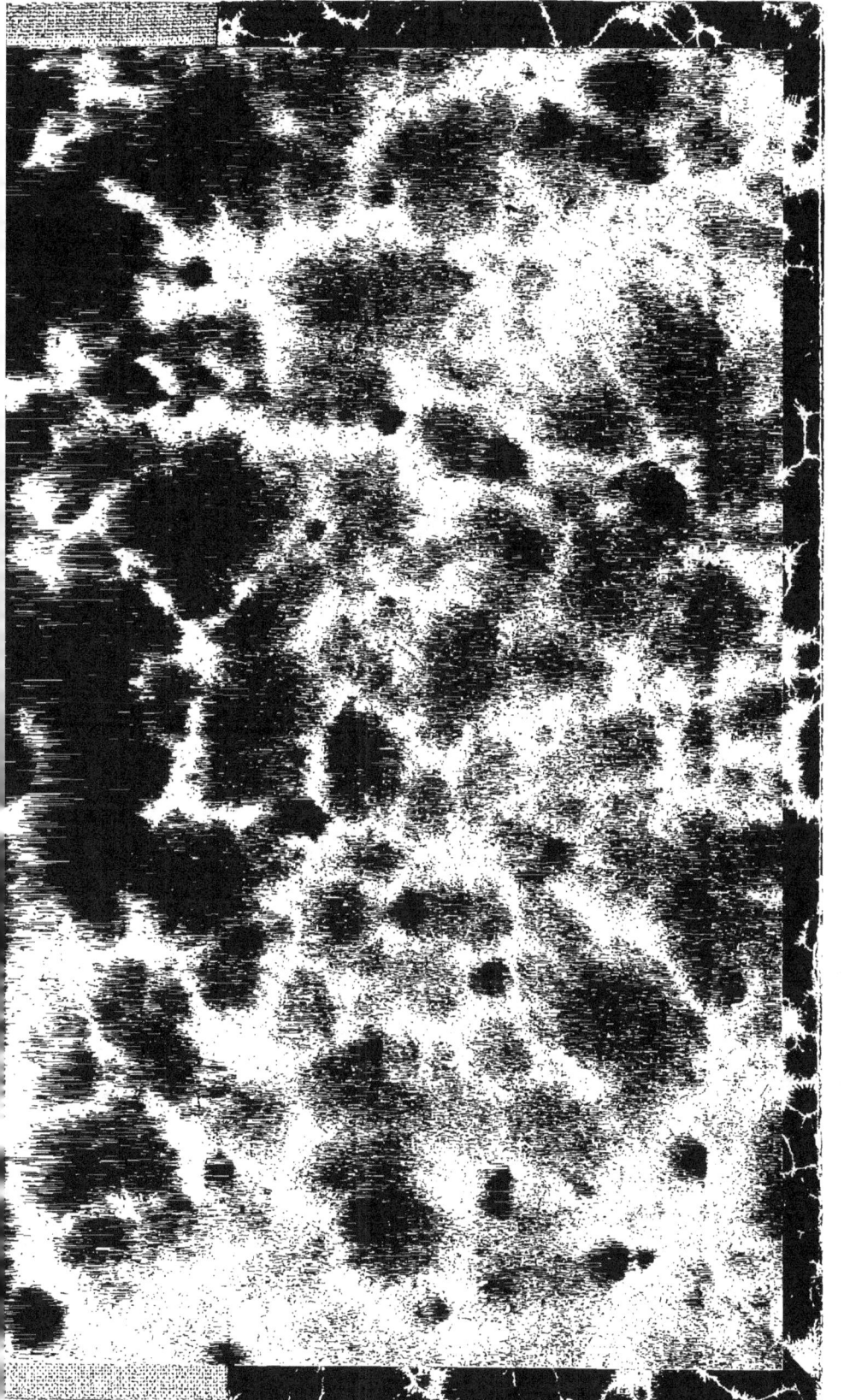

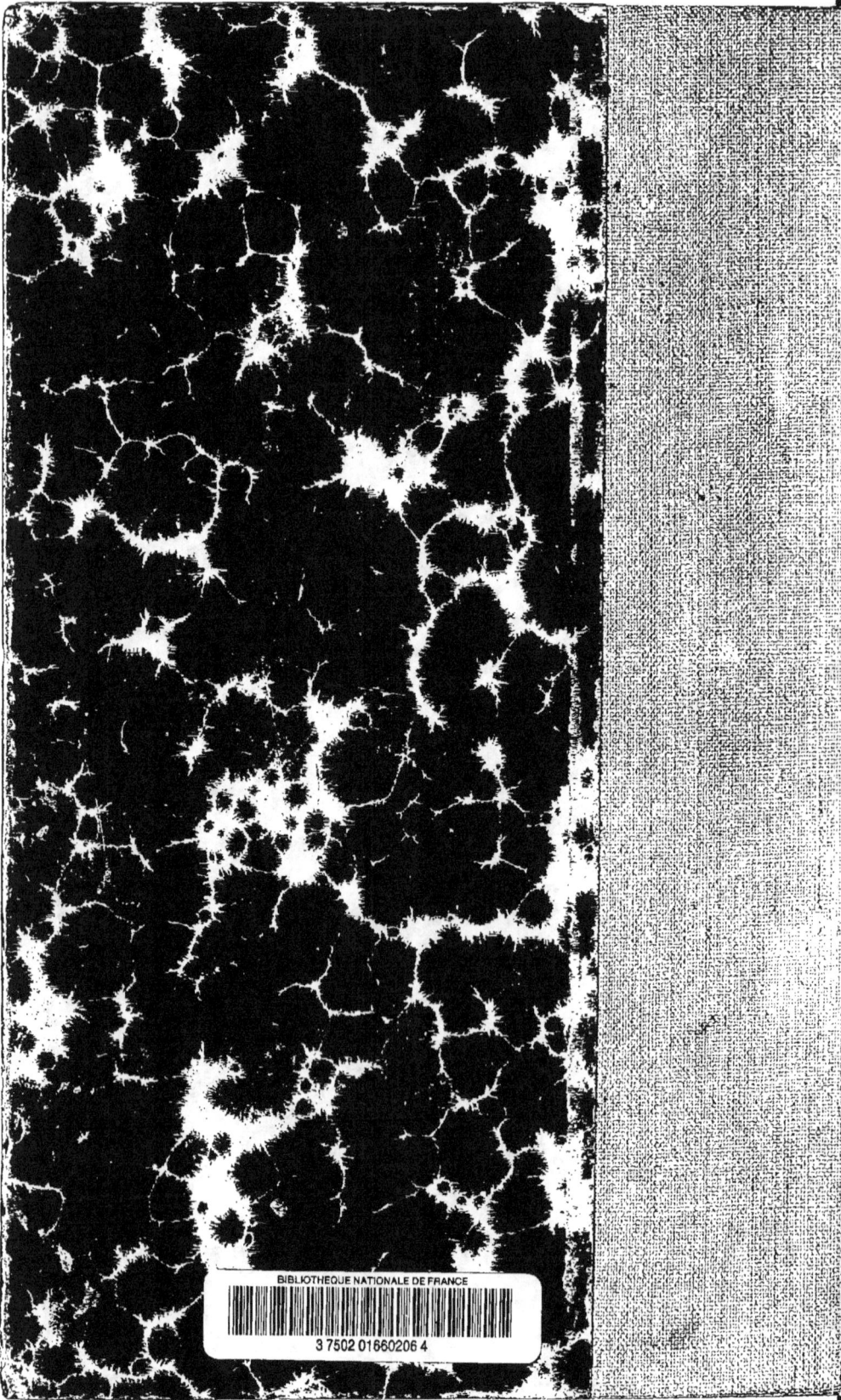

www.ingramcontent.com/pod-product-compliance
Lightning Source LLC
Chambersburg PA
CBHW071903230426
43671CB00010B/1452